U0945536

中国特色现代大学制度创新

——基于新制度经济学的研究

张锟 等◎著

人民出版社

图书在版编目（CIP）数据

中国特色现代大学制度创新：基于新制度经济学的研究／张锟等著.
—北京：人民出版社，2015.11
ISBN 978-7-01-015247-9

Ⅰ.①中… Ⅱ.①张… Ⅲ.①高等教育—教育制度—研究—中国 Ⅳ.①G649.22

中国版本图书馆 CIP 数据核字（2015）第 222876 号

中国特色现代大学制度创新——基于新制度经济学的研究

ZHONGGUO TESE XIANDAI DAXUE ZHIDU CHUANGXIN——JI YU XIN ZHIDU JINGJIXUE DE YANJIU

张锟 等 著

责任编辑：车金凤
封面设计：九 五
出版发行：人民出版社
地　　址：北京市东城区隆福寺街 99 号
邮　　编：100706
邮购电话：（010）65250042　65258589
印　　刷：环球印刷（北京）有限公司
经　　销：新华书店
版　　次：2015 年 11 月第 1 版　2015 年 11 月北京第 1 次印刷
开　　本：710 毫米×1000 毫米　1/16
印　　张：16.25
字　　数：260 千字
书　　号：ISBN 978-7-01-015247-9
定　　价：42.00 元

前　言

1999年，为了减轻社会就业压力，激发经济发展活力，中国政府实施了高校扩招这一重大举措。自此，中国高等教育迈上了由精英化到大众化的新阶段。十多年来，随着高等教育大众化的实现，更多的家庭实现了子女上大学的梦想，国民素质有了明显提高，中国的高等教育得到了飞速发展，以至影响了世界高等教育的进程。然而，在高等学校办学规模急剧膨胀的过程中，因扩招引发的一系列问题逐渐显露出来，诸如质量下降、就业率降低、债台高筑、校园腐败、创新不足等，日益引起全社会的关注和思考，政府、大学和社会等开始反思扩招问题，共同审视我国高等教育的未来走向。在这样的背景下，大学治理成为时代命题，建立现代大学制度被提到议事日程。

近些年来，关于大学制度的研究可谓不少，建立现代大学制度的实践也在《国家中长期教育改革发展纲要（2010—2020年）》的出台后被强力地推进着。然而，认真研究和分析已经取得的研究成果，冷静审视正在进行的改革实践，不难发现，我们面临的问题远没有达到可以顺利解决的程度。不仅建立现代大学制度的实践进展得并不顺利，而且实现建立现代大学制度的理论准备还很不充分。继续深入加强建立现代大学制度的理论研究，对中国特色现代大学制度进行实践创新，具有十分重要的意义。

我们关注到了《国家中长期教育改革发展纲要（2010—2020年）》在吸纳了已有的研究成果基础上，提出了要以完善大学治理结构为途径，完善中国特色大学制度；以明确政府责任、规范学校办学行为为措施，促进形成政事分开、责权明确、统筹协调、规范有序的管理体制。这种提法自然令人想到了开始于20世纪90年代的建立现代企业制度问题，中国的国有企业改革在经历了一次又一次阵痛之后，现代企业制度才得以逐渐确立，但至今仍然很不完善，“内部人控制”问题极其严重。如何借鉴现代企业制度建立过程中的经验和教训，避免中国的高等教育出现类似的制度缺陷，以确保其沿着正确的方向和道路前进，是建立现代大学制度过程中必须高度重视的问题。从已经出台的办法和规程看，有些问题也未能得以很好的解决。

构建现代大学制度，不能回避的是高等教育哲学问题，也就是大学的性质问题。大学是什么？它的性质和特征有哪些？这应是我们研究大学制度的逻辑起点。笔者认为，现代大学就是以培养人才为目的，以文化传承和思维创新为手段，以服务社会发展进步为条件的特殊社会组织。它具有学术性、公益性（社会性）和经济性的基本特征。学术性是大学的本质特征，公益性（社会性）是大学的政治特征，经济性则是大学的市场特征。保证和体现大学的学术性、公益性（社会性）和经济性是研究大学制度和建立现代大学制度的逻辑起点。建立现代大学制度既要强调学术独立、大学自治，还要注意满足政府和社会对大学的要求和愿望，关注大学生存和发展的市场环境。现代大学性质的多维化，使得现代大学制度设计和创新的难度加大，对现代大学制度的理论研究和创新实践更富价值和更具挑战性。

构建现代大学制度，核心的问题是如何合理建构大学利益相关者之间的关系。近年来，已有的研究多以大学本位或国家本位为立场，单方面强调要通过制度改革落实大学的办学自主权或实现大学的社会担当；以制度经济学相关理论为基础，从多角度对现代大学制度的创新研究也能见到，但多散见于各种论文之中，面对构建中国特色现代大学制度这一复杂课题，系统的成熟理论并不多见。本研究试图从大学的“三元逻辑”即学术逻辑、政治逻辑和经济逻辑的动态制衡出发，以新制度经济学的产权理论、契约理论、利益相关者理论等为手段，以理顺大学内外部利益相关者相互关系为途径，探索中国特色现代大学制度建创新思路和可行模式。

本书是河南省哲学社会科学规划项目《新制度经济学视野下的地方高校制度创新研究》的研究成果，遵循了以下的研究脉络和写作架构。第一，以新制度经济学的基本理论为工具分析和研究大学制度的发展和演变，审视中外大学治理，这就是本书第一章所要阐述的内容。第二，以制度变迁（创新）理论为工具，对大学制度及现代大学制度的概念、内涵、结构与功能进行分析，对现代大学制度创新的必要性进行研究和判断，是大学制度创新研究的前提，这就是本书第二章所要阐述的内容。第三，建构现代大学制度，目的在于服务大学的追求，以什么样的逻辑引领现代大学制度的建构是现代大学制度创新的根本，本书第三章提出了“三元逻辑动态制衡”的理论。第四，我国公立大学制度的现实状态是我们研究大学制度创新的主要客体，国内外大学制度的变迁史可以为我们研究我国大学制度的创新提供借鉴，这就是第四章要阐述的内容。第五，我国的大学是根据国家高等教育方针建立起来的，我国大学制度的创新必须面向中国国情，在遵循高等教育普遍共识的基础上来突出“中国特色”，第五章阐述了中国特色现代大学制度的创新策略和实现路径。第六，研究现代大学制度创新的目的，不仅在于为构建现代大学制度提供理论支撑，还在于为创建新的现代大学制度提供实践指导。因此，最终的结果是，要为我国大学内外部制度的创新提供安排模式和可行方案。第六章就是运用我们研究的理论成果，设计中国特色现代大学制度创新模式，试图为正在进行的中国特色现代大学制度的构建提供新的思路和参考。

作为课题的后期成果，课题组成员前后用了三年多的时间，为书稿的完成花费了大量心血，付出了辛勤劳动。全书的总体框架和阐述逻辑以张锟为主设计，撰写工作由课题组成员分工完成：张锟、范如永、罗贵发、张开洪、欧阳琰、武学超等分别负责相关章节的撰写和修改。张锟、范如永等先后多次通审并修改了全稿，最后由张锟审定。

在项目研究和本书写作出版的过程中，得到了许多同志的大力支持和帮助。河南理工大学社会科学处程伟处长对项目研究和本书出版给予了具体指导，赵观石、周新凤、王晓轩、许珍惜、李小红、党玲侠、张颖等同志为研究提供了大量的文献资料，在此对他们的热情支持和帮助表示由衷的感谢。我们还要特别感谢人民出版社的车金凤老师、刘智宏老师，他们为本书指出了明显的疏误，使我们在出版之前得以及时修改和弥补；我们还要特别感谢河南理工大学社会管理学院和高等教育研究所对本书给予的支持，从而使得本书能及时付梓。

中国特色现代大学制度涉及问题广泛，我们主要在新制度经济学视域下对其进行了研究，难免有偏颇之处，敬请读者批评指正。

张 锟

2015年6月

目　录

CONTENTS

第一章　新制度经济学视域下的大学治理

新制度经济学，诚如科斯所言，就是用主流经济学的方法分析、研究制度的经济学。它是以制度为研究对象，试图揭示制度的起源、演化、性质与功能，以及各种制度具体的经济后果。新制度经济学经过科斯、诺斯、布坎南、奥尔森、阿尔奇安、德姆塞兹、威廉姆森、张五常等经济学家的发展，已形成了包括制度变迁、交易费用、产权、委托—代理（合约经济学，或者信息经济学）、国家、企业、法与经济学、公共选择、新经济史学、宪政经济学、演化经济学（包含奥地利经济学的部分）等几个制度经济理论。这些理论对分析制度在经济社会发展中的作用、指导制度变迁具有十分重要的理论和现实意义。大学，作为一个具体的教育组织形式和制度，运用制度经济学的相关理论来分析其功能的演变和发展，必然能为大学制度的完善提供有益的参考。中国的大学制度在苏联大学制度的基础上，经过改革开放以来的不断发展，已经形成了相对完善的现代大学制度，但仍然存在诸多的矛盾和问题，需要进一步的改革和完善。以新制度经济学基本理论和分析工具研究中国现代大学制度未来的发展与演变，一定能为中国大学制度的改革和创新提供全新的视角，提供有价值的参考建议。

第一节　新制度经济学基本理论

本文运用以科斯为代表的新制度经济学分析方法，研究中国大学制度及其创新问题，因此有必要详细阐述新制度经济学的基本假设、基本理论工具和基本观点。新制度经济学的基本理论主要包括对人性的基本假设、交易费用理论、产权理论、契约理论、利益相关者理论等，这些理论为分析大学制度和大学治理提供了一定的理论依据。

一、关于人性假设理论

众所周知,自亚当·斯密的《国民财富的性质及来源》发表以来,经济学一直秉承对人性作基本假设的传统,人性的假设已成为整个经济学理论分析的理论前提和逻辑起点。新制度经济学也秉承了新古典经济学对人性作基本假设的一贯传统,但它又对人性的基本假设做了一定修正和完善。新制度经济学的人性基本理论包括以下三个方面:

(一)人是利己性和利他性的统一体

经济学家一般假定人是"理性人",具有趋利避害、谋求自身利益最大化的特征。这种简单的假设确实方便了对经济问题的分析,但对人性的假设又过于简单化。因为,在许多情况下,人的行为很复杂,如利他主义的动机常常约束着人们的行为,有时人的行为还会表现为群体的非理性,即"羊群效应"。正如诺斯所说:"我相信传统的行为假定已妨碍了经济学家去把握某些非常基本的问题,对这些假定的修正实质上是社会科学的进步。行动者的动机比现有理论所假定的要复杂得多。"①正是基于从人的实际出发来研究人的行为,制度经济学假定人类行为动机具有双重性,即追求财富和非财富的最大化,如社会名誉、地位、自身价值的实现、尊重、爱情、亲情、友情、健康等,在财富最大化和非财富最大化中进行权衡。随着社会财富和个人财富的增加,有时非财富最大化的诉求对人的行为具有更大的作用。人类行为的动机是利己与利他的统一体。不管是利己还是利他,人的行为的基本出发点都是追求自身效用的最大化。这提示我们,在大学制度创新设计和大学治理结构优化过程中,既要满足每个行为主体财富最大化的诉求,也要满足其非财富最大化的诉求,为每个行为主体追求诸如个人价值实现、尊重、亲情、友情、健康等的非财富诉求,提供适宜的发展条件和环境。

(二)人的理性是有限的

传统的古典经济学由于假设理性经济主体具有完备的信息结构、市场交易不受限制和完备界定的私人产权,所以,人具有全能全知的特点。但实际上,人不可能是全能全知的,每个人掌握的信息都是有限的,而且信息的获取不是无

---

① [美]道格拉斯·C.诺斯:《制度、制度变迁与经济绩效》,上海三联书店1994年版,第23页。

成本的,市场也不是完全竞争市场,所以人的完全理性是打折的。新制度经济学从人的实际出发,批判地继承了古典经济人的理性假设,提出人是“有限理性”的假设,换言之,由于市场的非完全性、环境的不确定性和复杂性等诸多因素的影响和制约,人对环境的计算能力和认识能力不可能是无限的,也就是说人不可能无所不知。正因为有限理性,将会导致不完全契约和委托代理问题,需要通过制度来约束人的行为,减少非理性的行为,通过制度的创新把人的行为引导到组织所要求的方向上。同时,制度的设计和创新应该给人以较大的自由空间,因为制度本身也是不完善的,需要通过人的行为不断完善。

(三)人的机会主义行为倾向

由于人的有限理性和人的行为的双重动机,当面临对财富和非财富的追求时,人就具有随机应变、投机取巧、为自己谋取更大利益的特点,这就是人的机会主义倾向。机会主义倾向,如果用严格的经济学术语来定义,就是指在非均衡市场上,人们追求收益内在、成本外化的逃避经济责任的行为。威廉姆森将其定义为:人们在追求自身利益时存在的自私且损人利己的行为。人的机会主义本性的存在增加了交易的复杂性,影响了市场的效率。所以,新制度经济学特别强调制度、法律、产权及治理在经济运行中的作用。

二、新制度经济学的基本分析工具

(一)交易费用

新制度经济学假定人具有有限理性,那么这种有限理性的根源来自哪里?新制度经济学的代表人物科斯提出了“交易费用”[①]的概念。交易费用就是获得准确的市场信息,保证市场交易正常进行付出的谈判和经常性契约、执行契约等费用,包括信息搜集成本、谈判成本、签约成本、执行成本等。正是由于交易费用理论上的突破,使“正统经济学以经济人假设为前提的成本—收益分析方法能够用于制度分析”。[②] 正是因为存在交易费用,经济主体才不断探索降低交易成本的方法,推动制度的创新和发展;正是因为存在交易费用,制度设计就不可能是完美的,需要给予人们更多自由的空间,通过经济主体对自身利益的

---

① 科斯:《企业、市场与法律》,上海三联书店 1990 年版,第 255 页。

② 王丙毅:《两种根本不同的制度经济学——谈马克思制度经济学与新制度经济学的区别》,《理论学刊》2001 年第 2 期。

追求，实现制度的帕累托改进。如果没有交易费用论，就无须各种各样的制度。交易费用的存在既是制度存在的依据，也是制度进行比较的依据。制度演进的方向就是减少交易费用的方向，人们正是为了追求制度创新所带来的交易费用减少，反过来说就是追求制度创新的收益，才自觉或不自觉地进行各种制度的创新。当然，对于交易费用的度量存在一些难题，经济学家也设计出多种方法来计量交易费用。但不管如何，交易费用的存在是毋庸置疑的。

（二）产权

由于交易中交易费用的存在，如何降低交易费用，使社会成本最小化，并同时取得最大的经济收益就成为所有经济人谋求的目标。因此，新制度经济学将分析的注意力转移到了“产权”这一范畴。新制度经济学家认为，产权是权利集合，在存在交易费用的条件下，明晰产权有利于经济主体形成稳定的预期，给经济主体提供激励与约束。在交易费用存在的条件下，国家对产权的不同界定影响资源的使用效果。运用产权理论，能够帮助人们解释人类历史上不同制度的形成和替换，并且与国家理论、意识形态理论成为制度变迁理论的三大基石。①

产权是新制度经济学的核心概念，合理、有效的产权制度能带来社会效率的提高及合理社会秩序的形成，并维护和实现社会的良性运行；而不良的产权制度则会将社会的发展推入低效率和秩序混乱的泥潭。因此，产权追求的首要目标是效率，但效率并不是评价产权制度的唯一标准，能否有效维护社会的公平也是优良产权制度的另一特征。那么该如何界定产权？产权的功能是什么？产权产生的原因是什么？

1. 什么是产权？

1937年科斯发表的《企业的性质》一文，标志着现代产权理论的产生，但任何一个国家的法律都没有明确规定这一概念的含义。从法律意义上讲，产权是一种权利，是法律规定的享有权利人具有这样或不这样行为，或要求他人这样或不这样行为的能力或资格。因此，产权同时意味着对他人权利的尊重义务，每个人所享受到的权利只能是受到一定限制的权利。

关于什么是产权，不同的经济学家有不同的论述。科斯认为“产权是对（物品）必然发生的不相容的使用权进行选择的权利的分配。它们不是对可能的使

① ［美］道格拉斯·C.诺斯：《经济史中的结构与变迁》，上海人民出版社1994年版，第7页。

用施加的人为的或强制性的限制，而是对这些使用进行选择时的排他性权利分配”①。科斯的定义指出了产权是对使用权的选择权，这种选择权是具有排他性的。H. 德姆塞斯的经典定义为：“产权包括一个人或其他人收益或受损的权利……产权是界定人们如何受损及如何受益，因而谁必须向谁提供补偿以使他修正人们所采取的行动……交易一旦在市场上发生，两组产权就发生了交换，虽然一组产权常附着于一项物品或劳务，但交换物品的价值却是由产权的价值决定的。”在普遍意义上，产权被认为是一种财产权，是围绕所有权衍生出来的有关财产权利的划分和组合。财产是指“一个人排斥其他每一个人而占有和支配世界上某一外在事物的权利”。② 因此，产权可简明地定义为关于财产的占用、使用、让渡和获取收益的权利。具体来讲：

(1)占有权，指法定产权主体由于对财产控制而形成的限制他人使用或破坏的权利，是一种排他性权利。马克思在论述私有财产的起源时这样写道：“私有财产的真正基础，即占有，是一个事实，是不可解释的事实，而不是权利。只是由于社会赋予实际占有以法律的规定，实际占有才具有合法占有的性质，才具有私有财产的性质。”

(2)使用权，指法定产权主体具有使用其控制的财产来满足某种生产或生活需要的权利。财产只有使用才能发挥财产的实际效用。财产的使用有生产性和生活性两种方式，表现为财产被用于生产和生活消费目的，财产的使用必须以占有和依法为前提。

(3)收益权，指产权主体拥有因对财产占用和使用而获取经济利益的权利。在生产性使用中，产权主体将其控制的财产投入再生产过程中与劳动力相结合，物质性资料发生价值转移，劳动力创造剩余价值。产权主体除了有权索回自己财产转移的价值外，还有权索要部分甚至全部剩余价值。

(4)处分权，指产权主体具有的对某一特定财产的处分权，即产权主体具有将自己对财产享有的占有权、使用权、收益权全部或者部分地让渡给他人的权利。

---

① [美]A. A. 阿尔钦：《产权：一个经典注释》，R. 科斯、D. 诺斯等：《财产权利与制度变迁——产权学派与新制度学派译文集》，上海三联书店、上海人民出版社 1994 年版，第 167 页。

② 麦迪逊：《财产》，《西方思想宝库》，吉林人民出版社 1988 年版，第 727 页。

2. 产权的功能

产权的功能也就是产权对社会经济关系和经济运行的作用。新制度经济学家认为,产权最主要的功能是激励。产权的激励功能主要体现在以下两个方面:

(1)减少不确定性和降低交易费用所带来的收益。由于客观存在的不确定性和交易费用,减少不确定性和降低交易费用就能够给产权主体带来收益。如果产权界定不清,就会使不同产权主体之间的交易因边界不清而纠缠不休,有时高昂的交易费用甚至使交易无法进行。即使不进行交易,不同产权主体之间也会因产权的边界模糊而长期争吵,不利于权利的正常行使和资源的充分利用,而且消耗大量精力和物质财富。如果产权明确,不同产权主体的权利、责任边界,使权利与责任对称,就能够有效激励与约束机制不同的产权主体,减少交易成本,从而为不同产权主体带来相应的收益。

(2)外部性内部化的收益。外部性是一个主体的行为对另一个经济主体的福利所产生的效果并没有从货币或市场交易中反映出来。外部性包含四种类型:生产者正外部性、生产者负外部性、消费者正外部性和消费者负外部性。由于外部性的存在,经济主体的收益或者损失无法得到相应的回报,必然导致资源配置领域的扭曲,使整个经济的资源配置无法达到最优状态。因此,在交易成本存在的情况下,如果没有产权的界定与保护等规则,即没有产权制度,则产权的交易与经济效率的改进就难以展开;而清晰的产权界定有助于降低人们的交易成本,减少外部性存在对市场运行效率的影响,改进经济效率内在化。

3. 产权的产生

由于人的机会主义倾向和信息不完全性所导致的人的有限理性,交易费用的存在,以及拥有产权能够给特定主体带来一定的收益,所以为了减少交易过程中的各种纠纷,保护特定产权主体的经济利益,合理使用各种资源,需要国家对各种权利进行界定,这就产生了产权。具体来讲,产权的产生有以下几个原因:

(1)资源的稀缺性。资源稀缺性是经济学研究的前提,由于资源的稀缺性,所以要求合理使用各种资源,优化资源的配置。而要合理使用资源,就必须对各种资源的归属做出明确的界定,因为如果没有明确的界定,必然会加大交易的困难,增加交易的成本。所以,资源稀缺性是产权产生的基础,没有资源的稀缺性就没有必要产生产权。

(2)交易成本。人类具有交易的本性,交易能够改进每个人的福利水平。康芒斯把交易划分为三类:买卖的交易、管理的交易和限额的交易。买卖的交易,即法律上平等和自由的主体之间自愿的买卖关系。买卖的交易过程必然存在谈判和交易后可能发生争执的问题。买卖的交易的一般原则是稀少性,如商品买卖等。管理的交易,是一种以财富的生产为目的的交易。交易双方是一种上级和下级的关系,也含有一定谈判成分。管理的交易的一般原则是效率,如企业内部上下级的关系等。限额的交易,也是一种上级对下级的关系,在限额的交易里,上级是一个集体的上级。特指政府与公众的经济关系。① 从康芒斯对交易的界定可以看出,在新制度经济学里,交易已经被泛化,不仅仅是商品上的买卖,而是包括整个社会所有的生产、消费、管理活动。交易必然涉及权利的出让和取得关系。因此,交易的过程中交易双方必然围绕权利的出让和取得开展复杂的谈判,这就需要各种成本,也就是说,交易存在成本。如果产权界定清晰,不同产权主体的权利、责任边界对称,就能够建立起有效的激励与约束机制,减少交易成本。当外部性出现时,通过重新界定产权,适时地排解产权纠纷,也有助于降低交易费用。

(三)契约理论

契约是交易当事人之间在自由、平等、公正等原则基础上签订的转让权利的规则,契约的本质是交易的微观制度。新制度经济学的契约理论是在研究企业、制度产生时逐步形成的。科斯认为,由于交易费用的存在,市场的运行是存在成本的,这种成本的存在使得寻找节约这种成本的行为有利可图。企业内,企业家权威的作用在于使企业内的组织管理成本比采取市场交易的成本低,因此,企业的显著特征是作为市场价格机制的代替物。

市场价格机制和企业家指挥、管理都能起到协调生产的作用,当企业内部组织生产的组织管理成本低于通过市场组织生产的市场交易成本时,企业作为一种节约成本的组织形式就会出现。如以一个契约替代一系列契约,以长期契约替代若干短期契约,则能节约交易成本。

某一生产要素所有者不必与其他与之合作的生产要素所有者分别签订契

---

① [美]康芒斯:《制度经济学》,于树生译,商务印书馆 2009 年版,第 334—429 页。

约,只要签订一个同意在一定程度内让其要素服从企业家的指挥以获取报酬的契约就可以了。所以企业或者其他组织的产生,就其本质上看,就是一系列契约的集合体,通过这些契约节约了交易成本,实现了企业或其他组织对市场价格机制的替代。

由于获取信息需要各种成本,根据获取信息成本的不同,新制度经济学的契约理论把契约分为完全契约和不完全契约。

完全契约要求契约当事人能够预见到在契约过程中一切可能发生的重要事件,预见到这些事件发生时所要修改的契约行为与支付,并且对每一可能事件必须愿意和能够作出决定,并同意有效的行动过程及这些行动的支付。但这是以完全市场竞争为前提,以没有交易成本为条件,以人的完全理论为基础。现实情况不是这样,由于有限理性、交易费用、非对称信息和语言使用的模糊性,契约都是不完全契约。具体来讲,不完全契约的产生基于以下几个原因:

(1)有限理性。由于外在环境的复杂性、不确定性,人们不能在事前把与契约相关的全部信息写入契约条款中,也无法预测到将来可能出现的各种偶然事件。

(2)交易费用。由于交易费用的存在,事前把与契约相关的全部信息写入契约条款中不可能,也不太现实,因为交易费用过高。在这种情况下,选择长期契约可以避免一系列短期契约带来的附加费用。

(3)非对称信息。因为非对称信息的存在,对不可观察的行为与无法验证的信息可以设计较好的契约来减少信息的非对称性,但是要完全消除信息的非对称性是不可能的。

(4)语言使用的模糊性。语言只能对事件、状况大致地描述,而不能对它们进行完全精确的描述。这就意味着语言对任何复杂事件的陈述都可能是模糊的。

马可姆森(1997)考察了不完全契约、套牢和劳动市场,得出:在存在转移成本(专用性投资)时,确实存在套牢问题;如果名义工资没有降低的可能性,固定工资契约可以引致雇员和工厂进行专用投资。道格拉斯·伯恩姆和马歇尔·温斯顿(1998)对不完全契约和战略模糊进行研究。他们考察了大学与教职员工的契约问题。在他们的契约关系中,在契约实施中有一个重要、不能证实但可以观察得到的方面:教职员工的努力水平。相比之下,写一个能明确大学教职员工的大多数义务的契约是比较容易的。他们那里的大学赋予教职员工的义务的不完全性在于鼓励他们的努力。在完全契约下,如果校方违约,教职员工早就诉诸法律了,但如果教职员工偷懒,校方却没有诉诸法律的动机,那么就干脆把能写明确的条款故意让它模糊。①

(四)利益相关者理论

20世纪60年代,斯坦福研究院的学者首次提出了“利益相关者理论”。美国学者唐纳森·托马斯和普瑞斯顿将企业的利益相关者定义为:“在公司的程序性活动和实体性活动中享有合法性利益的自然人或社会团体。”②该理论将企业定义为一个多个利益相关者所构成的“契约联合体”。企业的所有者不仅仅局限于股东,所有与企业利益相关者群体如企业的雇员、供应商和债权人等都是企业的所有人。因此,企业的风险应该由股东和其他的相关利益主体共同承担。利益相关者之间的权利是独立的、平等的。

由于利益相关者概念的宽泛性,不同学者对利益关系的分类也有所不同。本文采用最新的“米切尔评分法”。该方法从合法性、权利性、紧急性三个属性对可能的利益相关者进行评分,然后根据分值的高低来确定某一个体或者群体是不是企业的利益相关者,是哪一类型的利益相关者。因此,根据企业的具体情况,通过对上述三个特性上的评分后,企业的利益相关者可被细分为三类:

(1)确定型的利益相关者。这种类型的利益相关者同时拥有对企业问题的合法性和紧急性。他们和企业的生存、发展密切相关,典型的确定型利益相关者包括股东、员工和顾客。

(2)预期型的利益相关者。他们与企业保持较密切的关系,拥有上述三项属性中的两项。同时拥有合法性和权利性的利益群体,包括投资者、员工和政府,他们能够达到自己的目标,期望受到管理层的关注,甚至会正式地参与到企业决策过程中;同时拥有合法性和紧急性的利益群体,他们达到自己的目标有一定的难度,因为他们没有相应的权利来实施他们的要求,这种群体想要达到目标,需要赢得另外更有力的利益相关者的拥护,通常的办法是结盟或参与政治活动等;同时拥有权利性和紧急性,但没有合法性的群体,他们通常通过暴力

---

① B. Douglas Bernheim & Michael D. Whinston, *Constracts and Strategic Ambiguity*, The American Economic Review, Vol. 88, No. 4, pp. 902 – 933.

② 李心合:《公司价值取向及其演进趋势》,《财经研究》2004年第10期。

来满足他们的要求,如罢工、示威游行甚至还会发起恐怖活动。

(3)潜在的利益相关者。只拥有合法性、权利性、紧急性三项特性中的一项的利益群体。这类群体,或者随企业的运作情况而决定是否发挥其利益相关者的作用;或者处于一种蛰伏状态,当他们实际使用权利,或威胁将要使用这种权利时被激活成一个值得关注的利益相关者;或者在米切尔看来就像是"在管理者耳边嗡嗡作响的蚊子,令人烦躁但不危险,麻烦不断但无须太多关注",除非他们能够展现出其要求具有一定的合法性,或者获得某种权利,否则管理层并不需要也很少有积极性去关注他们。

由于公司是一个由众多利益相关者而组成的综合体。因此,如何在公司治理中将利益相关者的利益协调起来,这就形成了不同的公司治理结构。在德国,按就业法的规定,当企业人员过剩需要解雇工人时,公司要同工会进行协商,有时候是否解雇还要考虑工人的年龄及家庭状况,而不是简单考虑工人的竞争能力。而且,作为公司的雇佣者,工人可以依据法律组成监事会直接参与公司的管理。在较大的公共公司中,股东决策时考虑最多的是银行、保险公司和其他的相关利益机构,而不是仅考虑股东利益。日本公司治理和德国公司治理基本相似,利益相关者都在公司治理发挥一定的作用。这种治理模式允许员工参与公司的决策,能在一定程度上缓解和劳资双方的矛盾,有利于两者利益的平衡和决策的实施。同时,股东和银行之间的长期合作使银行成为中小企业有力的融资来源,这有助于中小企业长期的生存发展。

第二节　以新制度经济学观点审视大学及其治理

一、大学是传播高深知识的组织

大学是什么? 什么是大学? 对这个问题,不同的教育家和学者有不同的理解。纽曼认为"大学是一个传播普遍知识的场所"①。美国教育家福莱克斯纳

① [英]约翰·亨利·纽曼:《大学的理想》,徐辉、顾建新、何曙译,浙江教育出版社2001年版,第2页。

认为“大学是学问的中心，致力于保存知识，增进知识，并在中学之上培养人才”①。德国教育家、哲学家雅斯贝斯认为“大学是研究和传播科学的殿堂，是教育新人成长的世界，是个体间富有生命的交往，是学术勃发的领地”②。虽然表述各异，但都把大学理解为学术机构，从事高深学问的传播、保存和增进。但在新制度经济学的视域中，大学首先是一个组织，它是通过使用一定资源并提供特殊服务的经济组织，它和其他的组织，如企业，没有什么差别。如果说有什么差别，那就是其所履行的职能上的差别。大学的特殊性在于其提供的产品的特殊性，它提供的产品是拥有一定专业知识、专业技能、专业素质和品德的人。培养一个具有多方面才能的人，需要大学为人的全面发展提供多学科的教育平台，而接受大学的教育能够为受教育者提供一定的专业技能，提升受教育者的未来收益，所以大学需要收取一定的费用。从这个角度讲，大学是具有最大化自身利益的营利性经济组织。但是，大学同时还具有传输社会公共理念、培养具有社会合作精神和创新精神的人才的职能，大学提供的产品具有很大的外部正效益，这样大学又不能以追求利益最大化为目标，具有一定的公益性。所以大学是特殊的经济组织，要在公益性和经济性之间取得平衡。从大学的经济性来看，大学可以也应该允许私人举办，并以利益最大化为目标；从大学的公益性来讲，社会应该为大学提供一定的资源，这里的社会包括政府、社会团体、个人、企业等，可以通过多种途径为大学的发展提供充足的资源。这样大学应该有公立大学和私立大学，以及其他形式的大学，政府不应该垄断大学。当然，作为社会管理者，政府具有一定的管理职能，但作为大学资源的提供者，政府与其他大学资源提供者具有平等的权利和地位。大学的资源提供者，通过多种途径参与大学管理，就形成了大学制度和大学治理结构。

二、大学是一个产权综合体

(一) 大学产权

科斯、德姆塞茨等经济学家关于产权起源的观点，尽管各有相异之处，但综合起来看，产权的存在无外乎有两个原因，一是资源的稀缺性，二是交易成本的

① Flexner A.. *Universities: American, English, German, New York, Etc.* Oxford University Press, 1930, p. 230.

② [德]雅斯贝斯：《什么是教育》，邹进译，生活·读书·新知三联书店1991年版，第150页。

存在。“由于资源的稀缺才出现了产权制度”，“只有资源从丰富变得稀缺时，才须法庭来决定它的使用权”。[①] 从科斯《关于社会成本》的论文中引申出来，并被斯蒂格利茨总结为科斯定理的核心内容就是，如果交易成本为零，那么资源的利用效率与谁拥有产权无关。[②] 换言之，如果存在交易成本，就必须要界定产权。可见，在资源稀缺且存在交易成本的情况下，就必须进行产权界定。那么，大学是否存在产权就取决于大学资源是否稀缺，以及大学为了履行职能是否存在交易成本。

1. 大学资源的稀缺性[③]

大学作为提供高等教育、培养社会需要的合格人才的组织，需要消耗一定的经济资源才能生产出合格的劳动力，因此大学有必要进行成本—收益核算。由于经济资源的有限性，投入大学中的资源不可能是无限的，所以具有稀缺性。这种稀缺性的资源形成了大学的各种财产，包括土地、教室、实验室、图书、资料、独特的文化传承、各种知识产权、社会声誉等，这些有形或无形的财产保证了大学生产出社会需要的各种人才，为了有效利用大学的各种资源，必须明晰大学中的各种产权，形成有效使用这些资源的管理模式，防止出现搭便车和预算软约束等造成大学产权的流失。

大学资源的稀缺主要表现在以下两个方面：

一是大学资源供给的总量性短缺。也就是社会的各种大学资源总量、质量及结构（课程设置结构）等难以满足整个社会的需求。随着经济社会的发展，社会上越来越多的人期望接受大学教育，对大学需求的日益增长呈现出多样性、多层次性的特点。但是在资源总量一定的条件下，社会所能提供给大学的资源总量是有限的。大学资源的有限性和大学教学需要的多样性存在一定的矛盾。在我国，各类大学所需要的资源理论上来自政府拨款、学费收入、社会资助、其他收入等，但由于体制等方面的原因，公立大学接受的资源主要来自政府拨款。《中华人民共和国教育法》（以下简称《教育法》）第五十四条规定：“国家财政性教育经费支出占国民生产总值的比例应当随着国民经济的发展和财政收入的

① 菲吕博腾、配杰威奇：《产权与经济理论：近期文献的一个综述》，R. 科斯、A. 阿尔钦、D. 诺斯等著：《财产权利与制度变迁——产权学派与新制度学派译文集》，上海三联书店、上海人民出版社 1994 年版，第 201 页。

② 余耀军：《排污权交易的经济分析》，《财贸研究》2004 年第 1 卷。

③ 徐文：《教育产权论》，华中师范大学 2004 年博士学位论文。

增长逐步提高。具体比例和实施步骤由国务院规定。全国各级财政支出总额中教育经费所占比例应当随着国民经济的发展逐步提高。”可是，由于经济实力等方面的原因，我国财政性教育经费占 GNP 的比例虽然呈逐年增长态势，但财政性教育经费占 GNP 的比例仍远远低于世界平均水平，直到 2012 年才勉强达到 4%。不但如此，由于国家对名校的迷信和偏爱，导致财政性投入分配严重不均，“985”大学教育经费相对充裕，而一般性大学受地方财政收入的限制，经费投入远远不能满足大学教育的发展需要。在投入大学的资源主渠道难以满足大学发展需要的情况下，接受社会资金是补充大学资金投入不足的重要途径，但由于传统体制的制约，非政府渠道的资源投入十分有限，结果是一方面政府投入不足，另一方面非政府的教育资源难以进入教育市场，加剧了大学资源的短缺。不但如此，前一阶段大学盲目地扩张，使几乎所有大学都背上了沉重的债务负担，大学中出现数量和质量难以兼顾的现象。

二是结构性短缺。在大学教育资源供给总量的短缺的同时，大学教育资源还存在结构性短缺。这种结构性短缺表现在“985”大学与一般性大学，发达地区与欠发达地区之间的明显差距。这导致大学资源分配的严重不公平。

2. 大学中交易与交易成本

大学为了提供社会满意的教育，需要协调各利益相关主体的利益。大学中的利益相关主体包括国家（政府）、教育机构、社区、个人、经营管理者、教职员工及学生和家长等与教育活动有关的组织、个人，这些利益相关主体在大学中的结合，形成了各种隐性或显性的合约，这些合约涉及大学与有关组织和个人的权利、义务、收益、责任、费用等，所以其本质是产权的交易。大学与投入大学活动的不同组织、个人之间的广泛产权交易，存在各种各样的因交易而产生的成本，即各产权主体缔结、履行合约过程中所发生的成本。这些成本主要包括：（1）签约成本。即大学与参与大学教育活动的各级组织之间、组织与个人之间、个人与个人之间，就双方或多方利益关系的分配、协调、仲裁、管理所形成的显性或隐性契约成本。例如，大学与学生及家长在入学标准、缴纳的费用以及学生考核、毕业、就业等方面所发出的各种要约、受约等，所花费的成本；大学与教师进行劳动收入、福利待遇方面的谈判，包括固定工资、福利待遇和教师工作要达到的绩效等方面，这些谈判内容具体体现为隐性和显性的合约形成，只要教师与学校签订了就业合同，那么大学就有义务提供包括合约中规定的各种条件,而教师也要按照学校的要求从事教学科研活动。除了显性合约规定的内容外,学校和教师之间还存在各种隐性的合约。这一过程需要花费大量的时间、精力和各种支出;大学与政府就教育培养方针、培养目标、教材使用、经费拨付及使用、监督等所进行的各种显性和隐性谈判所花费的交易成本。(2)计量成本。大学为了协调各利益主体的利益关系,不但需要与各相关利益主体形成各种显性和隐性的合约,而且需要有关各方就大学的投入、产出进行适当的计量,以维护相关利益主体的利益。例如,对各产权主体投入教育活动资源的数量、比例以及可能的收益进行估算的成本,投入资源的内部分配以及收益分配计量的成本等,个人接受某级或某类大学教育应该并能够支付的经费、时间以及接受该类教育所花成本与收益,教育服务价格的确定、教育者收入的确定等都需要计量,进而花费一定的成本。(3)监督成本。由于人的有限理性,大学教育活动中各相关利益主体可能会存在机会主义(即“搭便车”的思想)等消极行为,影响大学的正常运行,也会挫伤其他成员的积极性,降低大学教育的生产率。因此,为了防止各种消极形成所产生的影响,就要识别、监督与防范这些不良行为,需要付出大量的资源。(4)信息成本。即获取与大学教育相关的信息如学业成绩、学校招生、学生就业分配、学校教育质量、学生升学状况、学校与地区教育差异、教育改革动态等方面信息的费用。

正是由于大学资源的稀缺性及大学中存在广泛的交易成本,所以必然存在大学产权,需要对大学产权进行清晰的界定,以形成一套激励和约束机制,实现产权资源的有效配置。根据上面产权经济学关于产权含义的论述,我们认为,大学产权概括起来讲,就是与大学教育有关的利益相关者,即参与大学教育活动的组织和个人,包括国家(政府)、教育行政机构、教育机构,以及受教育者、教育者、教育管理者等。就大学的财产,包括各类有形教育财产如土地、教学设施等和无形教育财产的占用、使用、收益、处分等所达成的一连串契约关系的总和,借此实现各种主体对大学的权力和职能,实现大学的基本职能。

(二)大学产权的内容

根据新制度经济学家的普遍认识,产权是财产的所有权或归属权、占有权、使用权、收益权,以及处分权在内的权利集合。据此可以认为,大学产权也不是单项的权利而是一组权利或权利束,包括对大学财产的所有权、占有权、使用权、收益权,以及处分权在内的权利集合。在这五种权利中,所有权是最基本的权利，决定着其他四项权利，但不能取代或包含它们。占有权是指大学产权主体，即大学法人，对教育资源的实际控制权利。占有权既可以由大学教育财产所有人享有，也可以由非所有人享有。使用权是大学教育产权主体为满足自身需要，对大学资源进行利用的权利。与占有权一样，使用权也可以与所有人相分离。收益权是指从大学资源上获取某种收益的权利，常常是与使用权联系在一起。处分权是指教育产权主体对大学资源进行转让、出卖等的权利，涉及教育资源所有权的变更或终止等问题。而占有、使用、收益，通常并不发生产权主体的改变，经过处分，教育产权主体通常便丧失了对该项财产的所有权。比如，国家将公立学校拍卖给个人，公立学校的所有权主体就由国家变更为私人了。处分权在大多数情况下由其所有人享有，但是，在某些情况下，非所有权人也能享有财产的处分权。由此可见，大学是一个包含众多产权主体的复合体，它们都享有产权所带来的相应权利，这就决定了大学制度在未来创新中不能缺少这些产权主体的参与。所以，合理界定大学中的产权问题是未来大学制度的基础。①

三、大学是一系列契约关系的联结体

(一)大学中的交易与契约

科斯的《企业的性质》一文指出，由于交易成本的存在，“一系列的契约被一个契约替代了”更节约成本，因此企业是一系列契约的综合体。大学作为从事高等教育的组织，本质上讲是一系列契约的联结。

现代大学作为知识的生产和传播组织者，同学生、学生家长、社会、政府之间存在广泛的联系，存在各种交易。交易不可能没有成本，现实世界存在各种各样的交易成本。没有交易成本，大学组织也就不存在。由于存在着无处不在的交易和交易成本，学生找到适合自己的教师，完成自己大学教育所需要的知识体系，需要同不同的教师签订复杂的契约；教师为实现自己专业知识的传播，需要同不同学生签订复杂的契约；大学资源所有者为了实现自己的经济利益，需要同教师、学生和各有关利益相关者签订复杂的契约。这些庞杂契约的形成需要花费昂贵的交易成本，因此大学制度就产生了。大学的各利益相关者群体只需同大学签订契约，便可大大节约交易费用。同时各利益相关群体也许需要

---

① 徐文:《教育产权论》，华中师范大学2004年博士学位论文。

用契约来规范各相关方的权利和义务，因此，大学就是一个契约组织，大学中就存在各种契约，这些契约关系可以划分为大学制度的内部契约关系和外部契约关系。

（二）大学的外部契约关系

从系统学的观点看，社会是一个大系统，其中存在各种各样的子系统，各子系统之间存在复杂的物质和能量交换，子系统和社会大系统之间也存在复杂的物质和能量交换。大学作为社会大系统中的一个子系统，同其他子系统和社会大学系统之间也存在复杂的物质和能量交换。大学，无论公立大学还是私立大学都与社会各子系统之间和社会大系统之间的物质、能量交换通过一系列显性的和隐性的契约关系来完成，这种契约关系就是大学的外部契约。大学的外部契约是通过产权这一纽带而形成的，产权是大学与社会各子系统和社会大系统之间进行物质、能力交换的前提，也是各种交换反复交易的结果。产权包括一个人或其他人受益或受损的权利，是界定人们如何受益及如何受损，因而谁必须向谁提供补偿以使他修正人们所采取的行动。完整的产权是一个可以分解的权利束。按照德姆塞茨（Demsetz，1967）的观点，产权制度可分为私有产权、共有产权和国有产权①。即我们常说的私有产权、集体产权（俱乐部产权）和国有产权，而后两种产权制度都属于公有产权。产权制度安排与产权制度运行是两个不同的概念，“产权的占有”形式，可以有多种“产权的实现”形式：（1）私有产权私用，这是比较普遍的形式，如私立学校、家教、各种特长培训等；（2）私有产权公用，实际上是国家赋予私有产权一定的公共职能，通过公共定价方式限制其利润动机，如高速公路等；（3）公有产权私用，如现在的改制学校；（4）公有产权公用。在这四种形式中，公有产权公用的大学运行较为复杂，存在着双重委托—代理关系，一是所有人与国家之间的委托—代理关系；二是国家与经理层之间的委托—代理关系。公立大学的运行也依赖于这种双重委托—代理契约形式，这与公有制的内在矛盾有关。公有制是人人所有制，每个人都平等享有对共有财产的各种权利”，因此公有制成员必须以集体行动的方式行使各项权利，但集体行使权利又意味着权利无法行使，因为公有制存在着公有制成员

---

① ［美］哈罗德·德姆塞茨：《产权理论：私人所有权与集体所有权之争》，徐丽丽译，《经济社会体制比较》2005年第5期。

集体行使权利的特定要求与这种行使方式费用过高之间的矛盾。为了在保证在维持公有制基本规定的同时使所有权能够实际运作，唯一的途径就是建立某种代理组织，从而降低交易费用。

公有制中委托代理关系是通过双重委托—代理关系形成的，即社会成员对中央政府的委托，中央政府对下级政府的委托，或对经理层的委托。就公立大学而言，从中央政府到公立大学内部成员的授权链形成向下的委托—代理关系，其中行政上级是委托人，行政下级是代理人，每一授权链中又涉及多重授权环节和授权主体。除了公立大学中的双向多层的委托—代理关系（契约关系）外，大学与市民社会、经济市场和政治国家之间还存在各种隐性的契约关系，这种契约关系是心照不宣的但又是确切无疑的。这种契约关系不是基于产权的关系，但关乎大学存在的意义，对于任何性质的大学都是一样的，不管是私立的或公立的大学。因此，社会、企业和国家必须对大学负责，为大学按照自身规律发展创造条件。社会、企业和国家与大学之间是利益相关的，它们互负责任，一方的效用是另一方行为的函数。双方之间的契约具有难以表达的特性，很大程度上需要自我实施机制。

（三）公立大学中的内部契约

随着社会分工的发展，知识的生产也日益专业化。大学，作为传播和创造知识的制度构建，依靠单个教师的知识和能力无法完成高等教育的任务，学生依靠单个教师的知识也无法完成需要多种课程、多种知识的大学教育。因此，大学、大学教师和大学教育的接受者必须形成类似企业的制度构建。即大学与大学教师通过一系列契约完成对大学教师劳动的购买，大学教师则通过出让自己的专业知识获得一定的收入，大学通过与大学教育接受者之间的一系列契约，向大学教育接受者提供合格的大学教育，这种契约安排对大学、大学教师和学生都是最优的制度安排，因为这种制度安排最小化了各方的交易成本。在这种制度安排中学生不需与多个教师签订一系列合约，只需与代理人（大学）签订一个合约即可；教师也不必走入市场与多个学生签订一系列合约，只需与代理（大学）人签订一个合约即可。由此可以得出大学是一个契约与另一个契约的联结的结论。大学的契约本质得到简单体现。但大学不但包含学生和教师这两个最基本的要素，还包括学校行政职员人力资本、学校公共资金、捐赠资金等其他要素，这些要素所有者也会从节约交易成本的角度出发选择与代理人（大学)达成最有效的契约安排。于是,大学就扩展为一系列契约的联结,进一步的,大学的契约本质得到丰富体现。

从大学财产的所有关系以及大学与学生、家长、社会和各种社会捐助者之间的关系看,大学内部和外部都存在负责的契约关系,这种契约的联结点就是大学。大学作为一个组织,为了履行大学的职能,需要形成一个完善的法人治理结构。这个治理结构要能切实实现大学与财产所有者、学生、家长、社会、社会捐助者、教师之间形成的契约关系,形成各种利益群体的共享。按照委托—代理理论,这种治理结构就是现代大学制度,它包括由所有人和有关利益方共同推举的法人代表——大学校长,有关利益方组成或委托的监督层,监督大学校长是否履行对利益相关方的责任和义务,保障大学资源的合理运用。实际上大学治理结构包括三个层次:第一个层次是大学所有者和有关利益方(包括学生、社会代表、职工代表、捐助者等)组成大学议会,共同推举或协商大学的法人代表,以及由法人代表所推举的其他协助法人代表履行职责的人事安排;第二个层次是大学议会为了监督大学法人代表是否忠实履行职责所推举的监督委员,行使日常监督职能,但不得干预大学校长日常管理活动;第三个层次是大学校长为了履行职责对大学内部机构所作的部署,属于大学校长的代理人,大学议会和监督委员会不能干预。也就是说,在大学校长确定以后,具体的内部机构设置、教师聘任、岗位聘用、招生规模、课程设置、科研规划、内部奖惩等都由大学校长负责。当然大学校长为了更好地协调内部关系、搞好教学科研,需要一个议事咨询机构,如教授委员会、职工代表委员会等。通过这样一种治理结构,大学校长享有充分的自主权,真正实现专家治校,提升大学教育的层次,实现大学的职能。

四、大学是利益相关者众多的组织

(一)大学是典型的利益相关者组织

1. 利益相关者是大学资源的提供者

任何组织的运行都离不开一定的资源。大学制度的有效运作也离不开各种资源的供给。资源分为物质资源和精神资源两类。精神资源包括各级政府为大学提供相关的政策、制度、大学本身的一系列规章制度、各科研机构和企事业单位为大学提供的各种专业学科的新知识,教师、学生、大学领导等形成的独特的校园文化，这些无形的精神资源通过各利益相关者提供给大学，最终形成大学的软实力，从而提高大学的核心竞争力。物质资源最直接的表现形式就是大学的办学经费。约翰·布鲁贝克曾提到大学的办学经费时说："即使最富裕的国家也不可能提供高等教育需要的全部经费，除非社会愿意重新分配目前用于国防、空间探索、公共卫生和社会福利计划方面的国家资源。"①因此，在国家无法提供给大学所需的经费时，大学必然会通过其他手段来获得办学资源。据有些学者研究："目前我国的大学经费大致有52%来自政府的财政拨款，48%需要社会自筹；在48%中，有20%左右来自学生的学费，28%需要学校通过其他方式，如银行贷款、社会投资、盈利性收入、社会捐赠、科研课题等。"②。这些多渠道的经费来源势必会影响高等学校的办学活动和办学使命的实现。因此，大学自然成为各利益相关者的连接体。

2. 利益相关者是推动大学发展的核心力量

大学是一个由众多利益相关者组成的利益共同体，这个利益共同体包括政府、高等院校、学生及其家庭、教师、工商界、公共和私营经济部门、地区、专业协会等。因此，在大学利益相关者治理模式中，大学与政府、学生、教师及社会之间的合作伙伴关系乃重中之重。

(1)学生。大学生不仅仅是纯粹的大学教育的接受者，而且还是高等学校的主要成员，是大学精神财富的创造者，是高等教育活动的主要参与者。因此，高等学校的行政权力、学术权力都是围绕保障学生的权力与利益而存在，各权力主体是一种平等的主体间关系。高等教育应把学生及其需要作为关心的重点，并把他们看作高等教育改革的主要参与者。通过构建高等学校与学生建立合作伙伴关系，增强学生的责任感、参与感与角色感，才能提高高等教育的主动性、针对性和实效性，丰富高等学校的文化传承，提升高等学校的文化软实力。

(2)教师。教师是高等教育的组织者、提供者、指导者、参与者与合作者，是高等学校最主要的人力资源的所有者，是大学的雇员，又是大学的主人。大学作为学术组织，掌握着知识资本的大学教授，毫无疑问，是大学的关键性资源，对高等学校拥有一定的支配权和控制权，高等学校应当尽可能确保全体教师参

---

① 陶莎：《利益相关者视野中的高校教学质量管理研究》，武汉理工大学2009年硕士学位论文。

② 同上。

与授课、研究辅导学生和管理学校的事务。

(3)政府和大学行政管理人员。在大学的利益相关者构成中,政府和大学行政管理人员无疑也是重要的利益主体。在现代社会中,政府会以各种各样的方式影响高等教育,成为大学的主要利益相关者。尤其是在完全公立的大学、混合型大学(政府和私人共同举办、主要提供"准公共物品")甚至在完全私立的大学(私人举办、主要提供"私人物品")中,政府在其中既不能对大学完全主宰和绝对掌控,也不能不管不问,任其发展。大学行政管理人员,特别是高级行政管理人员是"大学政策的具体执行者",也是政府对大学实施影响的主要途径,政府通过对公立大学校长的任命来实现对其他行政人员任命,并有效指挥整个行政系统为利益相关者服务。大学行政系统通常是一个科层结构。

(二)利益相关者的诉求规定了大学的责任

传统观点认为,大学只是个学术团体,其主要职能仅限于高深学问的研究和人才培养。"大学和它的教师、管理者的责任严格限制在学术领域"。但是,在大学日益从边缘走向社会的中心,日益受到各界人士的关注的情况下,传统的责任观就日益显示出它的局限性。人们期望大学能从象牙塔的观念中解放出来,承担起更多的社会责任。特别是从各利益相关者的视角来看,大学承担起社会责任是义不容辞的。因为大学是典型的利益相关者组织,应当为所有的利益相关者负责。

1. 政府赋予大学的责任

大学的本质就是在积淀和创造深厚文化底蕴的基础上,传承、研究、融合和创新高深学问。因此,知识创造和学术担当是大学必须承担的神圣职责,学术自由和学术自治是维持自身活力的源泉,学术价值是大学必须拥有的最基本的价值。这是国家一直以来对其的首要要求。另外,政府把为国家培养顶尖人才的任务交给了大学。当今世界各国的竞争,既是知识的竞争,也是人才的竞争。谁拥有最多的顶尖级人才,谁就能在下一轮的竞争中占据制高点。当前,大学既要高度重视对人才的培养,又要在自己的学术活动中自觉地开展原创性研究,探求客观真理,创新高深学问。

2. 社会赋予大学的责任

随着大学与社会联系的越加密切,它对社会的依赖,特别是对外来经费的依赖也越来越多。事实上，正是社会对大学学术的信任与需要，以及由此所致的对大学慷慨而热情的经济与物质支持，才保证了大学对学术自由的充分享受。为此，大学应该有责任回报社会，自觉承担起服务社会的职能。正如美国著名教育家德里克・博克所指出的，正是因为有了大量的公共资助，人们希望大学通过为公众提供有助于解决重大社会问题的服务来回报社会。

3. 学生寄予大学的责任

学生作为投入物质资本与人力资本来消费高等教育服务的群体，他们是高等教育中的顾客，也是大学的核心利益相关者。对于学生来说，其最大的利益需求是希望通过大学阶段的系统学习，使其自身能获得积极适应社会的能力并于社会中获得良好的发展。因此，大学应积极回应学生的利益需求，优化教学资源，深化教育改革以不断提高教学质量。大学应积极优化教学资源，如主动适应形势，积极进行专业改造和院系调整，修订教学计划，探索更新课程体系，组建素质优良的学科教师梯队，合理配置教师资源等。

大学应当在“以人为本”的教育哲学观的指导下，不断深化教育改革，主动顺应21世纪高等教育的发展趋势，全面推进素质教育，逐步建立以素质教育为基础的创新教育体系和以创新精神、创新意识为核心的人才培养机制。大学还应当不断加强和改善教育教学管理，努力改进教育教学方法，稳步提高教育教学质量，力求使学生从充满活力的大学所提供的知识服务中真正获益。

4. 大学教师和行政人员寄予大学的责任

大学的教工，即教师和行政人员，是学校主要的办学力量，也是大学的核心利益相关者，大学应积极回应教工的利益需求，切实承担如下责任：大学应当加强对教工的思想品德教育和业务培训，不断提高教工的整体素质，使教工能够更好地适应岗位的要求，承担其岗位职责；大学也应当充分发挥教工的作用，积极支持教工参与学校的民主管理，提供展示教工才能的广阔舞台；大学还应当为教工的个人发展创造条件，不断改善教工的收入和福利待遇，使教工能以饱满的热情投入学校的各项工作中去。

（三）大学利益相关者决定的大学治理

哈佛大学文理学院前院长罗素大斯基详细分析了与大学有关的几类利益关系群体，并按照与大学之间的重要性程度划分为最重要群体、重要群体、部分拥有者、次要群体四类:(1)最重要群体即教师、行政主管与学生是大学最重要的群体。大学没有教授就不能成其为大学,而行政主管控制着美国大学,没有学生,大学的学术成就终归会枯萎。(2)重要群体即董事、校友和捐赠者是重要的利益相关者。因为,他们才是正式决定主要政策的人,他们出钱,因而非常关心"他们"学校的声誉。(3)部分拥有者即政府、银行、评审委员会。他们只是在特定条件下才成为大学的利益相关者。(4)次要群体为大学利益相关者中最边缘的一部分,即市民、社区、媒体等。在社会学家 Pierre van den Burgher 写的一本关于非洲高等教育的著作中,也把大学分为教授、学生、非教学人员三个阶层来进行研究:(1)教授层。这是第一个阶层,教授处于大学的核心地位。(2)学生层。这是第二个阶层,学生是大学存在的理由。(3)非教学人员。这是第三个阶层,高级管理人员在教学事务中发挥着很大的作用。

20 世纪 80 年代以来,我国初步建立以政府财政拨款为主,通过多渠道筹措教育经费体制实现教育由政府包办到国家、社会、群体共办转变。在此情况下,不仅高等教育投资主体日益多元化,而且大学经费来源渠道也日益呈现多样化,除财政拨款、学费外,银行和非银行金融机构也开展了教育贷款业务。因此,在大学治理中必然要综合考虑各利益主体的利益分享和利益均衡问题,在保证不断提高教学质量的前提下,实现经济效益与社会效益的最大化。

第二章　制度创新理论与大学制度创新

在新制度经济学理论中，制度变迁（创新）是包含一系列组织形式、制度运行方式、意识形态等各方面在内的模式的转变。其中起决定作用的是一系列经济主体行为规则的改变，这种改变就是制度变迁。具体地说，制度变迁就是一种交易和行为规则的替代、转换过程。从新制度经济学的视域来研究大学制度创新，就必须深入理解和研究制度变迁理论，并从制度变迁（创新）理论与大学制度创新的关系来看待大学制度创新。

第一节　制度与大学制度

新制度经济学主要研究制度的演变及其作用，"制度决定经济绩效，这正是新制度经济学的经济学家们给出的重要结论"。从新制度经济学视域来分析大学制度创新问题，首先需要明确究竟什么是大学制度，也就是大学制度的内涵。

一、制度的内涵与功能

（一）制度的内涵

1. 新制度经济学中"制度"的内涵

制度一词，从制度经济学的角度看，是管束人们行为的一系列规则，舒尔茨关于制度的这一定义为研究制度的学者所接受。历史上形成了各种不同的制度。从广义的角度讲，制度包括成文制度和不成文制度。成文制度是正式的、理性化的、系统化的成文的行为规范，如政治制度、法律等；不成文制度是非正式的、非理性化的、非系统化的不成文的行为规范，如道德、观念、习惯、风俗等。制度为人的行为设定一定的规则和活动空间，它不仅约束人们的行动，还为人们提供了其可以自由活动的空间。制度不是外在给定的，而是内生于社会经济活动中，即人们在一定的制度下行动，同时这些行动又在改变制度本身；制度本质上是自我实施的，表面上看，成文制度对当事人带有强制性，但当事人在实际行动中常常赋予制度以自身理解，这种理解包括了其身上蕴藏的文化、习俗、惯例等，只有当正式规则和非正式规则内在一致，制度才是可实施的；制度的作用必须通过交易成本的相对比较来判定，一个有效的制度就是引致交易成本相对较低的制度。

由此可以看出，作为新制度经济学研究对象里的制度，有着丰富的内涵。

(1)制度与人的行为、动机有着内在的联系。制度的形成是人类共同行为的结果，但当制度形成以后，制度有对人类的行为施加一定的影响和制约。所以，制度与人的行为和动机密切相关。(2)制度是一种公共品。制度作为行为规则，并不是针对某一个人。制度在其形成之初，可能并不是作为公共品，但当众多的人群遵守并适应这种制度、规则时，开始为少数人制定的规则后来适用于所有的人，私人制度就成为了“公共品”。作为“公共品”的制度是无形的，它是人的观念的体现以及在既定利益格局下公共选择的结果，或者表现为法律制度，或者表现为规则及其规范，或者表现为一种习俗。

2. 制度的构成

新制度经济学认为，制度提供的一系列规则是由社会认可的非正式制度、正式制度和实施机制所构成，也就是说，正式制度、非正式制度、实施机制这三个部分是制度构成的基本要素。也有学者认为，制度主要包括制度环境、制度安排和实施机制。其中非正式制度是人们在长期交往中无意识形成的，具有持久的生命力，并构成代代相传的文化的一部分。非正式制度主要包括价值信念、伦理规范、道德观念、风俗习性、意识形态等因素。正式制度是指人们有意识创造的一系列政策法则，包括政治规则、经济规则和契约，以及由这一系列的规则构成的一种等级结构，从宪法到成文法和不成文法，再到特殊的细则，最后到个别契约，它们共同约束着人们的行为。正式制度和非正式制度之间存在密切的关系。当正式制度和非正式制度相互契合时，正式制度就能够得到很好的执行；当正式制度和非正式制度出现不相容时，正式制度的实施成本很高，甚至在实施时无法完全得到执行。

(二)制度的功能

关于制度的功能,也就是制度对经济社会发展发挥什么作用,不同的制度经济学家有不同的理解。德姆塞茨:"产权是一种社会工具,其重要性就在于事实上它们能帮助一个人形成他与其他人进行交易时的合理预期。""产权的一个主要功能是导引人们实现将外部性较大地内在化的激励。"①舒尔茨:"制度是某些服务的供给者,它们可以提供便利,便利是货币的特性之一。它们可以提供一种使交易费用降低的合约,如租赁、抵押贷款和期货;它们可以提供信息,正如市场与经济计划所从事的那样;它们可以共担风险,这是保险、公司、合作社及公共社会安全安排的特性之一;它们还可以提供公共品(服务),如学校、高速公路、卫生设施及实验站。"诺斯认为"制度在一个社会中的主要作用是通过建立一个人们相互作用的、稳定的(但不一定有效的)结构来减少不确定性"。②威廉姆森从人的有限理性、机会主义行为、资产专用性、交易的不确定性和交易的频率等方面对引起交易费用上升的因素进行了分析,并认为许多治理机制(即制度)都具有减少人的机会主义行为和交易的不确定性的功能,而这些功能的共性是可以降低交易费用。黄少安则认为制度具有减少不确定性、外部性内部化、激励、约束、资源配置和收入分配功能。

综合来看,新制度经济学家揭示的制度功能主要有:降低交易费用、帮助人们形成合理的预期、外部性内在化、提供便利、提供信息、共担风险、激励、抑制人的机会主义行为、减少不确定性和安全等。其中制度的核心功能是给市场经济中的经济主体提供激励与约束,降低进行经济活动的成本,提高进行经济活动的收益。

二、现代大学制度的概念、内涵及结构

(一)现代大学制度的概念

大学作为一个独立的学术组织,本身就需要制度的支撑。早在17世纪,夸美纽斯就强调了制度对于学校工作的意义。他认为,制度是学校一切工作的"灵魂","哪里制度稳定,哪里便一切稳定;哪里制度动摇,哪里便一切动摇;哪

① [美]德姆塞茨:《关于产权的理论》,R.科斯.A.阿尔钦.D.诺斯等:《财产权利与制度变迁——产权学派与新制度学派译文集》,上海三联书店、上海人民出版社1994年版,第98页。

② [美]道格拉斯·C.诺斯:《制度、制度变迁和经济绩效》,上海人民出版社1994年版,第4页。

里制度松垮,哪里便一切松垮和陷入混乱”。历史也同样证明了大学制度对于大学存在与发展的重要意义。从世界上所有大学的起源——中世纪欧洲大学模式,建立大学自治与学术自由等一系列大学制度框架,到柏林大学建立教学科研结合以及讲座制等制度体系,再到美国大学建立自由选课和校院系体制,实现教学科研服务的完美结合,这些无不表明,制度在保证组织的正常运转、启承组织的观念层和物质层中都发挥着重要的作用,同时也表明,制度是最重要的教育资源①。

关于大学制度的概念,我国不少专家学者进行过阐述。张俊宗认为“大学制度是关于大学管理与运行的规则体系,是以大学的学术性本质为根据的确定大学生存与发展的规则体系”。邬大光教授则从宏观和微观两个方面对大学制度进行界定,宏观的大学制度是指一个国家或地区的高等教育系统,包括大学的管理体制、投资体制和办学体制等;微观的大学制度是指一所大学内部的组织结构和运行机制,包括组织结构的分层、内部权力体系的构成等。还有学者将现代大学制度分为广义和狭义两种,广义的现代大学制度是指高等教育系统,举办者、管理者、办学者权责清楚,政事分开,与社会主义市场经济体制相适应,符合高等教育规律的大学管理制度。狭义的现代大学制度是指大学(办学者)面向社会,依法自主办学,实行民主管理,与社会主义市场经济体制相适应,符合高等教育规律。

从制度经济学的角度来看,大学制度可以这样界定:大学制度是指维持大学组织生存和运作的一系列组织行为规则和运行机制的总称。大学制度既是确定大学生存与发展的行为规范或规则,又是大学在长期的发展和实践中形成的道德、观念、习惯、风俗等。大学制度作为一个制度体系,是非正式约束、正式约束和实施机制三者的有机统一。新制度经济学在分析制度时把制度区分为“制度环境”与“制度安排”。“制度环境”是一系列用来建立生产、交换与分配基础的基本的政治、社会和法律基础规则;“制度安排”是约束特定行为模式和关系的一套行为规则,是支配人们相互之间可能合作与竞争方式的一种安排。

(二)现代大学制度的内涵

第一,大学制度要受到社会各种制度和文化的影响和制约。大学制度作为

① 杨运鑫:《大学制度——大学存在和发展的根基》,《辽宁教育研究》2004 年第 1 期。

制度的下位概念(亚层次概念),也就是说大学制度是国家的宪法体系、政治制度下的派生制度,它要受到上位制度(宪法)和政治制度的制约。因此,大学制度的任何改革都必然要在上位制度的框架之内进行。大学制度不仅受制于上位制度,同时也受制于部门法律制度,如《教育法》、《中华人民共和国高等教育法》(以下简称《高等教育法》)等的制约和限制。这些制度规划了大学制度的基本方向和变迁方向,在这种制度没有发生变动的情况下,大学制度不可能有根本变动。大学制度除了受到正式制度约束之外,还受到历史文化、传统习惯、社会意识形态等方面的影响。在这些非正式制度发生变化并最终形成社会改革潮流的情况下,大学制度也会发生根本变化。

第二,大学组织具有不同于其他组织的独特制度逻辑。制度是社会游戏的规则,组织是社会运行的角色,制度与组织密不可分。大学作为一个特殊的组织,它的特殊性不仅体现在大学作为学术性组织所特有的个性,而且体现在大学组织所特有的"制度逻辑"上。正如格斯特所言:"制度逻辑提供了不同行业操作稳定性和连续性的框架,并将不同的组织区分开来",并且"这些逻辑也随时间变化而变化"。大学的制度逻辑构成了大学制度的独特内涵。

第三,大学制度主要分为大学制度环境与大学内部制度两个方面的内容。制度环境主要涉及政府、社会与大学之间的关系,是指一系列用于维持大学与外部关系的规范、法律规则和运行机制。大学内部制度主要涉及大学内部管理体制、运行机制以及组织行为的规范体系。如果我们把只涉及大学内部管理体制、运行机制以及组织性的规范体系定义为狭义的大学制度,那么大学的内部制度和外部制度则是广义的大学制度。

(三)现代大学制度的结构

1.现代大学的外在制度

现代大学的外在制度主要是指维持大学与外部关系的规范、法律规则和运行机制,在于调整学校与国家、社会的关系,这是由大学的社会属性决定的。大学的公共性决定了它必须要与社会的代表(政府)发生各种关系;大学的私益性决定了它与市场机制的联系;大学的公益性决定了公民社会以各种各样的方式参与大学行为的必要性。

外在制度的设计主体是政府,但大学政府之外的其他利益相关者也应参与其中。政府作为外在制度的主要设计者,不仅因为政府具有强制性权力,更重要的是,大学是属于社会这个大系统的一个小系统。它在系统中的层次和地位决定了它应接受社会公权的代理者——政府的管理。与此同时,政府不是教育制度唯一的利益主体,大学外在制度的设计必定吸纳各方面的利益主体的参与,并满足利益主体的合理需要。

现代大学的外在制度包含以下几个制度:

(1)法人制度

大学的法人制度是指赋予大学民事主体资格,使之独立享有特定的权利能力和行为能力的制度。大学法人制度建设是大学理论建设的重要组成部分,它制约着市场经济中高等教育制度建设的发展方向。法人是各国公认的一种民事权利主体,它作为一种法律制度,是一定经济基础的反映,是为一定阶级服务的。它是"法律赋予一定社会组织以民事主体的资格,从而使具有法人资格的社会组织,享有特定的权利能力和行为能力,能够以自己的名义参加一定的民事法律关系,并成为这些民事法律关系主体的制度"①。法人的本质特征主要有两个,"一是它的团体性,二是它的独立人格性。前者说明它首先是一个团体,一个组织,一个人的集合体,而不是一个个人,这是它有别于自然人的特征;后者说明它具有独立的民事权利能力和行为能力,能够独立享受民事权利并承担民事义务,因而它具有独立的民事主体资格,这是它有别于非法人团体的特征"②。大学法人制度的确立有利于大学从政府的行政管理中独立出来,而成为与政府平等的独立办学实体,从而为构建合理有效的政府和大学的新型关系和大学法人治理结构提供了基础。

(2)产权制度

大学的产权制度来源于产权的概念,大学的产权是指"大学的财产所有权,是大学各类财产所有权及其派生出来的一系列权利的总和。从广义上讲,财产包括实物财产、无形资产和劳务。大学产权首先表现为物的产权,如大学的土地、建筑物和仪器设备等物质性财产的产权;其次表现为大量无形资产的产权,如大学的社会声誉、办学传统、校园文化及科学研究成果,大学的无形资产大多数是在长期办学过程中积累下来的;最后还表现为教师的教学劳动产权。教师所从事的教学劳动也有产权,但由于教学劳动所取得的成果具有间接性,是通

---

① 马俊驹:《法人制度通论》,武汉大学出版社 1988 年版,第 1 页。

② 江平:《法人制度论》,中国政法大学出版社 1994 年版,第 32 页。

过提高学生的综合素质,从而增强学生的工作能力与生活能力而最终实现的,因此这种劳务产权常常被人忽视。此外,从大学财产所形成的资金来源看,大学产权的主体是多元化的,有国家、集体、学校法人和私人等"①。产权制度是现代大学制度的重要内容,明晰产权是落实大学办学自主权的前提条件,也是建立大学和政府平等关系的基础。高等教育管理体制的改革关键是要建立以产权为核心的大学和政府关系,只有这样政府才能真正下放权力,高校也才能真正构建具有自我约束、自我管理的管理机制。同时,明晰产权也有利于大学充分发挥激励和约束作用,促使大学真正走向创新。

(3)利益相关者参与大学管理制度

大学是一个利益相关者相结合的组织,利益相关者参与学校管理事务是高等教育发展的重要趋势之一。联合国教科文组织于1998年10月在巴黎举行的世界高等教育大会上明确宣布,加强高等教育的重大改革和发展、提高质量及增强其针对性所面临的挑战,不仅需要政府和高等院校,而且还需要所有的利益相关者,如学生及其家庭、教师、工商界、公共和私营经济部门、地区、专业协会等的积极参与。这些利益相关者有些是高等教育资源的提供者,有些是高等教育的参与者,有些是高等教育的管理者,等等。由于他们与高等教育有着密切的关系,因此,他们迫切需要了解和参与高等教育的管理事务,以便使他们的利益能够得到充分的保证。在这方面许多国家都创造出了众多的模式,如在美国普遍采用董事会制度,在董事会制度下,社会各界参与高等教育管理的需要得到了满足,但又不是直接的介入,确保了大学的自治。同时,董事会中的校外人士代表了广大的社会利益,他们以广大社会利益的名义对院校的长远发展进行指导,在不侵犯大学学术自由的前提下,使得大学免于远离社会的发展,变成由学者独占的、孤立的"象牙之塔"。尤为重要的是,大学的董事会不是政治组织,不直接隶属于任何一届政府或任何一个政党。这就使得大学的董事会具有一定的独立性,使得大学的日常工作较少地受政治浪潮的直接冲击。同时,也使得高等教育的发展具有明显不受政府控制的自由,为各院校在自治和自由的前提下相互激烈的竞争创造了充分的条件。

---

① 潘懋元:《我国高校产权制度改革的若干问题——兼论公、民办高校产权问题》,《教育发展研究》2005年第7B期。

(4)中介制度

大学的中介制度是指社会组织对大学行为状况进行评估、审议、监督的规范、规则和运行机制,它具有多样的功能,其中保障学术自由是其最基本的功能。因为大学是以学术为主要标志的特殊的社会组织,对大学的评估,必然要牵涉到对大学学术水平的评估,而这种专业化的评估若仅由政府来作,难免侵害学术自由之嫌;而通过由各行业专家组成的中介组织来进行就既保证了评估的可信性,又确保了大学的学术自由。

2. 现代大学的内在制度

现代大学的内在制度是指大学内部关于教学、科研活动的运行规则和管理机制,它涉及两大内容:一是通过制度建构确定大学行政权力与学术权力的关系,以充分体现大学学术组织的基本属性,实现大学组织内部的民主管理;二是规范大学组织及其个体的行为,提高大学管理运行的效率。学术权和行政权是大学内部权力最主要的两个组成部分,大学内主要的权力关系也是这两者之间的相互关系。因此,现代大学的内在制度主要分为两个方面,一方面是学术管理制度,主要处理与学术相关的各种问题;另一方面是行政管理制度,主要处理与行政相关的各种问题。

(1)学术管理制度

有关学术管理制度主要是贯彻落实教授治学的原则和要求,充分发挥学术核心代言人——教授在大学教学、科研、学科建设等中的指导作用,以教授为主体行使大学学术权力,并对高校学术资源进行有效配置和使用。

从历史源流上看,教授治学是从欧洲中世纪大学"教授治校"内部管理模式发展而来的。从广义上讲,"教授治学"泛指大学教授从事具有研究性质的学术活动,如教授的教书育人、科学研究、参与学术事务的决策等活动;从狭义上讲,"教授治学"主要是指教授参与大学教学、人才培养和学术研究等学术事务管理,即教授在大学学术领域行使其决定权力的活动。从大学治理层面看,更多的是指"教授治学"的狭义界定,即"教授治学"是现代大学制度的基本内涵之一,其实质上是学者治学,是一种学术内行对大学实行民主管理的制度,强调的是学术内行的自我管理,如学科和专业设置、教学计划的制订、学术人员的晋级与聘任、学生培养方案的制订等内容,这些都是对教授治学内涵的有益外延。在实践上,表现为"以教授为主体的教授委员会(或学术委员会)成员拥有大学学术领域，诸如课程设置、教学计划、招生政策、学位标准、学术人员聘任与晋级等的学术评价以及事关学术发展的激励政策等的决策权”①。落实教授治学的管理制度就是要形成从学校层面到院系层面的学术管理层和系统制度，以便更好地落实教授治学的要求。

（2）行政管理制度

随着国家和社会对大学地位和作用的日益重视和依赖，大学自治的权利必然会由于国家和社会更频繁的接触和介入而相对削弱，此外，大学自身规模的膨胀和内部事务的日益增多，导致了大学尤其是巨型研究性大学管理的复杂程度大大提高，并使其内部的分权越来越明显。大学存在的宏观和微观环境的变化，使西方中世纪大学教授治校的传统失去了往日的辉煌，其自身的局限性也日益凸显出来。J. S. 布鲁贝克精辟地指出：“尽管赞成学术自治的论据看起来合乎逻辑”，然而“高等教育越卷入社会事务中就越有必要用政治观点来看待它。就像战争意义太重大，不能完全交给将军们决定一样，高等教育也相当重要，不能完全交给教授们决定”。②

有关行政管理制度主要是贯彻落实校长治校的原则和要求，大学校长的主要精力在于如何管理大学，落实选拔机构所赋予的职责，而不是同时担任学术职责；校长主要对选拔机构负责，而不是对上级部门或者其他人负责；校长主要是一种岗位，而不是一种职务而存在有级别。现代大学实行“校长治校”的关键，是必须确保大学校长拥有办学自主权。

从这些分析可以看出，现代大学制度的基本功能就是维护大学的运行与发展，并确保大学的各种行为主体在制度的范围内进行活动，进而维护大学的基本权利和有效地促进大学发展。

---

① 张君辉：《论教授委员会制度的本质——“教授治学”》，《东北师大学报》2006 年第 5 期。

② ［美］约翰·S. 布鲁贝克：《高等教育哲学》，浙江教育出版社 1978 年版，第 32 页。

第二节　制度创新与大学制度创新

一、制度创新理论

(一)制度创新的内涵

在新制度经济学理论中,制度创新和制度变迁的内涵基本一致。在新制度经济学家看来,制度创新或制度变迁,是经济主体响应制度不均衡所带来的超额经济利益,运用一种制度形式代替另一种制度形式的结果,即一种制度对另一种制度的替代。具体地说,制度创新或制度变迁就是一种交易和行为规则的替代、转换过程,是一种效益更高的制度实现对另一种制度的替代过程。在这一过程中,实际制度需求的约束条件是制度的边际替代,实际制度供给的约束条件是制度的边际转换成本。假定制度创新主体是追求利润最大化的,那么制度创新或制度变迁的方向就是制度变迁收益大于制度变迁成本的方向。一项制度的最优规模是制度的边际转换成本等于制度的边际替代成本(也等于制度的边际受益)。

(二)制度创新的过程

诺斯等人把制度变迁视为一种制度均衡—非均衡—均衡的过程。制度均衡实际上就是现存的制度结构处于"帕累托最佳状态"之中,在这种状态下,现存制度安排的任何改变都不能给经济中的任何人和任何团体带来额外收入。但是这种制度均衡未必是永久的。因为第一,"一些外在事件能衍生出对现存制度安排的压力",主要有四个方面:服从报酬递增的新技术应用及规模经济所带来的利润;外部经济内部化所带来的利润;克服风险带来的利润;交易费用转移与降低带来的利润。由于存在潜在利润或外部利润,"一项新的制度安排能够实现潜在利润或把外部利润内在化"。第二,组织或者群体(个人)操作一个新的制度安排的成本可能发生改变。例如,由于出现了新技术发明,使得某项制度变迁成本大为降低。第三,法律上或政治上的某些变化可能影响制度环境,使得某些集团实现一种再分配或获得现存的外部利润机会成为可能。由于存在以上几种情况,现存的制度结构通过改进和创新就能够带来新的收入,这也就意味着现存的制度结构就处于非均衡的状态，存在向新的帕累托改进的可能。而一旦新的制度被创新并实现了帕累托最优，则新的制度均衡就出现了，制度变迁的过程也就完成了。

(三)制度创新的时滞和步骤

即使由于制度的不均衡可以为制度创新主体带来一定超额利润，但制度变迁或制度创新并不一定立即发生。因为，新制度经济学家认为，成功的制度创新或制度变迁由初级行为团体和次级行为团体协同完成。“初级行为团体”是制度创新的首创者，由初级行为团体提出创新方案，按照净利润最大化对各种方案进行抉择，形成促进创新的“次级行动团体”。两种团体共同努力，实现创新。但由于现存法律和制度安排状况的局限，以及信息成本、甚至意识形态的因素影响，从潜在利润出现到潜在利润内部化为制度创新之间存在时间间隔，即出现制度创新的“时滞”，制度创新滞后是人类历史发展中经常出现的现象。

(四)制度创新的类型

在新制度经济学家看来，制度创新可分为诱致性制度创新和强制性制度创新。

诱致性制度创新主要由个人或一群人，在响应获利机会时自发倡导、组织和实行的制度创新。诱致性制度变迁必须存在某种在原有制度安排下无法得到的获利机会，主要取决于个别创新者的预期收益和预期成本的比较。由于诱致性制度变迁的主体是一群人或一个团体，他们对制度不均衡的程度和原因的认知存在差异，寻求分割制度变迁利益的方式也不相同，因此，要使一套新的行为规则被接受和采用，个人之间就需要经过讨价还价的谈判并达成一致意见。在诱致性制度变迁的过程中，谈判成本是至关重要的一个制约因素。谈判成本过高往往使一些诱致性制度创新无法产生。诱致性制度变迁的特点是:(1)获利性。即只有当制度创新的预期收益大于预期成本时，有关群体才会推进制度变迁。(2)自发性。诱致性制度创新是有关群体对制度不均衡的一种自发性反应，其诱因就是外在利益的存在。(3)渐进性。诱致性制度变迁是一种自上而下、从局部到整体的制度变迁过程。制度的转换、替代、扩散都需要时间，从外在利益的发现到外在利益内在化，其间要经过许多复杂的环节，仅仅在许多团体内就某一制度方案达成一致同意就是一个旷日持久的过程。

从上面关于诱致性制度创新的定义和特点的说明中我们可以得出如下

结论：

（1）宽松的社会环境是诱致性变迁的基础，它包括相对完善的法治环境和政治环境。在这种环境下，初始创新主体才勇于承担创新的成本，并动员次级行动主体和自己一起行动，推动制度的变迁，内在化制度创新的收益。

（2）给予创新一定的经济和舆论支持。由于制度是公共产品，制度创新的收益难以完全内在化，这会导致创新主体缺乏动力。所以政府对制度变迁的鼓励和舆论上的支持，能够减少制度变迁的成本，增加制度变迁的收益，这样社会中就会形成制度创新浪潮，推动制度变迁至帕累托最优状态。

（3）实施阻力最小。由于诱致性制度变迁是经济主体对制度变迁利益的反应，收益能够最大程度地内在化，所以很容易成为组织的共同行为，成为组织的共识，得到组织中多数人的认同，制度实施的成本最小。

强制性制度创新是由政府的命令和法律引起和实现的。与诱致性制度创新不同，强制性制度创新的主体是国家而不是个人或组织，因为：第一，制度供给是国家的基本功能之一，统治者至少要有一套规则来减少统治国家和管理教育的费用。第二，制度安排是一种公共物品，而公共物品一般由国家"生产"比私人生产更有效，尤其是在制度这种公共物品的生产上。第三，弥补制度供给不足。由于诱致性制度变迁时滞较长，而且讨价还价的成本有时十分高昂，导致诱致性制度变迁难以发生，这时政府凭借其强制力、意识形态等优势而实行强制性制度创新，能够弥补制度供给的不足。强制性制度变迁的有效性受许多因素的制约，其中主要有：统治者的偏好和有限理性、意识形态刚性、官僚政治、集团利益冲突和社会科学知识的局限性、国家的生存危机等。

这里特别需要指出的是，政府在利用强制性制度创新的时候，政府的利益集团有可能出于固化自身利益的考虑，超额供给社会不需要的制度。而由于强制性制度变迁的暴力性，社会公众没有选择的余地，这会导致制度的失灵。比如，我国的高考制度，作为"985"或"211"大学，就其资产来说是属于全社会的，其提供的服务理应由全社会公民共享。所以，"985"和"211"大学的招生指标应该按照各地域人口，尤其是愿意接受高等教育的人口数额进行平均分配，即使考虑到这些大学在当地受到地方政府的关照，但这些大学优质的教育资源和科研资源也为当地经济发展做了很大贡献，二者是互惠互利的关系，不能因为这种互利关系再在高考招生指标分配上做倾斜。当然不可否认，考虑边远地区、少数民族地区等一些特殊情况，做出一定程度的照顾也是合理的，但也需要顾及到公平性。但是我国的高考招生问题却总是在固化这种不公平，而且推出的制度总是在回避问题。当然，这种情况不单存在于高考中，其他领域也存在，导致社会制度规则太多，而且有些相互冲突，制度运行效率低下，难以走出制度变迁的洼地。

又如，大学中的人事管理，教育主管部门和人事主管部门制订的有关安排，削弱了大学的用人自主权。有关职称的评定规定、大学课程的设置、招生规模等其实并不符合现代大学管理的实际需求，也在固化有关部门的权力，导致大学教育中的败德现象和弄虚作假，不利于大学功能的全面发挥。

对于强制性制度创新，政府要做好宣传、动员、解释工作，使新制度规则尽快被社会公众接受，减少制度实施的阻力。同时，强制性制度变迁要和当地的文化、习惯、传统等有效对接，和非正式制度对接，在新制度方案过程中，要广泛征求社会公众意见，采纳公众的建议，对不能接受的部分要做好解释工作，通过反复的修正和征求意见，其实也是一个宣传、动员、推广的过程，这样制度实施起来更加有效。

虽然两种制度创新在理论上很好区分，但在实际生活中是难以分开来的。它们相互依存、相互制约，共同推动着社会的制度变迁。但无论哪种制度创新，都要付出一定的成本，理想的制度安排则是以最少的成本获得最佳的制度安排。

（五）制度创新的评价标准与大学制度创新的方向

“帕累托最优”是以提出这个概念的意大利经济学家维弗雷多·帕累托的名字命名的，用于描述资源分配的一种理想状态。假定资源数量固定，改变资源的分配状态，从一种分配状态转变到另一种状态，在没有使任何人境况变坏的前提下，使至少一个人变得更好，这就是帕累托改进或帕累托最优化。帕累托最优的状态就是不可能再有帕累托改进的余地；换言之，帕累托改进是达到帕累托最优的路径和方法。帕累托最优是公平与效率的“理想王国”。

如果一个经济体不是帕累托最优，则存在一些人可以在不使其他人的境况变坏的情况下使自己的境况变好的情形。这样低效的产出的情况是需要避免的，因此帕累托最优是评价一个经济体和政治方针的非常重要的标准。

需要指出的是：第一，制度收益的预期值与现实值存在差异。既有预期值低于现实值现象，也有预期值高于现实值的可能。第二，制度变迁不一定达到帕累托最优，当一个人的福利增加，至少不会减少其他人的福利，这是制度变迁所追求的帕累托最优，也是大学制度创新的方向。

具体来讲，大学制度创新的方向就是充分发挥大学职能的方向，是所有者、受教育者、教育工作者、社会捐助者、社会等有关利益方收益达到最大均衡的方向。所有者的最大利益并不是经济收益的最大化，因为大学并不是一个以收益最大化为目标的经济主体，其生产的服务是培育人格健全、综合素质高、创新能力强、适应社会变化能力强、协作精神强的公民。所以，所有者利益最大化的目标是其投入资源得到最大化利用，资源是否能够保值，大学功能是否得到全面发展。所有者为保证其投入资源的充分运用，其关键不是在自己经营管理大学资源，而是选择合适的代理人，并行使有效的监督代理权的行为。

受教育者利益的最大化就是接受与其投入相适应的全面的大学教育，使自己的人文素质、政治素质、业务素质、身体素质、道德素质、文化素质、创新能力等得到全面提升，能够适应社会需要。由于大学教育具有公益性和私人性两个特点，受教育者为自己接受教育必须承担一定的费用。大学教育的成功与否直接关系到受教育者利益的最大化，因此在大学制度设计中应该有受教育者一定程度的参与，如大学课程的设置、学位的授予条件、大学生活及服务设施的建设等需要接受受教育者的意见和建议，大学受教育者对大学法人代表的任免也应该有表达意见的权力。

教育工作者利益的最大化就是其业务能力得到发挥和体现，其劳动报酬得到保障，其正常的业务活动不受干扰。而这些都与大学功能的发挥密切相关。所以，教育工作者也有权力对大学的管理层任免表达意见，参与大学的治理。

社会的利益最大化，是指学生家长、人力资源需求者等的利益最大化。其目标是大学向社会提供优质的受教育者，提供符合社会需要的人才。社会和学生、家庭通过自己对大学培养学生的选择、利用和大学的选择，从外部影响大学的制度创新。

与大学教育有关各方的利益最大化可能存在一定程度的冲突，如大学资源投入主体，如政府，期望把自己的意志强加给大学，迫使大学接受政府的一些意图，干预大学课程设置、人员聘任等，而这种干预有可能妨碍大学功能的正常实现，妨碍受教育者和学生家长以及其他利益相关方的权利。而受教育者在接受大学教育时,由于众多受教育者需求的不一致,使大学难以提供适合每个人需要的教育内容,大学只能按照一般需要提供教育内容,这难免会影响其他受教育者的利益。社会捐助者对捐助资金使用的限制,会导致一些教育者的不公平等。这些冲突和矛盾实际上是大学制度创新的方向,大学制度的创新过程就是一个如何更好地协调有关各方利益的过程。在利益不均衡的时候,大学中的创新主体就会促使大学制度的创新。目前中国大学制度恰恰是一种不均衡状态,大学提供的教育和学生的需求、社会的需求存在一定的差距,政府对大学教育的强势干预,正在部分影响大学功能的发挥,甚至影响到其他利益方,所以中国大学制度创新正当其时。

中国大学制度如果不创新,就难以适应社会的需要,难以适应现代化的需要,难以适应改革开放的需要,难以适应全球化的需要,更难以适应中华民族振兴的需要。现实正是如此,创新刻不容缓。

二、制度创新的影响因素

最早对制度变迁进行分析的新制度经济学家是舒尔茨。他在1968年明确地提出了制度需求、制度供给、制度供求分析、制度均衡和非均衡等概念,并把它们引入制度变迁的分析中。戴维斯和诺斯在1971年再次将制度供求分析应用到对制度变迁的分析中,并对引起制度安排需求和供给变动的因素作了初步的探讨。拉坦在1978年明确使用了“制度变迁的需求”和“制度变迁的供给”概念,并对引起制度变迁需求与供给变化的因素作了进一步分析。他还指出了舒尔茨和诺斯等人对制度供求分析的不足,即对制度变迁的供给缺乏分析。林毅夫在1989年总结说:“制度能提供有用的服务,制度选择及制度变迁可以用‘需求—供给’这一经典的理论框架来进行分析。”

(一)制度创新的需求因素

制度变迁是一种效益更高的制度对另一种效益低的制度的替代过程。因此,制度变迁的需求因素就是影响制度变迁收益与制度变迁成本的因素,具体来讲:

1.要素和产品相对价格的长期变动

要素和产品相对价格的长期变动会改变从对这种要素或产品的所有权中获得的收益,当所有者从对产品或要素的专有权中获得的收益大于保护这种专有权而支付的成本时,制度变迁就会产生。

德姆塞茨(1967)考察了美国印第安人土地私有权的发展,认为美国山区的印第安人之所以在18世纪之后形成了土地的私有产权,主要原因是动物毛皮的贸易大大地提高了动物的相对价格。动物相对价格的提高促进了更为经济地畜养毛皮动物。畜养毛皮动物要求有能力阻止偷猎,于是诱致了对圈养毛皮动物的土地私有产权进行界定和保护制度的产生。相反,美国西南部印第安人迟迟未发生私有产权的制度变迁,是因为平原地区的动物和森林地区毛皮动物相比没有商业上的优势,而且平原动物主要是食草动物,其习性是在广阔的土地上漫跑,为确立私有狩猎边界所获得的价值,而要阻止动物跑到相邻的土地的成本就相对较高了。由此证明,新的产权制度的形成是相互作用的人们对新的收益—成本的可能渴望进行调整的回应。而相对价格是决定这种新的收益—成本比较的关键因素。

2. 市场规模和技术进步

市场规模和技术进步之间相互促进。市场规模的变化能够改变特定制度安排的利益和费用,因为搜集信息或排除非参与者的成本并不随着交易量而同比增长,这两类活动都体现了成本递减特性。市场规模扩大,还为技术进步提供广大的生产空间。从生产方面看,市场规模扩大使利用新技术更加有利可图,技术进步又扩大原有的市场规模。从交易方面看,技术进步可能影响交易费用并使原先不起作用的某些制度安排起作用;从分配方面看,技术进步可以有效地改变要素所有者或各个经济部门之间的收入流的分割。改变特定制度安排的利益和费用,从而引起对新制度的需求。

3. 其他制度安排的变迁

由于某个制度结构中制度安排的实施是彼此依存的,因此,某个特定制度安排的变迁,可能引起对其他制度安排的服务需求。

4. 偏好的变化

偏好是群体的偏好,即某一集团的共同爱好、价值观念等。一个民族或国家的历史文化传统、习俗都决定性地影响着集团的偏好。偏好与一个社会占统治地位的意识形态有着密切的关系。一方面,意识形态与社会偏好间存在互动关系。人们之所以接受某种意识形态往往与该社会历史文化传统造就的社会偏好结构有关。另一方面,受长期占统治地位的意识形态的影响,社会偏好也会发生变化。

偏好变化对制度变迁需求有直接和间接两种影响。前者指偏好变化直接导致制度变迁需求;后者指偏好变化并不直接指向某一制度安排,而是在一定时期里影响制度环境和制度选择的集合空间并最终导致制度安排变化。偏好影响制度变迁需求本质上是由于它改变了人们的效用函数,从而改变了人们的成本效用比较链条,由此导致人们利益判断的变化。这意味着原来符合人们利益判断的制度变得不再与这种利益判断相符,制度变迁成为人们改变利益判断的客观要求。

5. 偶然事件

在某种情况下,偶然事件对制度变迁需求的影响更大。比如,中东剧变,正是一个发生在突尼斯的自焚事件,激起了突尼斯人长期以来的对失业率高涨、物价上涨及政府腐败的潜藏怒火,致使当地居民与突尼斯国民卫队发生冲突,造成多人伤亡,并形成全国范围内的大规模的社会骚乱。最后导致突尼斯总统本·阿里不得不放弃突尼斯这个自己独裁统治了23年的国家,在2011年1月14日深夜飞往沙特。突尼斯发生政权更迭后,具有和突尼斯相同或相似文化背景、语言环境及社会状况的其他阿拉伯国家——阿尔及利亚、埃及、利比亚、叙利亚等国的抗议运动也相继爆发了,并逐渐呈星火燎原之势,席卷了阿拉伯世界。

(二)制度创新的供给影响因素

制度变迁供给是一种新制度的“生产者”在制度变迁收益大于制度变迁成本的情况下设计和推动制度变迁的活动,它是制度变迁的生产者供给愿望和能力的统一。影响制度创新的供给因素主要有:

1. 宪法秩序和规范性行为准则

宪法秩序通过对政体和基本经济制度的明确规定来界定制度创新的空间、方向和形式。如果宪法给人们留下的创新空间很小,那么创新难度就非常大;如果由宪法界定的权力结构使政府处于绝对支配地位,且缺乏有效的监督机制,非政府主体的权限很小,那么政府可借助宪法赋予的权限达到经济和政治目标,为维护既得利益,政府主动进行制度创新的愿望可能会不强,除非遇到外部因素的冲击;同时,因为非政府主体的权限很小,缺乏实践机会或与政府谈判力量过小,而难以通过权力中心成为现实的制度供给。最后,宪法秩序将直接影响进入政治体系的成本和建立新制度的立法基础的难易度。

规范性行为准则对制度变迁的供给会产生深刻影响。规范性行为准则是受特定社会文化传统和意识形态的强烈影响的。制度安排与社会文化准则越和谐,制度变迁就越容易发生。

2. 制度设计的成本和实施新安排的预期成本

制度变迁供给的基本原则是制度变迁的收益大于制度变迁的成本。因此,在制度变迁的收益已定的情况下,制度变迁的成本,包括制度设计的成本和实施新制度安排的预期成本等,就会成为影响制度变迁供给的重要因素。

制度设计的成本,主要取决于设计新的制度安排的人力资源和其他资源的要素价格。制度变迁的供给还受新制度实施的预期成本的影响。制度从潜在安排转变为现实安排的关键就是制度安排实施上的预期成本的大小。

3. 社会科学知识的进步和制度选择集的改变

当社会科学知识和有关的商业、计划、法律和社会服务专业的知识进步时,制度变迁的供给曲线也会移动,制度选择的集合增大。社会科学知识的进步有助于制度变迁的供给,但制度变迁的供给并非完全依赖于产生社会科学和有关专业新知识的正规研究。

4. 上层决策者的净利益

上层决策者的净利益如何影响制度变迁供给是一个比较复杂的问题,这首先取决于一个国家或地区的集权程度。在一个高度集权的国家,上层决策者的净利益对制度变迁的供给将起着至关重要的作用。

(三)制度的非均衡

制度非均衡是人们对现存制度的一种不满意或不满足、意欲改变而又尚未改变的状态。之所以出现不满意或不满足,是由于现行制度的净收益小于另一种可供选择的制度,也就是出现了一个新的盈利机会,这时就会产生新的、潜在的制度变迁需求和供给,并造成潜在制度变迁需求大于原有制度变迁需求,潜在制度变迁供给大于实际制度变迁供给。潜在的制度变迁需求虽然能够变成现实的制度变迁需求,但潜在的制度变迁供给却不能变成现实的制度变迁供给,因而出现“意欲改变而又尚未改变”的制度状态,这就是制度非均衡。制度非均衡有两种情形:制度供给不足和制度供给过剩。

1. 制度供给不足

制度供给不足指制度的供给不能满足社会对新制度的需求从而导致制度真空的存在或低效制度不能被替代的状态。

制度供给不足存在两种情形:制度的短期供给不足和制度的长期供给不足。

制度长期供给不足的原因:(1)由个人或自愿团体在潜在利润的诱致下推动的制度变迁常会导致外部效果和“搭便车”问题,这会导致制度的长期供给不足。(2)政府的强制性制度变迁确实在一定程度上能够弥补由潜在利润诱致的制度变迁导致的制度供给不足,但政府也会“失灵”。这会导致制度的长期供给不足。政府失灵的原因和政治制度市场的特点密切相关。政治制度市场也和其他市场一样存在着完全竞争市场、完全垄断市场和寡头垄断市场。完全竞争的制度市场,其最大特点是制度的供给者数目很大,它可以是很多的个人、自愿团体或者政府;寡头垄断的制度市场,是制度的供给者由少数几个人、自愿团体或政府构成;完全垄断的制度市场,是制度的供给者只有一个主体的市场,它或者是一个个人,或者是一个自愿团体或政府。一般来说,国家提供制度的制度市场带有明显的完全垄断性,正像一般商品市场在出现垄断的情况下会出现产品供给不足和价格偏高的低效率情形一样,带有垄断性的政治制度市场同样会导致制度供给的低效率。

2. 制度供给过剩

制度供给过剩是指相对于社会对制度的需求而言有些制度是多余的,或者是故意供给或维持一些过时的、低效的制度。制度供给过剩也有短期和长期之分。一般商品出现长期供给过剩常与政府的价格控制有关。制度的长期供给过剩与政府的干预、管制也有密切的关系。政府过多的干预、管制会导致寻租与设租活动。这就难以避免制度的长期供给过剩。首先,一些行业或部门的企业的寻租活动会导致过多的政府管制,进而导致过多的低效制度的长期供给。其次,制度的长期供给过剩还与政府官员的设租行为有关。在存在设租活动的情况下,政府官员会从自身利益出发增加一些低效的制度或者使一些本来合理的制度变形变质,造成制度的长期供给过剩。

在制度的形成和发展过程中,制度非均衡是一种“常态”。制度均衡是很少出现的,即使偶尔出现也不会持续存在,这是因为影响制度变迁需求与供给的因素始终处在不断变化之中。制度变迁实际上是对制度非均衡的一种反映。正是制度非均衡的出现,或者说,正是不断出现的潜在利润促使人们推进制度的变迁和创新。

三、中国大学制度创新的供给与需求

(一)中国大学制度创新的供给因素分析

1. 宪法秩序和规范性行为准则

制度环境是一个社会基本的经济和政治制度,是制定规则的规则。它规定了国家政体的性质和政治组织间的相互关系及居主导地位的意识形态,同时也决定了大学制度变迁的基本边界和约束条件,对大学的制度安排有决定性的影响。我国宪法明确规定了中国共产党的领导地位,这一制度环境体现在大学领导体制这一具体制度安排上,是实行党委领导下的校长负责制。中国现代大学制度的创新必须基于这一原则,在如何完善党的领导,如何改善党的领导方面下功夫,任何削弱或者放弃党的领导的大学制度创新,在现有制度环境下都是不能接受的。另外,制度环境的变化方式决定着大学制度创新的方式。我国的制度创新基本上是在原有宪法制度的基础上,通过边际性调整,然后逐步修改原有宪法制度的内涵,赋予社会主义制度以新的含义。我国对于制度环境的这种逐步调整,必然使包括大学改革在内的社会制度变迁具有温和的、连续的和长期的渐进式改革的特点,也决定了大学制度创新必须是在原有制度环境约束下渐进改革的过程。所以,大学制度创新在不触及动摇党的领导和社会主义制度为前提下,具体的制度创新空间很大,可以根据每个大学的基本特点大胆探索。

2. 制度设计的成本和实施新安排的预期成本

制度创新有两种方式,强制性制度创新和诱致性制度创新。强制性制度创新采取顶层设计、顶层强制实施的方式,制度设计成本比较小,但实施成本大,有时甚至难以实施。而诱致性制度创新采取逐步创新的方式实现制度变迁,制度设计和实施的成本都不高。从新中国成立 60 多年的历史来看,几乎每次大学制度创新都有着政府主导的强制性制度创新的印记。强制性制度变迁可以有效地发挥政府优势，降低讨价还价的成本，保证制度创新目标的实现。但政府主导的强制性制度变迁也有其不足的一面，表现在：把大学制度创新过程这一由大学利益相关者之间重复博弈的过程变成了一次博弈过程，大学利益相关者缺乏讨价还价的机会，制约了大学进行制度创新的空间，影响了高校制度创新的活力。诱致性制度变迁与强制性制度变迁最大的不同，在于主导制度创新的主体不同。在诱致性制度创新过程中，大学则处于强势的位置，负责制度改革的决策、组织和实施，政府相对处于弱势的位置，并不直接干预高校所进行的创新过程，其职能主要是放宽限制、营造环境、提供激励。诱致性的制度创新过程存在一个利益相关者之间相互谈判妥协的过程，因此，诱致性制度创新过程，也被称为多次博弈过程，而只有经过多次博弈才能达到制度均衡。

从诱致性制度变迁与强制性制度变迁对比中可以看出，中国大学的制度变迁应该由政府主导的制度变迁向诱致性变迁过渡。充分发挥大学本身的创新主体地位，发挥大学制度中各相关利益主体创新的积极性，推动我国大学制度创新向高效率方向迈进。

3. 社会科学知识的进步和制度选择集的改变

随着中国改革开放的不断深入，对中国大学制度存在问题的认识也不断深刻，关于大学制度创新的各种办法得到深入研究，因此可供我国大学制度创新的制度选择空间很大。我国的大学制度创新既有国外成功大学现成的模式可选，也有国内国有企业改革过程中的各种模式可供参考。大学制度创新的制度选择空间空前扩大，只要充分发挥大学本身的创新积极性，中国大学一定能走出自己独特的大学制度之路。

4. 上层决策者的净利益

制度创新或制度变迁取决于制度变迁成本和收益的比较。当制度变迁的收益大于制度变迁的成本时，制度创新主体就有动力推动制度变迁，以获取制度变迁的收益；反之，当制度变迁的收益小于制度变迁的成本时，制度创新主体难以通过制度变迁获取利益，制度变迁难以进行。在强制性制度变迁中，制度创新的主体主要来自上层决策者，创新的动力来自上层决策者推动制度变迁的净利益，即制度变迁收益与成本之差。就我国大学制度创新的供给来看，实现中国梦已经成为全党和各级政府的共识，而实现中国梦的根本在于创新，创新的主要来源是大学。因此,推动大学制度创新对上层决策者而言,具有巨大的净利益。上层决策者推动大学制度创新的意愿比较强烈,但在制度创新的方向、模式等方面仍然存在很大争论,有时甚至出现制度创新供给的过度,推出一些并不适合的改革措施。鉴于此,上层决策者应该把大学创新的主动权转移给大学,赋予大学自主创新的权力。上层决策主要考虑大学制度创新的原则、目标,具体的大学制度创新主要由大学各个利益主体相互博弈,以此推动大学制度创新。

(二)中国大学制度创新的需求因素分析

1.实现大学有效治理的需要

我国高等教育外部治理突显集权型、行政型主导的传统治理模式的特征,大学与政府的关系主要表现为大学作为政府的附属机构,处于被支配、被控制的地位。大学党委书记及领导班子的任命、专业和学位设置、招生计划、人员编制、质量评估等,政府掌握着决策权和审批权,大学的办学经费也主要来自财政拨款。这种传统模式必然带来以下问题:一是大学办学主体地位的缺失。大学不是一个真正的办学主体,没有办学的主动性和积极性,也不能随着外部环境和社会需求的变化调整自身的招生规模、专业设置。在大学、政府、社会这个有机系统中,大学过于依赖政府而没有与社会形成良性互动的合作伙伴关系,使大学不能广泛借助社会力量的推动再上新台阶。二是凸显行政本位、官本位现象,行政系统的层级观念渗透于大学校园。行政权力干涉学术权力。大学有级别,大学各层次管理者有相应级别,学术职称纷纷向行政级别靠拢,导致人们热衷权力的追逐,而轻视和放弃对学术的追求。三是行政主导式的资源配置模式。资源集中分配和由上而下按照行政意志无偿调拨资源的分配方式,导致大学为了竞争资源不惜弄虚作假和进行“寻租”。四是政府既是大学举办者、管理者,又是大学质量评估者,既当裁判,又当运动员。政府作为大学教育质量评估的唯一主体,容易导致办学雷同、千校一面的状况,同时容易引发各类大学不切实际,盲目追求规模大、水平高、专业全,不利于在大众教育背景下形成分类、分层的办学格局,也不利于大学根据自身优势和办学传统,进行有个性、差异化的大学使命定位。

自1978年改革开放以来,我国高等教育宏观管理体制的改革是遵循给大学放权、塑造大学办学主体的思路进行的。但在大学办学自主权逐渐扩大的过程中,出现了"内部人控制问题"等负面效应,政府对大学的管理体制的"一放就乱,一收就死"的困局仍未打破,这使政府面临着两难选择:是回归到传统高度集中的行政主导治理模式,还是继续循着改革之路,通过继续下放权力使大学成为一个真正的办学主体。回归传统模式是行不通的。继续循着给大学下放权力之路,而不从根本上构建权力制衡,决策、执行、监督分立,责、权、利统一的大学现代治理模式,这条路也很难走下去。因此,高等教育宏观管理体制改革必须改变思路,走出两难困境,在给大学下放权力的同时,寻找对权力的制衡机制,这就是建立现代大学制度。

2. 提升教育水平的需要

钱学森曾经发出这样的疑问,为什么我们的大学培养不出世界一流的大师,这样的疑问其实就是对提升中国大学教育水平的呐喊。加拿大学者许美德将"学校自治"和"学术自由"作为西方大学的基本价值取向,并指出其作为"历史遗产的组成部分被延续下来",大学组织的意义首先应该是作为"专门化"和"学术性"组织,其次才是行政组织。从中世纪到现代社会,在西方大学的历史演进过程中,虽然大学面临的外部环境发生变化,基本职能也由单一的人才培养扩展为人才培养、学术研究和社会服务等,但大学自治与学术自由精神却是始终未变的。这也是大学得以存在和发展的必要条件。但是在我国,大学组织官僚化和行政本位,导致行政权力高于学术权力;学术权力与行政权力分工与协作的机制未建立;行政权力与学术权力各自权责分工不明确,权力制衡机制未到位。一些大学管理者高高在上,无视学术发展规律,决策武断,在大学科研、教学、学科建设等活动中不尊重学术专家意见和发挥其参与治理的积极性,导致许多决策失误。

我国大学校、院、系的直线职能组织结构,基本上属于韦伯的科层式管理体制,这种结构与体制具有强调等级层次与秩序,纵向的信息沟通渠道,权力统一与集中等特征,其弊端是十分明显的:一是校领导陷于具体、琐碎、繁重的行政管理事务中,难以集中精力考虑涉及大学长远发展的重大事情。二是院系权力小、责任大,既违背权责对等的管理原则,也不利于调动院系参与大学治理的积极性,尤其是在当今大学办学环境复杂多变的情况下,更不利于大学对其变化的环境和临时、个别、突发事件做出灵活、及时的反应。三是纵向的信息传递渠道不畅导致信息传递过程受阻、内容扭曲,容易使院系工作对上而不对下负责,以应付学校的要求和检查作为工作着眼点;也不利于各院系之间横向、水平的信息沟通,克服部门主义,形成全局意识,以及整合各院系资源、形成多学科联合办学的优势。四是过于强调等级秩序和层次,不利于调动广大教职员工参与大学治理的积极性,不利于形成平等、宽松、自由的学术环境,更不利于形成民主监督、权力制衡的机制。

3. 提升执政党地位的需要

《高等教育法》规定,国家举办的高等学校实行中国共产党高等学校基层委员会领导下的校长负责制;其领导职责包括讨论决定学校内部组织结构的设置和内部组织机构负责人的人选,讨论决定学校的改革、发展和基本管理制度等重大事项。但同时又规定,高等学校的校长为高等学校的法定代表人,校长负责本校的教学、科学研究和其他行政管理工作,行使拟订内部组织机构的设置方案、推荐副校长人选、任免内部组织机构负责人等职权。这种规定明显存在规则性矛盾,违反了科层组织的基本原则,容易误导人们错误理解大学的组织结构,使得党委领导下的校长负责制这一根本制度在落实中受到了一定程度的制约。所以,如何在《宪法》和《高等教育法》的规定范围内,进行大学制度创新,更有效地实现党的领导,对提升党的执政地位非常迫切。

第三章　现代大学制度的建构逻辑

建设世界一流大学是未来中国20年乃至更长时间的高等教育战略，从精英教育体制向大众教育体制转变是我国乃至世界高等教育发展的必然趋势。适应高等教育大众化、市场化乃至全球化的发展趋势，中国大学就需要在制度安排上进行根本性的思考。只有在根本制度设计上进行重建式的思考和实践，才可能在真正意义上为建设世界一流大学，为我国大学制度的重构提供逻辑支撑。从大学的历史轨迹、功能演进和组织结构变化入手，可以使我们更加清楚研究和思考大学的本质，为大学制度安排归纳出明确的逻辑支撑。

第一节　大学功能的历史演进与组织变革

一、大学功能的历史演进

（一）大学功能的历史演进过程

大学作为一种独特的社会组织，是随着历史的发展和社会的进步而不断发展变化的，其功能也从最初的单纯人才培养组织，逐渐演进出了集人才培养、科学研究、社会服务和文化承创四大功能于一身的强大社会组织，经历了一个历史演进的过程。

1.人才培养

人才培养亦即大学教育功能，是大学最初的基本功能。19世纪以前的欧洲，传统的古典大学是大学的起源阶段。在国外可以追溯到古希腊的“学园”。在我国则一般认为起源于殷商，西周的“瞽宗”或“泮宫”，两汉的“太学”或“稷下学宫”已是比较定型的大学教育组织。但是与近代大学有密切关系的应该是十二三世纪产生于西欧的中世纪大学。中世纪大学是经济社会发展到一定阶段才出现的智力活动领域中类似手工业行会性质的行业组织。这一时期的大学,其办学基本目的是专业教育,从一开始就带有一定的专业性。这一阶段的大学,其主要办学目标是培养牧师、医生、律师等在社会上享有非常高地位的从业者,换句话说就是,为当时社会培养最高知识文化水平的精英代表。大学主要起传播思想和文化知识的作用,因其始终与社会保持着一定距离,且不处于社会中心,加之极力维护着自身教学自由和学术研究的历史传统,被当时人们认为是高端脱俗但封闭的“象牙塔”。应该指出的是,中世纪大学在当时的教权至上历史背景下虽然难以摆脱来自教会的控制,在办学模式、教学目的等方面受教会直接或间接影响并为其服务,但我们应该清醒地看到,此时的大学,其最主要的功能还是培养人才。

从中世纪大学到近现代大学,经历了漫长的历史,但是培养专业人才一直是它的主要功能。不过随着科学技术的进步和社会的发展,所培养的专门人才的规格与质量也在不断变化。当前面临着世界性的新科技革命的冲击,高等学校应当认真改革教育、教学的内容与方法,提高专门人才的规格和质量,使培养的专门人才具有高瞻远瞩的眼界,掌握先进的科学技术和科学的思维方法,特别是要具有创新精神和创新能力。

2. 科学研究

科学研究亦即大学的创新功能,是大学发展到专门技术教育阶段出现的重要功能。此时的大学已经具有人才培养和科学研究两项功能。第一次产业革命时期的一系列发明创造,构成了世界范围的第一次科学技术革命,也冲击和影响了大学的发展,大学逐渐开设了专门的技术教育。19 世纪初,洪堡受命出任普鲁士教育部部长,敦请威廉三世创建了柏林大学,并首次把学术研究的理念引入大学,要求大学不仅要开展教学,而且必须同时开展学术研究,这是大学办学理念的一次质的飞跃,是大学功能的一次关键性拓展,是奠定现代大学主要功能的重要里程碑。这一办学理念的确立,对德国这一时期的发展产生了重要的历史影响,不仅促进了德国科学技术的突飞猛进,而且也促进了民族团结,德国得到空前发展,继法国之后成为了世界科学教育中心,并促进了其他国家的发展。以马克思、恩格斯为代表的一批杰出人物成为柏林大学毕业生的优秀代表。柏林大学的办学理念开创了近代大学集教学、科研于一身的先河。这一重大改革对世界各国的大学都产生了深刻的影响。它明确告诉人们，大学不仅仅是一个教育机构，更应该是一个研究中心。大学作为教育机构，是积累、传播文化和思想的机构；大学作为研究中心，应该是知识创新的源泉。

19世纪中叶，美国的霍普金斯大学首次开办了培养研究生的独立机构，该研究生院的设立，标志着大学人才培养层次、培养规格的一次飞跃，开启了本科后教育的新篇章，也标志着以培养更高层次人才和进行更高水平的科学研究为主要特征的研究型大学正式诞生。同时，把柏林大学倡导的教学和科研相结合的原则落实到培养高层次人才的机制上。

科学研究之所以迅速成为高等教育的重要功能，既有外因，又有内因。就高等教育外部因素看，它同科学发展有着密不可分的关系。中世纪大学诞生时，近代科学并未形成。18世纪以前，科学还多半处于初级的描述阶段，在当时几乎不受公众重视，更何况极少与技术发生关联。到了18世纪，随着工业革命的发展，各种日趋复杂的生产技术问题亟待理论和方法的指导，需要越来越多受过专业训练、具有专门知识的高级人才，科学研究才逐步进入人们的视野，社会也开始越来越重视科学研究。这样，高等学校人才密集、学科众多的优势就自然成为培养科学研究人才的最理想场所。

就高等教育内部因素而言，大学把科学研究作为第二种功能也是由高等学校发展的内在逻辑决定的。首先在物质条件方面，大学具备了相对独立、自由和稳定的校园环境，有先进的科研仪器设施，有各种科研教学活动平台，有较充分的信息来源，有从事相关研究工作的专家和学者；其次大学有追求学术前瞻性、引领先进技术的优良传统，有独立自由探索和研究未知领域的浓郁氛围。这为大学开展科学研究创造了非常适宜的软硬条件和肥沃的土壤。随着科学技术的不断发展，综合化的趋势日益明显，大量牵涉全社会的基础理论与综合课题的研究更需要大学所具备的上述条件，所以大学已成为各个国家科学研究的重要阵地之一。大学也不负众望，近年来的研究表明，20世纪70年代以来，数学、化学、天文和地球科学四个学科领域的研究中，70%以上有重要意义的进展是在大学的科学研究中获得的。21世纪以来，一些世界著名的大学已成为国家的科研中心。科学研究作为大学教育第二大功能的作用日益凸显。

3. 社会服务

社会服务亦即大学的生产功能，是大学发展到新技术时代出现的外部功能。19世纪70年代以后,第二次产业革命促成了世界范围的第二次科学技术革命,进而影响了大学的发展。20世纪初,美国威斯康星大学最先提出,大学要以服务社会为己任并付诸实施,取得了巨大成功。从此,社会服务成为继教学、科研之后大学的又一重要功能。美国于1862年和1887年分别颁布了《莫里尔法》和《海奇法》等,这些法律给美国带来了巨大的发展机遇:一是促进了大学的发展。二是促使大学改变原有的人才培养结构,从以培养牧师、教师、律师和医生为主的传统逐步向更多领域培养和输送可以直接服务经济社会的实用性人才。三是促进大学形象的改变。随着大学人才结构的调整及服务面向的拓展,大学以开始从"高深"的"象牙塔"形象中走出来,直接为社会服务使得大学新的形象更加为社会所广泛接受和认同。如今,大学服务经济社会发展已成为无法逆转的趋势,而且与社会联系更加紧密,成为推进区域经济社会又快又好发展的重要支撑力量,大学在服务社会的过程中,自身也获得不断进步,大学逐步进入社会中心地位。

在大学教育哲学观念上,美国当时明显受到德国大学办学理念与本国的詹姆士(James W. S.)实用主义哲学思潮的影响。19世纪下半叶,德国科学与民主的办学思想对美国高校影响极大,美国高校把科学研究作为大学的一项重要功能,这一时期形成了一批如霍普金斯的研究型大学。但由于当时美国经济正处在初兴阶段,受实用主义哲学思潮支配,从自身经济发展实际出发,把大学发展的首要任务确定为培养社会急需的实用型人才,在功能上把直接服务社会作为首要功能。这种实用和功利性的教育价值观深深地影响着美国未来高等教育的发展方向和培养模式,但正是在这种思想的影响下,美国国民整体素质得以快速改善和提升。

大学服务社会功能的产生,不仅是经济社会的客观需求,也是大学自身发展的逻辑必然。首先,大学通过教育教学等人才培养活动传承社会文化,在社会文化教育方面本身就具有得天独厚的优势。其所传授的知识本身也离不开社会,源自社会实践。大学对文化的传承,不是一般意义上的知识普及,其传承的内容本身就具有先进性,所以大学通过社会文化教育或指导社会文化教育,不断满足社会对各种人才和教育的需求,这本身就是大学的职责。其次,大学通过科学研究和技术服务,不断密切与经济社会各个领域的关系,在互动中实现自我的提升和不断完善,社会对大学的依赖性不断增加,不仅展现出了大学在经济社会发展中的重要地位，而且随着经济社会的发展，大学自身的创造性也得到了不断激发。

大学教育是为社会服务，也是自身发展的需要。如前所述，大学的社会服务不是单向的，而是建立在双赢基础上的深层次互动、交流和学习。大学通过开展广泛的社会服务，不仅有利于促进大学办学理念的转变，大学走出校门，走入社会，关注社会，关注实践，参与社会，参与实践，在服务中更新教育教学理念、方式和方法，丰富和发展知识体系、结构，而且学生可以从中受益，增强实践能力、动手能力，更为广大教师推开了一扇通往现实社会、了解现实需求的大门，对促进大学学科、专业结构、课程体系、传授方式等方面的改革提供了更加主动、便捷、广泛和有效的途径。20 世纪 80 年代以来，在世界各国兴建的教学、科研、生产三结合联合体，既有利于提高教学、科研质量，也有利于促进社会生产，这是大学教育自身价值的最佳体现，也表明了大学教育发展的一种历史趋势。

4. 文化承创

文化承创亦即文化传承与创新，是大学的润化功能。这是大学发展到 21 世纪后逐渐明确的一种大学功能。从广义的角度上讲，文化包含了人类活动创造的一切物质财富和精神财富的总和；知识既是人类文化的媒介，也是人类文化的结果。从社会学意义上讲，大学是教育组织创新的历史产物，而教育本身，则是知识增量和价值增量两个层面在不同社会个体（团体）间的转移。教育知识增量主要体现在对文化的传承和积累上。在大学教育过程中，施教者通过教育教学活动把书本和自己掌握的知识传授给学生，学生通过学习，理解掌握、消化吸收和运用知识使得文化实现向下一代传递，这样一代一代的积累和传递，实现了知识的增量。知识的增量不仅体现在知识本身的累积变化，也体现在知识受体数量的不断增加，受体增加更有利于知识的广泛传递进而丰富累积。当然知识价值增量除了体现在知识受体增加，也体现在知识的再创造方面。大学按照教育规律开展有目的、有计划、有组织的教育教学活动，受教育者接受教育影响后朝预期的方向发展变化，按照“理论—实践—理论—实践”周而复始的规律，受教育者在不断地传承和创新活动中推动社会向前发展，受教育者个体也在这个过程中实现了自身的不断社会化。

高等教育是优秀文化传承的重要载体。这是由高等教育教育内容、施教者层次和受教者基础等现实条件决定的。自大学产生以来,其基本功能、组织活动决定了在人类文化传承创新中的历史性地位。大学的教育内容是人类文化中的集大成者,不仅体现在知识的广度,而且体现在深度和高度。大学教育不再是人类基础文化知识的传递,而是传承比基础教育阶段更具先进性、前瞻性、系统性、集成性的知识;大学作为多学科并存的组织,为受教者提供了交叉融合的条件、环境和氛围;当然"大师"是大学文化传承的主导性、关键性要素之一,施教者关注、研究和掌握的文化层次必须符合受教者身心需要,也即"大师"必须传承"大道",让大学不仅成为知识殿堂,更是道德高地。大学的教育对象作为即将走向社会的劳动者,高等教育施加的影响必然会通过他们向更广阔的社会进行传递,如此往复,经过沉淀、丰富和创新的优秀文化得以交流和传播。与此同时,社会的发展需要高等教育不断丰富和发展优秀文化,培育更多更优秀的人才服务社会。

高等教育是优秀文化创新的重要源泉。高校既是培养高素质创新人才的重要基地,也是先进文化的创新基地和重要的辐射源。高校作为巨大的人才和思想宝库,对国家发展和社会进步具有重要影响。文化创新是现代高等教育的崇高使命。大学不仅仅是客观物质的存在,更是一种文化存在和精神存在。大学是一个国家社会文化与知识积聚、传承、创新的中心,承担着培养人才、创新知识、引领社会的重要职能,传承和创新文化是大学的必然使命。

(二)大学功能观的演进

如前所述,高等教育在其发展的过程中逐步完善了四种功能,即培养人才、科学研究、服务社会和文化传承与创新。但是,历史上这四种功能产生时并没有得到哲学思想家们的一致认同,而是引起了激烈的争论。这些争论大致分为三种:"培养人才的单功能观;培养人才与发展科学的双功能观;培养人才、发展科学和直接为社会服务的三功能观。这三种观点都有其产生与发展的历史,它们彼此之间,甚至持同一观点的学者之间都存在着争论。"①进入 21 世纪后,大学出现了人才培养、科学研究、社会服务和文化承创的四功能观。

1. 单功能观

培养人才是大学教育最基本的功能。这是由大学教育的基本属性决定的。

① 徐小洲等:《高等教育论——跨学科的观点》,人民教育出版社 2003 年版,第 6 页。

因此，从大学产生的那天起，它就被赋予了这种使命。有关这一功能的看法，19世纪以前西方的哲学家和教育家基本上都坚持培养人才是大学教育唯一功能的观点。但是，到了19世纪之后，随着德国大学将科学研究功能纳入大学教育，这一局面就被打破。于是，一些当时坚守单一功能观的学者对此提出了激烈的批判。

对大学进行科学研究进行批判的代表人物是英国的纽曼。他认为，教育不应该追求效用和功利。在自由教育中，知识应当由于其自身的缘故被获得而不附带任何隐蔽的动机。大学应当仅仅传授"智力文化"，因此，大学的功能是教学，而非科研。他在《大学的理想》一书中说："大学就是传授所有知识的场所。其目的一方面是理智的培养而非道德的训练，另一方面是知识的传播与推广而非知识的发展。"①他认为，科学研究和培养人才是性质不同的两种活动，各自需要不同的能力来进行。大学的目标是培养人的理性，科学研究不属于这个目标，应由专门的机构来进行。从中可以看出，在纽曼的教育哲学思想中，教学与科研是不能并行的"一对兄妹"。他坚持大学的职能就是教学，反对大学进行科研，是坚守单一功能观的典型代表。

在单一功能方面，另一位代表人物是美国永恒论教育家赫钦斯。赫钦斯对20世纪前20年美国的进步主义教育运动进行了激烈的批评，并提出了旨在加强普通教育的一系列主张。他认为，教育的目的是改善人，使一切人的理性、道德和精神诸力量都得到最充分的发展，使人真正成为自由的人。因此，他反对对青少年进行狭隘的职业训练，而主张用广博的文化学习来发展理解和判断的能力。在大学教育方面，赫钦斯非常重视普通教育。他认为，普通教育不仅是大学教育的基础，而且是一个人的人生基础。之所以如此，是因为普通教育能培养各种理智的美德，具有一种更深刻、更广泛的效用。因此，他积极倡导普通教育，以发展人的理性，培养人的智慧，使人成为"完人"。在大学从事研究方面，由于认为"教育本质上是综合的、概括的；研究本质上是分析的、细致的。教育使人更概括化，研究却使人更专门化"，②因此，他不赞同大学从事科学研究，主张大学应成为真正学习的场所。

从以上可以看出，坚持单一功能的高等教育思想有一个共同特点，即注重

① John Henry Cardinal Newman, *The Idea of a University*, Doubleday, 1959, p. 175.

② Hutchins R. M., *No Friendly Voice*, New York: Green Wood Press, 1959, p. 23.

大学在人才培养方面的作用,重视教学,重视对人的理性培养,反对在大学里进行科学研究。如果说这种观点在19世纪前社会发展对大学的需求尚不迫切的情况下还可以接受的话,那么,当社会发展需要大学积极参与的时候,这种观点就不会被人们完全接受了。

2. 双功能观

与单一功能观者不同,德国教育家威廉·冯·洪堡根据当时德国社会发展的需要提出了培养人才和发展科学研究双功能的主张。他认为,大学应坚持"教学与科研统一"的原则,把教学与科研密切联系起来,使二者结合为一体,相辅相成。当时的柏林大学贯彻了洪堡的办学理念,成为后来世界高等教育的楷模。世界各地的教育家接受洪堡的高等教育思想,并按照洪堡的大学精神建立了新大学。在这方面美国尤其突出,当时,许多美国学者把洪堡的办学原则带回美国并付诸实施。其中最有影响的是霍普金斯大学的建立,这直接促成了大学研究生教育在美国的产生。同时,美国还结合当时社会发展的实际需要,把科研的内容拓宽,使之超出人文学科的纯学术界限。

在英国,赫胥黎(Huxley T. H.)是同纽曼等保守派进行论战的代表。他不同意纽曼的见解,而接受了洪堡的思想,提倡大学进行科研,主张教学与科研相结合。他在书中写道:"现代大学是进步的,它是生产新知识的工厂,它的教授处在进步潮流的最前列。研究和批判肯定是他们的呼吸。"①他主张大学建立科学院,设立各种科学讲座,教授们一边从事科学研究,一边从事教学工作。他还认为,教学与研究相结合可以相互促进,有利于培养富有创新精神的人才。在给伦敦大学副校长提交的改革计划书中他还提出将设立研究院作为伦敦大学改革的一项重要内容。需要指出的是,由于当时英国的大学教育重书本知识,轻实践经验,为了针砭时弊,赫胥黎的观点中带有明显的功利主义倾向,这是有利于洪堡的思想之处。他甚至主张把与实用职业关系疏远的学科坚决排除在大学之外,以改变当时英国大学与英国工业发展、现代科学技术进步极不适应的局面。因此,在伦敦大学的改革计划中,他还建议设立职业教育学院,进行法律、医学、产业、学术性专业、绘画、雕塑、建筑、音乐等职业教育。

当社会发展进入20世纪以后,有关高等教育功能的争论又发生了变化。

---

① Leonard Huxley, *Life and Letters of Thomas Henry Huxley*, London: Macmillian, 1900, p. 328.

这时大学进行科研的问题已被学者们认同，即大学将科研当作自己的一项使命。但是，由于美国大学的服务功能已开始产生，这时争论的焦点开始集中于大学是否需要直接为社会服务上。在这方面，双功能观的坚持者一般持否定态度。例如，崇尚洪堡精神的美国高等教育家弗莱克斯纳面对美国大学逐步成为“公众的服务站”的趋势，就竭力想把它们恢复到霍普金斯大学时代。他认为，大学应成为追求真知、探索问题、高水平地训练人的严肃机构，而不应被动地受社会现实的左右。

坚持双功能观的典型代表还有德国的卡尔·雅斯贝尔斯和英国哲学家罗素。雅斯贝尔斯是德国存在主义哲学家、心理学家和教育家，大学教育思想的阐发者。他认为，对学生来说，仅仅获得知识是不够的，他们还应成为“全人”(the wholeman)，因此需要一种“全人教育”，即精神的培养。这种教育应把人文教育与自然科学教育相结合，它是一种广义的文化教育，是整个人的教育，是一种最广泛意义上的教育。在大学功能观上，他继承了洪堡的大学思想，把大学功能表述为科研、教学和文化三种，但是，如前所述，教育是整个人的教育，一种最广泛意义上的教育，因此，他的大学功能观仍没有超出我们所说的双功能观的范畴。他虽然继承了洪堡的思想，强调科研的人文价值，重视纯学术性的研究，反对讲求科研的功利性，但他也提出了“教学与科研并重”的思想。所以，可以说，雅斯贝尔斯的大学教育思想是洪堡思想在现代的进一步阐发。罗素是英国著名的哲学家、数学家、社会活动家和教育家。他认为，教育是达到目的的手段，而不是目的本身，教育应该是实用的，历史上存在的实用学科与古典学科之争是不切实际的。在大学教育方面，罗素认为，大学有两个目的：第一是为某些职业训练人才；第二是开展当前无直接使用价值、前瞻的科学研究。罗素认为，研究与教学在大学中处于同等重要的位置。不过，罗素并不是一味否定科学研究的现实适用性，罗素主张科学研究不仅要关注实用性也要注重学术性。罗素提醒人们不要过度追求科学研究的实用性，更不要忽视当前看似实用价值不明显但认识价值意义重大的学术研究。很显然，罗素的大学功能观走了一条纽曼与赫胥黎之间的中间道路。

上述这些坚持大学双功能观的教育家，他们的思想主要在洪堡思想或德国大学传统的影响下产生的，这是他们的共同点。但他们的大学思想之间也存在着一定的差异。这些差异“不仅表现在人才培养、教学与科研的关系方面，而且尤为突出地表现在发展科学方面。在对科研的认识上，分歧则更为明显。洪堡、弗莱克斯纳和雅斯贝尔斯等过于注重纯学术的研究和科学的训练价值，具有人文主义的倾向；赫胥黎等比较重视科学的实用价值（虽然没有忽视科学的训练价值），强调科学的应用研究；罗素的观点比较折中，他有意避免了人文主义与功利主义的偏向”①。

3. 三功能观

大学的功能是整个社会变化的结果，这不以人的主观意志为转移。当社会发生某种变化时，大学的功能就会发生相应的变革。因此，不管人们对某种变革是否赞同，大学的功能总是不断地向前演进的。19 世纪中叶，当人们关于科研是否可作为大学的功能的争论还未结束时，大学的另一种新功能——服务社会悄然产生了。它的标志就是美国的“赠地学院”的创立。于是，人们开始争论大学是否应该具有这种功能，是否在进行教学和科研的同时还应为社区或社会发展提供直接服务，即是否应具有三种功能。在这方面，主张大学应具有三种功能的代表人物是范海斯。他在担任威斯康星大学校长期间从思想和实践的角度明确提出了“教学、科研和社会服务都是大学的主要职能”。他明确提出，大学应该充分利用自身优势，不断利用知识传播、提供专家咨询等为本地区的政治、经济和社会发展服务；大学要成为社会服务中心，不断满足社会对大学在政治、经济和社会等方面的要求的同时，不能忘记和丢掉自身应有的学术责任。范海斯的这种“威斯康星理念”掀起了大学教育发展史上一场“哥白尼式的革命”，并对 20 世纪之后的世界大学教育的发展产生了深远的影响。随后，大学具有服务功能的观点被越来越多的人所接受，大学也开始被人们喻为“服务站”。第二次世界大战以后，大学的社会服务功能被人们普遍认同和接受。

英国高等教育家埃里克·阿什比（Ashby Erie）也是一位坚持大学三功能观的学者。在其所著的《科技发达时代的大学教育》一书中，他明确提出：“大学原来仅是培养专业人员的机关，以后又兼充当培养上流社会人士的社交教育学校、研究所、社会服务站和少数夸大其词的人心目中的社会革命酝酿所，现在所有大学不止承担一种上述功能，有些还想全部承担下来。”②不仅如此，他还注意

① 徐小洲等：《高等教育论——跨学科的观点》，人民教育出版社 2003 年版，第 10 页。

② ［英］埃里克·阿什比：《科技发达时代的大学教育》，滕大春、滕大生译，人民教育出版社 1983 年版，第 148 页。

到在现实的大学中三种功能的活动之间是有冲突的。例如,教学与科研的对立;教学、科研与社会服务的对立;社会服务内容上的冲突等。在现实的大学教育活动中,人们应想方设法解决这些冲突和对立,以使大学的各种功能都能得到很好的发挥。

总之,在大学教育三种功能的演进过程中,变化总是不断地引起人们的思考和争论。大学教育就是在人们不断的争论中得以发展的。可以说,"大学教育的发展促进了大学教育哲学思想的嬗变,而大学教育哲学思想的变革,又为大学教育的发展与改革提供了理论基础"①。

4. 四功能观

社会进入21世纪后,高等教育的发展环境已经发生翻天覆地的变化,知识经济的挑战,信息社会的高速发展,高等教育在新的历史时期面临着新的任务和要求,原来的三大功能观已难以概括大学当前的地位和作用。在信息社会中,高等教育面临着更广泛的国际交流,社会也对国际化人才提出了更高的要求;随着信息社会的发展,全球化文化交流、交汇和交融已成为必然,各种文化交织的状态下,大学面临着文化引领的重要任务。2011年4月,胡锦涛同志在清华大学百年校庆大会上的重要讲话中提到:"不断提高质量,是高等教育的生命线,必须始终贯穿高等学校人才培养、科学研究、社会服务、文化传承创新各项工作之中。"应该说,这不仅是对高等教育规律的新的重要认识,同时也是对大学作为一种社会组织所具有的功能的一种调试。大学自从诞生之日起,就一直会聚着众多的文化与知识精英,无论是人文社会科学还是自然科学,从事这些高深知识研究的精英们通过对知识的传承与创新,不仅直接发挥着文化育人的基本功能,同时也间接地影响着社会的方方面面。因此,在经典的三大功能之外,大学还"具有与生俱来的、更为独有的、影响更为深远的引领文化的功能"②。大学四功能的内涵主要包括以下方面:首先是文化的守护。各个国家和民族均有自己独特的历史文化,大学作为文化的发现者、挖掘者、整理者,对本民族和国家的文化肩负着重要的守护责任。其中意义包含梳理、甄别、提炼,剔除糟粕和取其精华,抵御外来文化的不良侵蚀等。当然,文化守护不仅是抵御

① 周光迅等:《哲学视野中的高等教育》,青岛海洋大学出版社2006年版,第67—71页。

② 赵沁平:《发挥大学第四功能作用,引领社会创新文化发展》,《中国高等教育》2006年第15期。

外部的侵扰,也要防止内部的变异。随着功利主义的影响和高等教育规模的快速扩张,学术诚信、学术道德和学术异化等来自大学自身力量也会对文化守护造成不良影响,大学自身开展文化建设也是文化守护的应有之义。其次是文化的传承。前面已多次论及。再次是文化创新。大学作为文化集散地,同时也是文化创新基地,这是历史赋予大学对文化的当然职责,一成不变的文化自然会被发展淘汰,因此保持文化旺盛的生命力,必须开展文化创新。最后是文化引领。文化的守护保证了文化的纯正性和优良性,文化的传承是保证文化的知识增量和价值增量,文化的创新是确保文化的先进性和发展性。而文化的引领是大学通过与社会多种层面、多种渠道的互动,用优秀的、具有良好发展性的先进文化去影响、占领主流文化阵地,使得一个民族和国家文化保持应有的水平和质量。换言之,"守护、传承、创新软实力(文化),已是大学必须承担的新功能,亦即大学应有的第四大功能"①。并且,从某种程度上说,这个功能的实现如何,不仅决定着大学的水平与质量,也决定着它对国家和民族的意义。新功能与传统的三功能的关系主要体现在:文化传承与创新不仅为其他三种功能的发挥提供思想与价值的引领,同时,就自身功能的发挥而言,必须依赖于前三种功能作为具体的实施载体。

二、大学的组织变革

英国教育家E.阿什比有一句名言:"任何类型的大学都是遗传与环境的产物"②,"大学是继承西方文化的机构。它保存、传播和丰富了人类的文化。它像动物和植物一样地向前进化"③。诚然,如果从大学诞生开始计算,大学已经走过了近千年的历程。大学作为社会组织,其自身的发展自然离不开社会并随着社会发展发生着改变。今天的大学无论是办学理念、培养层次、规模结构、课程体系、教育教学理念、价值追求等与中世纪意大利的博洛尼亚大学相比,已经发生天翻地覆的变化。这是社会政治、经济和文化共同作用下的结果,也是大学与社会相互作用的结果。研究西方高等教育大众化历程中大学组织结构的

---

① 徐显明:《文化传承创新:大学第四大功能确立》,《中国高等教育》2011年第10期。

② [英]埃里克·阿什比:《科技发达时代的大学教育》,滕大春、滕大生译,人民教育出版社1983年版,第7页。

③ 同上。

演变，通过对中外大学组织结构的现状考察和比较，分析我国大学组织结构存在的问题，为我国大学组织结构变革提供借鉴。

（一）西方大学组织结构的历史演变

最初松散的教学和知识交易组织形态。这种组织形态起源于欧洲中世纪。11—12世纪，西欧的封建制度进入发展的鼎盛阶段，随着城市的发展，新兴的城市市民成为推动经济社会发展的中坚力量，他们迫切希望获得新的文化知识，并把这种追求演化成为一种时尚。而当时的教育机构无法满足他们的这种愿望和需求，亟待有打破传统模式的新教育机构产生。而大学的诞生顺应了这种要求并不断引起人们的关注和参与。

欧洲中世纪的大学，主要表现为以下几个特征：第一，其组织特性上看，类似于一般性的行会，相对较为松散。第二，由参加知识交易的人自行组合而形成。第三，组织中核心力量人数较少，一般由一名或少数几名在某领域有造诣、有声望的人组成，组织中其他成员受其吸引自行加入。第四，组织的目的主要在于进行知识交易。第五，组织的主要活动表现为讲学、交流和学习。例如，意大利的波隆那大学，就是由于当时著名的罗马学者伊尔内留斯（Irnerius，1050—1130）在波隆那讲学，吸引了大批来自欧洲各国的青年而形成。法国巴黎由于学者阿伯拉尔德的名望，12世纪初成为欧洲的学术中心，大批青年慕名而来，巴黎大学应运而生。可见，中世纪大学起初是由进行知识交易的人自行组合而成的团体，“university”这个词本意就是“组合”、“行会”、“团体”等。14世纪以后，这个词才专指由教师和学生结合成的团体——大学。

随着欧美经济社会发展，19世纪初期欧美大学组织结构日趋稳定。欧洲的社会生产力在文艺复兴和宗教改革运动后获得长足发展，人文主义思想代表人物辈出，自然科学也取得一系列影响深远的重大成果，从宗教桎梏中解放出来的人们，更加关注现实生活，注重世俗。从17世纪的英国资产阶级革命到18世纪的工业革命和法国大革命，资产阶级在世界历史舞台上的地位最终确立，欧洲教育逐渐由注重书本转向注重经验，由注重思辨转向注重实践。进入19世纪，欧美高等教育发展进入新的历史时期，其标志是1810年柏林大学的创立。这一时期的主要特征表现在：一是大学功能出现新的拓展，打破了长达200年以来大学仅有单一的人才培养功能的现状，使得科学研究成为大学的基本功能。二是教学和科研在大学组织内实现了统一后，大学倡导的“学术自由”理念得到空前扩散,并逐步成为欧美各国大学办学的基本原则。三是大学的组织管理有了新的变化,学术自治成为了大学管理的基本政策,建立了校务委员会、理事会和评议会等组织,实行校、院、系(所)三级管理。这种新的变化不仅适应了大学的改革,而且也进一步促进了大学的发展。

欧美大学的组织结构完善于20世纪前期。这一时期虽然欧美各国的大学各有特点,但总体上大学组织结构日趋完善,主要体现在:第一,美国的大学在德国的影响下建立起了研究生院,也把选修制引入了美国大学。但美国大学的研究生院打破了德国僵化、保守的"讲座制"模式,而是以其原有专业学院为主干,建立起更加灵活的教学科研体制——源自英国学系的结构。第二,美国高等教育"金字塔"型体系形成。这一阶段美国高等教育显著特点是多样化和大众化,形成了以名牌大学为代表的研究型大学,以教学为主的州立大学为代表的骨干大学,以其他初级学院构成的第三层次高等院校。第一层次高校数量在金字塔顶端,数量少,第二层次居中,第三层院校作为金字塔底部,数量最多,约占60%。第三,建立系级机构。高等学校中建立系级机构,始于1825年的哈佛大学。直到20世纪初,"系"作为大学最基层组织这种模式已基本定型。"系"作为一级行政组织是围绕学科设立的,系主任作为一个行政负责人,与该系的教授和其他关键人物一起行使权力,并非系主任一人大权独揽,而是按照民主决策的方式由多数人的意见形成最后决议。"系"之上是学院,一般配备两名院长,分别负责本科生和研究生工作。学院的上一级组织是大学学部。大学学部受大学董事会领导。董事会是大学最高权力机构,部分学校实行的评议会制。至此,大学重大决策形成体制已建立——主要由校外人员构成的董事会负责制。第四,英国高等教育结构与美国相比有一定差异。一是英国高等学校主要分为两大类:大学、学院(多科技术学院及其他学院)。从形式上也可以分为两类:职业性、非职业性。二是英国的高等学校实行的是三级管理体制,"系"与美国高校一样是最基层的一级行政组织,也是围绕某个学科进行建立。最初阶段,"系"主任的权力主要由讲座教授在掌控,后来这些具有话语权的讲座教授逐步演化为系主任。三是英国大学中间层次的管理机构是学部。学部作为一个联合体,其人员主要由教授和系主任、副教授、高级讲师代表组成。顶层组织就是大学。这一层级主要由校务委员会、理事会、评议会、副校长四个机构组成,校务委员会是大学最高权力机构,理事会在大学管理制度中作用重要,评议会在学术方面有很大权力,副校长在大学中是学术与行政之首席。第五,德国的大学与美国和英国又存在一定的差异。这一时期,德国的高等教育是一种分权管理体制。德国大学的最基层组织是研究所。大学的第一级是以教授讲座为中心的研究所。研究所也是围绕学科进行设立,个别研究所甚至建立在某个学科的分支学科上,规模很小,一个研究所只有一名教授,但它却拥有教学、科研的全部设施和机构。德国大学中间组织也是学部,但因为其组织较松散,权力也有限,仅负责课程、教学、考试、学位、推荐教授讲座职位等具体事务。德国大学最高级机构为评议会。评议会由学部主任和教授组成,它是一个纯学术组织。从大学结构上看,最基层的教授有很大的权力,尤其是在学术上,有时只服从于教育部。

(二)我国大学组织结构的历史演化

自殷商以来,统治阶级一直重视大学教育,大学教育也构成国家和社会文化的重要组成部分。主要特点有以下几个方面:第一,我国早期的大学组织主要由当时的学识精英发起并掌控,规模较小。从商朝到汉朝,我国的大学主要是由当时的学者们发起的,目的在于一起研讨学问的一种团体。第二,早期的大学教学活动较少,形式上也比较单一,如个别教学和小组教学。第三,真正大规模教学活动的开展始于汉朝的太学。由于学生大量增加,集体大班上课应运而生。太学时期称之为"大都授",唐朝朝廷国子监中称之为"论堂"。到了宋朝,书院盛行,作为当时的大学组织,其主讲人由当时当地有名望的大师级学者进行集体授课,当然个别授课的形式也得以保留。

到了中国近代,由于社会动荡不安,政权更迭频繁,政治、经济和社会的巨大变化直接影响着大学的发展及其组织变迁。从时间划分,我国近代大学组织发展进程,大致可以分为三个阶段:清朝末年、民国时期、新中国时期。

我国近代大学始于清朝末年。此时的大学主要呈现以下特征:第一,洋务运动奠定近代大学发轫的基础。1895—1911 年,清政府由于自身的腐朽,其统治已经岌岌可危,闭关锁国的孱弱加上外国列强的摧枯拉朽,国家和民族面临生死关头。随着洋务运动的兴起,国人已经开始反思当时的教育体制和人才选拔机制,一批受过西方教育、接受西方教育理念的人士开始觉醒,科举制和书院式教学的弊端已开始为有识之士所诟病,建立新型的教育制度、建立新式的教学机构已箭在弦上。至此,我国近代大学的产生已势不可挡。例如,1895 年盛宣怀在天津创立了天津中西学堂。天津中西学堂是我国最早成立的近代大学。随后，1898 年成立了南洋公学，1898 年成立了京师大学堂，1902 年成立了山西大学堂，等等。第二，我国近代大学具有强烈的封建性。近代大学脱胎于中国几千年封建制度和文化，就难免不受其影响。主要表现在当时的大学必须接受朝廷的管制，为封建统治服务，课程设置等教育教学事务不能独立进行。第三，近代大学一般规模较小。这也是由当时的历史条件决定的，作为当时的新式学府，不仅聘任的教师少，教师的教授任务重，而且难以形成一定规模的学者群体。当时的大学成立了教师会议，负责对具体的课程开设、考试等事务进行审核决议。第四，开始实行分科制。近代大学在成立之初并未实行分科制，直到 1909 年大学才开始实行分科制。

近代大学的第二阶段是民国时期。民国的大学是近代大学发展比较曲折的历史时期，主要表现如下特点：第一是在新文化运动的推动和影响下，面对极其艰难的境况下，在教育领域掀起了一场学制改革运动。第二是高等学校数量有了大变化。到 1927 年，我国的大学数量达到 51 所，其中公立高校为 34 所，私立高校为 17 所。特别到 1948 年，我国高等学校的数量达到 138 所。第三是现代大学学制初步形成并趋于完善。1912 年，政府颁布了《大学令》，对大学的内部组织管理体制进行了明确，如大学设立评议会，负责学校的重大学术问题，评议会有教授参与决策，由教授负责处理课程设置、教育教学方法改革等事务。学校设教务处和总务处，相当于教学委员会和总务委员会，教务处由各学科教授会主任组成，教务长由教务成员选举产生。设立行政会议及各种委员会，全面发挥教授在学校计划、组织、预算、审计、图书等诸多方面的作用。在蔡元培的力推下，北京大学很好地贯彻了《大学令》，学校得到快速发展，并成为了中国现代大学的典范。《大学令》的颁布实施，有力地推进了大学的学术自由和大学自治。

新中国时期的大学发展，与我国社会主义建设的发展阶段相联系，深深地打上了时代烙印。1949 年新中国诞生后，百废待兴，在 1956 年新中国基本完成社会主义改造后，为了加快经济恢复进度，国家实行计划经济政策。这一时期的大学发展主要呈现以下特点：一是学习苏联经验。新中国成立时由于自身并未形成适应新时期发展的成熟高等教育模式，因此学习同为社会主义国家的苏联就成为一种当然。而且这种几乎照抄照搬式的学习持续了相当长时期，对中国高等教育发展影响至深。二是实行院系调整。经过抗日战争和解放战争艰难岁月，到新中国成立时，许多高校由于躲避战争辗转多地，元气大伤，物质条件、办学规模、师资力量等办学资源奇缺，表现为规模小、学科小而全、地区分布散乱不均衡、结构层次不合理等诸多问题，由于解放前公立、私立高校并存，解放后办学思想差异极大，教学内容千差万别，亟待进行院系调整。院系调整自1949年年底开始到1952年年底结束，全国3/4的高等院校进行了院系调整。三是典型的计划性。新中国实行计划经济政策，因此高等教育按照经济社会发展计划进行有计划的人才培养，统一教学内容、规定培养学科、各学科培养的规模、毕业后实行统一分配等。按照当时的政治、经济和社会发展条件，高等教育的计划性在当时的历史时期是有意义的，也是历史的选择。这种整齐划一的办学模式与计划经济一样，随着中国的发展越来越不能适应国家的发展需求，长期以来在计划经济体制下一直沿用这种模式，不仅僵化中国的教育教学思想，而且也形成了强大的办学行为习惯，甚至在相当长时期内制约和影响着中国高等教育的快速发展。

1956年9月党的第八次代表大会召开，本次会议明确了将工作重点转移到发展国民经济和文化教育上来。这一时期的主要特点如下：一是实施"教育大革命"，在全国教育系统中倡导教育与生产劳动相结合。高等教育也不例外，高等学校积极推进教学、科研、生产劳动三结合，客观上强化了高等学校注重生产实际，关注现实需求的办学理念，推动了高校的科学研究工作，促进了高等学校服务经济建设这一职能的发展。二是颁布和实施《教育部直属高等学校暂行工作条例》。1961年9月中共中央正式发布、试行《教育部直属高等学校暂行工作条例》，即《高校60条》。该条例首先明确规定了高等学校的内部管理体制，即高等学校实行党委领导下以校长为首的校务委员会负责制；其次明确了集体领导的领导模式，即设立校务委员会作为学校行政工作的集体领导组织；最后对高等学校内部"系"、"教研室"的组织定位进行界定。系是按照专业性质设置的教学行政组织；教学研究室是按照一门或者几门课程设置的教学组织。三是颁发了《教育部直属高等学校自然科学研究工作暂行简则(草案)》(1963年4月)。该草案不仅规定了高等学校的科学研究机构的类型，而且规定了科学研究机构的管理体制。按照机构的研究任务、业务范围、规模大小分为研究所和研究室两种，由校、系或教学研究室领导。"文革"十年浩劫，使新中国成立以来的高等教育成果几乎毁于一旦，高等教育事业受到空前挫败，甚至被全面否定,办学秩序混乱,正常的教学、科研已经无法正常开展,不仅导致高等教育事业停滞,而且许多办学的必备资源,如人财物等受到全面冲击和损毁,高等学校几乎处于瘫痪状态。

“文革”结束后,中国政治、经济和文化生态开始全面恢复,高等教育也迎来发展的春天。1978 年 10 月试行了《全国重点高等学校暂行工作条例》。条例指出,高等学校实行党委领导下的校长分工负责制;系是按照学科性质设置的教学行政组织;教研室是按专业或课程设置的教学组织,同时也是进行科学研究的基本单位。高等学校在进行结构调整的同时,在教学、研究的基层组织机构设置方面也进行了改革,加强了科学研究工作,普遍设立研究所,以及计算中心、分析测试中心、电教中心等教学、科研机构,一些学校开始试办研究生院。1985 年后许多大学增设了学院,有的学校将教研室改为学科组。

1999 年实行扩招政策以来,我国高等教育迈入快速发展阶段,2002 年我国高等教育毛入学率超过 15%,标志着我国进入高等教育大众化时期。目前各高校总体呈现学校—学院—系(所)三级管理的组织结构形式。伴随高校的合并与调整,一方面形成了部分高校多校区管理的组织形式,另一方面由于对政府的高度依赖性,学校的党委组织机构、行政组织与政府教育主管机构高度吻合。但总体上看,校级机构管理幅度大,权力集中,学院级组织权力较小。近年来,一部分高校在内涵建设的同时,也越来越重视二级组织甚至三级组织在办学中的地位和作用,逐步启动了向二级、三级组织实行分权,学院一级组织在经费和人员等方面自主管理的权限逐步扩大,但由于受高校自身办学自主权的限制,二级学院(科研院所)组织的管理权力有限。

第二节　大学制度安排的学术逻辑

一、大学组织与大学制度的学术逻辑

(一)学术性:大学组织生存与发展的边界

组织是构成整个社会系统的基本单元,就像生命体中的独立细胞一样,是构成生命体的基础单元。作为社会生命体中的基本单元的“细胞”组织,自然有

其自身边界,正如细胞的细胞壁。一方面,这个组织细胞必须接受周围环境的影响,通过边界与外界进行物质、能量和信息交换以维持自身的存在和发展。另一方面,组织如果缺少"细胞壁"就难以被辨识和保持相对独立。组织理论通常用组织的行动者特征、他们之间的关系特征以及他们的活动特征来界定组织的边界。①

大学作为一个社会组织,不仅要通过自身的行为特征获得社会辨识,保持自身的特有边界,而且作为社会的一员,必然要与周围环境进行交流、互动、交换以获得大学组织的生存与发展。因此开展大学制度研究,无法绕开的课题首先是大学组织的基本属性和特性。唯其如此,才能让研究者准确把握大学组织运行制度的本质,如若不然,研究者就容易陷入大学纷繁复杂的各类具体现象之中,无从下手。从大学产生和发展的历史进程看,大学组织的首要特征是学术性组织,这是大学组织区别于一般性社会组织的显著特征,这种学术性使得大学被社会其他组织所接受、认同和辨认。大学的学术性特征就形成了大学生存和发展的边界。

学术性成为大学组织的边界,这是大学组织与环境交互影响和相互作用的结果,虽历经世事沧桑但初衷不改、本色依然。从中世纪大学的诞生到目前现代大学制度的构建,无论是大学内部结构、发展规模、培养层次和规格等均已发生了深刻变化,但大学组织之所以能够在历史的长河中大浪淘沙,究其根源就在于大学始终保持了其学术性,大学研究"高深学问"的学术宗旨没变,"追求科学和学术的工作永远属于大学",②"学术"一直是大学发展的"中心"概念。正是大学的学术性维持了大学组织存在的基本边界,而学术自由也成为大学制度的基本保证,大学始终没有改变自己追求"高深学问"的初衷和组织本色。

(二)大学组织活动的主题没有改变

任何组织所开展的活动必然围绕组织的主旨,而组织的主旨是组织存在的意义和价值。组织之所以存在、继续维持和发展,必然有维系其系统的动力支撑体系,即组织的目的、任务。"组织是一种追求自己目标的社会单元。"③也就

---

① [美]理查德·斯格特:《组织理论:理论、自然和开放系统》(第4版),华夏出版社年2005版,第170页。

② [美]亚伯拉罕·弗莱克斯纳:《现代大学论——美英德大学研究》,徐辉、陈晓菲译,浙江教育出版社2001年版,第22页。

③ 朱国云:《组织理论:历史与流派》,南京大学出版社1997年版,第248页。

是说，组织的目的任务是超越于组织内部个体意志之上的团体意志。组织要实现自己的目标任务必然会搭建组织内部运行体系，设定相应的组织运行规则，以确保组织活动按照既定的标准和要求不断推进。大学作为一个社会组织，之所以从出生后能够茁壮成长，历久弥新，正是因为其符合了环境对其的需要，其自身也在展现价值的同时，不断获得了发展和升华。因为"每一个较大规模的现代社会，无论它的政治、经济或宗教制度是什么类型的，都需要建立一个机构来传递深奥的知识，分析、批判现存的知识，并探索新的学问领域。换言之，凡是需要人们进行理智分析、鉴别、阐述和关注的地方，那里就会有大学"。① 可见，大学从产生之日起一直就是知识性的机构，是研究和探讨"高深学问"的地方。蔡元培先生认为："大学者，研究高深学问者也。"布鲁贝克也指出："高等教育研究高深的学问"，"教育阶梯的顶层所关注的是深奥的学问"。② 这里的"高深"、"深奥"主要包含两层意思：一是从大学组织传授的知识不同于初等、中等教育阶段的知识，其具有更高的知识层面，是必须接受初中等教育的先导知识学习后才能继续接受的更高一级的知识；二是指大学组织中所传承的知识体系不是一般性知识，而是处在人类知识层级中的顶层外沿边界，即介于已知知识和未知世界之间。或者虽为已知知识，却深奥难解，非常人的才智可以把握、深悉。或是大学通过对未知的研究，成为新的仅少数人知晓的知识。正是"高深知识"的这两个基本特点，大学组织的任务不仅是要通过讲授和人才培养传递知识，而且要"分析和批判现存知识"，"探索新的知识领域"。

纵观大学发展史，我们不难看出，大学的生存与发展始终围绕着"知识"这个核心，通过讲授和人才培养、社会服务等方式进行知识传递，通过科学研究、社会实践等方式进行知识发展。为了更好地传递和发展知识，大学的结构和规模不断发生变化和扩展，尽管不同国家的大学办学模式各异，但"我们都会注意到学者和科学家主要关心四件事情：保存知识和观念、解释知识和观念、追求真理、训练学生以'继承事业'"。③ 事实上，大学作为一个社会组织，随着政治、经济和社会发展，其承担外部环境的压力越来越大，其自身也在更多领域追逐更

① [美]约翰·S.布鲁贝克：《高等教育哲学》，王承绪、郑继伟、张维平等译，浙江教育出版社2001年版，第12页。

② 同上书，第13页。

③ [美]亚伯拉罕·弗莱克斯纳：《现代大学论——美英德大学研究》，徐辉、陈晓菲译，浙江教育出版社2001年版，第4页。

多、更大利益，以适应社会需要和自身发展的需要，因此大学的活动空间随着社会发展也越来越广，活动频度也更加密集，但无论如何发展变化，大学组织传递和发展知识的这一主题并未发生改变。

今天的现代大学已经与大学诞生之初所谓“学者的行会”或“知识分子的城镇”存在天壤之别，已经成为“一座充满无穷变化的城市”。随着大学规模的不断扩大，大学组织内部群体、部门在不断分化中得到增加，大学组织内部变得更加复杂，各个群体、部门利益诉求调和困难。首先，大学组织中由于不同群体间活动目标、活动性质存在较大差异，即使分工上的差异也会形成不同群体间的冲突。例如，高等学校中教学科研岗位上的教师、管理岗位上的管理人员、后勤保障人员之间就经常因为各种利益问题产生纠葛甚至发生斗争。长期以来，大学被誉为“象牙塔”、传递发展高深学问的传统形象，很难与营利类经济活动直接关联。但随着经济社会发展，大学已经不再是诞生之初纯粹的非营利组织，伴随经济的高速发展，大学组织与经济社会的交往日益密切，已经不可避免地出现了许多准营利组织和功利组织的部分特征。这或许会让不少现代人对大学组织产生各种质疑，现代大学是否还留存了古典大学时期的组织特性？当今的大学组织与其他经济组织和行政组织最大的区分度在哪里？既然大学难以脱离纷繁复杂的政治、经济和社会而独自存在，那么大学在诸多制约力量中如何坚守其应有的逻辑？对此，伯顿·克拉克用组织的方法，对高等教育系统进行了跨国研究。他认为，高等教育组织之所以不同于企业组织、政府组织和许多非营利组织，是由知识作为特殊的操作材料所决定的。正是由于以知识作为操作材料，使高等教育组织与其他组织区别开来，“知识材料，尤其是高深的知识材料，处于任何高等教育系统的目的和实质的核心。不仅历史上如此，不同的社会也同样如此”。[①] 现代大学为何会表现出与古典大学不同的结构？为何出现活动的多样性？究其原因主要有两个方面：一方面，随着大学组织的发展，教学、科学研究和社会服务的活动不断增加，客观上需要不同人群分别将工作重点转移到某一类知识操作环节上，即一部分人根据知识操作需要，把阶段性重心转移至教学工作，或科研工作或社会服务工作。当然，这样的分工或分划不是一成不变的，可能是阶段性、短期的，也可能是交叉的或同时进行的。而从

---

① ［美］伯顿·克拉克：《高等教育系统——学术组织的跨国研究》，王承绪等译，杭州大学出版社1994年版，第12页。

事不同的知识操作环节必然就出现特定的活动领域和特有的活动方式。另一方面，随着大学组织规模扩展，结构也会随之进行调整，活动越多，活动面越宽，组织管理的要求就更高，组织结构也会随之变得更加复杂。因此，大学的行政管理作为对大学活动的组织协调机构，其职责主要是确保大学组织活动程序规范化、有序化、模式化。对此，伯顿·克拉克曾提醒道："高等教育的任务是以知识为中心的，正因为那令人眼花缭乱的高深学科及其自体生殖和自治的倾向，高等教育才变得独一无二——不从它本身的规律去探索就无法了解它。"[①]克拉克主要是提醒人们，要从大学组织的各种知识传承、创新具体活动中看到活动围绕的主题，要看到大学组织无论是在履行人才培养职能、科学研究职能还是社会服务职能，其核心均是围绕着"知识"这一主题。

综上所述，要了解大学组织的核心特质，我们就必须从大学林林总总的具体活动中抽离出来，判断大学组织的性质是否发生偏移，主要应考量大学组织是否弱化、异化对"高深知识"的传授与发展；要判断大学内部组织结构是否发生异化，或成为一种营利或行政组织？关键是组织建构的目标、运行机制是否围绕"知识"主题，是否有利于知识操作。事实上，现代大学"它以人力资本和知识资本积累为根本目的进行组织定位，使其活动构成不是社会化的'一般劳动'，而是具有探索性、艰巨性、长期性、创造性以及既有个体性又有群体性特征的极为复杂的科学劳动、智力劳动"。[②] 就大学组织中的行政管理组织和行为而言，因为要对大学组织的教学、科研和社会服务和文化承创的活动进行整体规划、统筹安排和有序组织，其存在有利于提高组织的效能。另外，行政组织的存在还有利于协调大学与外界各种主体之间的各种关系，处理发生的各种矛盾，为大学发展提供更加有利的发展外部空间，因此在这个意义上讲，大学的行政组织虽不是学术机构，但其组织职责是为大学的主题服务的，而且随着大学规模的扩大，大学组织的复杂化，就越是需要发挥行政组织的重要作用，这是大学进步和发展的要求和具体表现之一。一个现代大学组织可能表现出各种属性，如前所述，可能出现经济属性、政治属性，但学术属性才是大学组织的本质属性。

---

① [美]伯顿·克拉克:《高等教育系统——学术组织的跨国研究》，王承绪等译，杭州大学出版社1994年版，第313页。

② 眭依凡:《大学组织特性的理性思考》，《高等教育研究》2000年第6期，第49—52页。

(三)大学组织活动的主体没有改变

随着大学组织的发展,大学内部的活动主体也呈现出多元化。大学组织各个活动主体为完成组织共同目标而结成特殊的社会关系。按照活动内容、活动方式和活动对象差异,我们可以将大学组织内部的活动主体进行分类,大致可以分为两类:教学科研人员和行政管理人员。同理,大学内部组织机构也大致可以分为教学科研机构和行政管理机构。相应的,大学内部的活动也大致可以分为学术性活动和行政管理活动。大学组织内部两类活动主体虽然活动对象、活动内容和活动方式存在差异,且由此循序不同的行事规则和程序,但两类主体统一于同一使命,共存共生于同一组织。教学科研主体直接从事的是学术性活动,行政管理主体从事的是"技术"性活动,作为服务于学术性活动的必要手段,因此学术性活动主体是大学组织内部最本质、最有力、最直接的主体,换句话说,教师是大学的最终主体,而非行政管理人员。"在非常实际的意义上说,教职员整体就是大学本身——是它最主要的生产要素,是它荣誉的源泉;教师们是这种机构的特有合伙人。"①从大学的源头来看,中世纪大学属于"学者的行会",这种行会有两种形式:一种是以波洛尼亚大学模式为基础的"学生行会";另一种是以巴黎大学模式为基础的"教师行会"。前者的"转瞬即逝"反映了大学作为学术性组织、教师作为其主体的历史合理性。大学诞生初期,不仅规模小、人员少,结构单一,而且教师与学生间界限不分明。因为早期大学类似行业组织,讲授者在实施传递知识角色时成为"教师",聆听他人讲授时又可能成为"学生",讲授者和接授者为维护团队秩序均可能成为"管理人员",因此,三者之间的界限未必泾渭分明。现代大学虽然看上去还是由教师和学生等为主体构成的学术性组织,但其规模、结构、功能、目标等已经发生了巨大变化,内部分工更加细化和明确,组织结构、人员结构等更加复杂。特别是"多元化巨型大学是一个缺乏一致性的机构。它不是一个社群,而是若干个社群——本科生社群和研究生社群,人文主义者社群、社会科学家社群与自然科学家社群,专业学院社群,一切非学术人员社群,管理者社群等。多元化大学的界限很模糊,它延伸开来,牵涉到历届校友、议员、农场主、实业家——而他们又与这些内部的

---

① [美]克拉克·科尔:《大学的功用》,陈学飞等译,江西教育出版社 1993 年版,第 12 页。

一个或多个社群相关联”。[1] 因此,无论大学组织如何发展,其所发生的各种活动还是以学术性活动为中心,其活动主体始终以教师为中心。

大学不同于一般的行业组织。因为一般性行业组织是为了抵御外部势力的影响,获得自身利益的最大化。这种行业组织一般结构相对较为简单,内部分工界限不够分明。大学组织之所以不同于一般性的行业组织,是因为大学组织内部高度分裂的专业化。“这些学科和专业各自拥有自己的思想体系、研究方式和确定自己工作方向的历史传统”,都有各自所属的相对独立的研究范围和世袭领地。因此,“学术系统与其说是从一种观点看世界的与专业人员紧密结合起来的群体,不如说是许多类型专业人员的松散结合”。[2] 大学组织中教师或学者所依托的直接基础是专业或学科,他们对学科或专业的忠诚甚至超越了对大学整个组织的忠诚。针对这种分科、分权的组织特性决定了对大学组织管理制度无法做出整体的“最佳”选择,而必须给予各个学科和专业的教师或学者相对的自由环境和独立决策学科范围事务的权力。正如科尔所评,“现在知识划分得如此专细,管理的距离是如此之远,以至于教师们在智力和制度上越来越成为‘孤独的人群’,[3]正是由于教师分别聚集在各个分支的专业上,决定了大学组织对教师的管理应采取分割而治的基本特点,这也决定着大学组织管理的扁平型特征,与其他同等规模的组织责任金字塔结构相比存在很大差异。正如默菲特等人谈到为什么集权和分权时指出:“凡是那些不要求或不涉及局部的首创性和责任心的工作应当以集权化方式去做(或作出决定),这样能更有效、更经济地完成工作……凡是那些要求作出局部的需要关系特别密切的决定,并且若集中地做将会妨碍和限制创造性,不利于发挥局部有效的领导和责任心的工作,就应当分权,并在局部层次上加以贯彻。”[4]总体来看,大学组织与企业等其他社会组织相比,大学组织内部的控制权相对分散,大学组织活动的有效运行,主要依靠起源于底层的学术管理,在“生产点”上以知识密集的技术为特点的组织环境迫使决策权倾向于操作层面。

这其实也给大学管理和制度建设提出了一个现实性的问题,大学管理的关

① [美]克拉克·科尔:《大学的功用》,陈学飞等译,江西教育出版社1993年版,第71页。

② [美]伯顿·R.克拉克:《高等教育系统——学术组织的跨国研究》,王承绪等译,杭州大学出版社1994年版,第17页。

③ [美]克拉克·科尔:《大学的功用》,陈学飞等译,江西教育出版社1993年版,第72页。

④ [美]汉森:《教育管理与组织行为》,冯大鸣等译,上海教育出版社1993年版,第32页。

键点在哪里？重点应该放在什么位置？大学制度建立的基本理念或基本原则应该怎么确立？学术性是大学组织的本质属性，传承、发展高深知识是大学组织的核心目标，从事学术性活动的教师是实施学术活动的主体，教师是实现核心目标的关键性支撑力量，明确了这一点，前述问题就可以找到答案。至于大学组织内部的行政管理和后勤服务机构和人员，他们是保障大学组织整体有序运行、保持与组织外部沟通协调，确保学术活动顺利开展的支持和保障力量，他们服务于大学的学术组织和学术活动，服务于教师，虽不可或缺，但应处于从属位置。

教师在大学组织中的主体地位是由教师的工作性质、学术能力以及大学组织的核心目标所决定的。大学组织的本质特征是学术性，专门从事学术性活动的教师理应成为主体并担当大学组织的历史使命，因为教师“最清楚高深学问的内容，因此他们最有资格决定应该开设哪些科目以及如何讲授。此外，教师还应该决定谁最有资格学习高深学问（招生），谁已经掌握了知识（考试）并应该获得学位（毕业要求）。更显而易见的是，教师比其他人更清楚地知道谁最有资格成为教授。更重要的是，他们必须是他们的学术自由是否受到侵犯的公证人”。[①] 教师成为大学组织的当然的主体，正如今天人们所提及的“大师”、“大楼”、“大爱”甚至“大树”等关于现代大学的描述，“大楼”意指办学条件，“大树”表征的是大学办学历史，“大爱”代表的是大学文化、思想育人，而“大师”才是大学最核心、最根本的力量。如果大学组织中教师主体地位受到挑战、压制或弱化、异化，大学的本质属性就会受到直接冲击，甚至扭曲。教师主体职责的履行、学术性能量的发挥直接影响到大学整体职能的实现，应该说大学组织中教师队伍的整体学术能力和素质决定了大学的品质、声誉、办学质量，大学教师学术水平的发展决定着大学的学术性地位提升。教师的学术性职能以从古典大学的讲授发展到今天集教学、科学研究和社会服务于一身，这对教师的素质和能力也提出了更高的要求，他们的综合素质和能力决定了大学整体水平和高度。教学和研究是高等教育最重要的使命，而这些使命正是掌握在教师的手

① ［美］约翰·S. 布鲁贝克：《高等教育哲学》，王承绪、郑继伟、张维平等译，浙江教育出版社2001年版，第32页。

中。“没有教授,就不成其为大学。”①

(四)大学组织活动的制度根基没有改变

制度是组织良性、高效、有序运行的保障,是确保组织内部各组成部分之间协同、配合的规则体系。缺少规则体系或规则体系不完善,组织内部各结构和人员的行为就没有边界,或边界不明显,导致无序行为或无效行为,不利于组织目标的顺利实现。规则体系应代表组织的核心利益和本质追究,任何违背组织目标的行为均应被规则所反对和禁止。不同组织之间即使组织结构相似,但人们依然可以进行准确识别,其关键就在于组织活动的内容迥然不同,组织活动内容的差异正好反映出不同组织之间活动的规律和内在逻辑要求。人们能够把大学组织与经济组织和政府组织明确区分,就是因为他们各自的组织活动反映的是不同的活动规律和逻辑,大学组织体现的是大学学术性活动的规律和逻辑。那么大学组织活动的内在规律和逻辑究竟是什么?到今天我们已不难看出,大学组织的“规律和逻辑”就是大学自治和学术自由或学术自由,基于准确的需要,我们使用学术自由。大学制度必须在此基础上建立,并负责维护大学组织的“大学自治与学术自由”这一规律和逻辑得以实现。“大学自治与学术自由”不仅确保大学组织得以生存和发展,而且奠定了大学制度构建的基石。纵观大学发展史,无论是古典大学还是现代大学,建立在“大学自治与学术自由”之上的大学制度才能真正保障大学组织活动的根本性质,正如有学者所指出的那样:“把这些传统大学地位之显赫全部归因于它们自治的传统固然有些牵强或失之偏颇,但我们透过历史的层层密障还是可以辨认出其中存在的某些关联。可以肯定地说,没有八百多年的近乎遗世独立的固执,就不可能有今天的牛津、剑桥;同样,如果没有1829年的达特茅斯案的裁定,也不可能有现在的达特茅斯学院,甚至是否存在‘常春藤联盟’都很难说。曾经拥有数所著名中世纪传统大学的意大利在大学被全部纳入国家同一规划范围之后,又有哪一所大学能至今风采依然?在法国、德国,今日大学的情形也与意大利相仿。”②虽然大学组织的“规律和逻辑”是“大学自治与学术自由”,但现实世界里,各个国家的大学也存在不一样的组织形态,而形成这种差异的根本原因就在于各个国家实行

---

① [美]亨利·罗索夫斯基:《美国校园文化——学生·教授·管理》,谢宗仙、周灵芝、马宝兰译,山东人民出版社1996年版,第5页。

② 阎光才:《大学的自治传统》,《读书》2000年第10期,第66—70页。

的大学制度存在差异。大学作为一个社会组织，自然也不会是永远一成不变的机构。首先，大学组织是社会大系统中的一员，政治、经济和社会变化发展也会直接或间接影响大学组织自身的变化，大学制度也必然随着大学组织的变迁作出相应的调整；其次，大学制度作为一个国家制度文化的组成部分，自然也会受该国传统文化的直接影响。根据新制度经济学关于制度变迁的"路径依赖"理论，各国大学制度的演进都要受到历史传统和所处环境的制约。虽然各国的大学组织形态各异，但其根基必然还是"大学自治与学术自由"，大学组织如果坚持这一本质属性就会赢得生存和发展，如果遭到破坏，大学的根基就会丧失，就会遭受毁灭性挫败。19 世纪初，德国柏林大学的辉煌得益于自治与自由基础之上的大学制度，而又"由于在纳粹时期自主权的破坏和教授的大批流亡而遭到重创，从此永远地失去了它在科学上的卓越地位"。①

大学制度与大学组织伴生。即便是欧洲中世纪大学诞生之初，作为一个类行业组织，其规则体系虽不成型，但内部运行规范依然围绕大学的核心属性，这也为后来大学制度发展奠定了基础。大学发展的实践表明，一个有效的制度安排能对大学活动的进行提供有效的激励和监督，一是通过制度规则对大学组织内部的资源进行整合，让资源本身发挥更大的作用；二是在制度规则下，利用这些资源为各相关主体实现大学活动目标发挥最大效益，获得组织利益最大化。制度是组织运行的规则体系，组织总处在一个动态的发展进程之中，既然组织不是一成不变的，那么制度也应随着组织结构、组织活动的变化作出相应的调整。所以大学的任何制度建设都不是一劳永逸的，彼时最佳的运行状态未必成为此时的最优制度。既然大学制度不会是固定不变、永远有效，那如何判定大学制度的变迁是合理或者科学的？唯一的标准就是看建立或修订的制度是否与大学组织"大学自治与学术自由"这一基本属性或活动目标保持了一致，是否还在"坚持大学自治与学术自由"的制度基点。

关于"大学自治"和"学术自由"，两者虽然统一于大学组织内，共同构成大学组织的基石，但两者既存在联系又相互区别。从大学制度层面来看，大学制度反映的不仅仅是大学内部组织运行的规则体系，还反映大学组织与政府和社会之间的关系。"大学自治"是针对大学与环境，特别是政府和社会的关系提出

---

① ［美］菲利普·G. 阿特巴赫：《比较高等教育：知识、大学与发展》，人民教育出版社教育室译，人民教育出版社 2001 年版，第 3 页。

来的，基于大学是一个“按自身规律发展的独立的有机体”，其原本的意义在于大学不受政府、教会或其他势力干预，实行独立办学，独立开展学术性活动。如前所述，大学组织作为社会组织的一员，完全不受政府和社会的干扰是不现实的，是不是大学就不需要追求大学自治了呢？正是由于大学在办学过程中受到外部力量过多的影响，大学组织才针对性地提出了“大学自治”的要求，这是大学为了保持组织的核心特性即学术性，因此大学不仅要坚守这个理念，而且在大学制度构建上更要给予充分的体现。“大学自治”的核心目标就是为了保障“学术自由”。欧洲中世纪大学虽然最初是自治的，学者对知识的探究也源于一种“闲逸的好奇心”，但这仅是学术自由的一种萌芽状态。因为在当时罗马教会所担保和巩固的“教会一元化的真理体系”的支配下，人的理性尚未彰明，任何对正统教义的怀疑和挑战，都被视为异端而加以镇压。随着经济社会发展，现代社会的现代大学“学术自由”虽然不再受大学诞生之初的宗教一元控制，但却面临着更加复杂力量的影响。从大学制度上来看，20 世纪以前，大学制度改革进展比较缓慢；20 世纪以后，大学制度开始发生裂变，尤其是第二次世界大战以后，大众化高等教育的推进以及大学与市场的矛盾逐渐凸显，进一步冲击着建立在大学自治和学术自由基础上的大学制度，并出现了大学制度合法性危机的话题。[①] 可见，大学制度的创新迫在眉睫，但无论大学制度怎样创新，它的根基不能改变，所改变的只能是大学的组织形式和具体的制度安排。

现代社会对现代大学制度提出了更高的标准和要求，既要保持大学组织传统的学术性基本要求，也必须体现大学组织外部对大学的各种需求，所以现代大学制度展现出了双重属性。完全脱离社会的大学组织是无法取得长足进展的，完全被社会所左右失去自身学术属性的，均难以适应现代经济社会的发展要求，必然面临被淘汰的危险。客观地讲，现代大学已经成为现代社会发展的基石和“轴心机构”，是现代社会不可或缺的重要组成部分。那种所谓的“绝对的大学自治和和学术自由大学”在诞生之初没有，后续的发展没有，今天也没有，将来更不可能出现。作为社会的子系统，大学组织不可能独立于社会而单独存在并发展，相反，现代大学组织已经深深植根于现代社会，不断与社会发生着各种资源、能量的互动，并受到社会的制约和限制。但无论如何，大学作为学

---

① 邬大光：《现代大学制度的根基》，《现代大学教育》2001 年第 1 期，第 30—32 页。

术性组织追求自治和学术自由依然是不变的根基，现代大学制度必然是建立在自治和自主基础上的制度，这是大学完成其使命及自身发展的需要。“在20世纪后期对教育体制的重新建构中，自我管理的学校是效率更高和效益更好的学校，这种管理使国家的教育管理机构相对变小，在中央确定的方针和经费的原则下，学校得到授权管理他们自己的事务。”①日本临时教育审议会在《关于教育改革的第三次审议报告》中指出：“大学作为一个独立的组织体和经营体，有权自行决定有关教育、科研政策，在自由的学术空气和严格的自我评价基础上发挥创造性。”大学组织拥有应有的自治和学术自由权力，可以避免同一国家或地区的大学成为千篇一律的同构组织而失去大学组织本身应有的特色。大学在形成和发展自身学术性特色，在一定程度上不仅增强了大学组织抵御外部压力和影响的能力，也更有利于进一步强化和提升自身的优势，为大学组织获得更加广阔的发展空间和良性的外部环境。

二、大学制度的本质：学术自由的基本保障

（一）大学制度的功能与局限性

通过前述分析，我们已基本明晰了大学制度与大学生存与发展之间的基本关系。那么，大学制度促进大学发展的机制何在呢？大学制度通过规则体系对大学组织内部的行为施加影响，促进不同机构、不同群体之间开展有效、有序沟通，并为实现大学总体目标协同合作，进而维护大学组织的整体运行秩序，促进大学组织不断发展。实际上，任何组织的任何制度都不能离开“人”这个最活跃、最关键的因素，而组织本身也就是人的集合，大学制度的功能就是规范和调节“大学人”（包括教师和其他行政服务人员）的活动。正是因为人是大学组织内部最活跃、最关键的因素，因此，大学制度存在的直接目标就是把“大学人”的行为限定在大学组织学术性逻辑的范畴之内。

1. 维持大学秩序

大学制度与其他组织的制度一样，是维持组织生存与发展的保障。作为社会大系统中的一员，大学组织不断与外界环境进行交流与互动，通过与外界的

---

① ［英］托尼·布什：《当代西方教育管理模式》，强海燕主译，南京师范大学出版社1998年版，第7页。

物质、信息和能量的交换，以保证组织获得生存与发展的必要条件。其次大学组织必须通过自己特定的组织目标、组织活动内容、组织任务在社会大系统中确立自己应有的位置。任何一个组织设立制度至少应该达到两个目标，大学制度也是如此，首先大学组织要实现与外部环境的良性互动，必须设定自己有效的制度规则，通过规则体系去应对外部环境的需求，同时抵制外部环境的非正常干预、侵扰和破坏，从而为大学开展正常的教育教学工作、科学研究工作和社会服务工作提供稳定、安全的内外部环境。其次，大学组织内部运行秩序的约定也必须通过制度规则来确认和规范，使得组织始终处于有序、顺畅和高效状态。现代大学是一个结构较为复杂、体系较为庞大的组织，从人员组成上看，有主要从事教学的教师，有专职从事科研的教师，有管理人员、后勤服务人员，有正式职工，也有临时人员，还有大量的学生；从组织结构上讲，有教研室和系，有学院、有机关、有产业，有负责教学工作的机构，有负责科研工作的机构，有各种委员会，还有阶段性的临时机构等；从人员结构上看，有正教授、副教授、讲师和初级职称人员，也有教师系列人员，还有非教师系列人员等；从资产上看，有有形资产，也有无形资产。由如此复杂、多层的组成成分构成的大学组织，物质资源如何分配、人力资源如何配置、职责权限如何约定、组织活动如何开展、内部群体或机构间如何协调、内外部如何协调等这一系列问题都不离开制度规则。所以大学组织的制度体系建构的目的就是要将上述资源、人员和机构整合起来，设定运行的规范，提高组织整体运行的效能。如果没有大学制度对大学组织边界的界定，大学就难以适应社会的需求，更难以实现组织内部的有序、高效运行，一旦大学制度出现了缺位，大学组织必然陷入混乱状态。

大学制度的作用不仅仅是维护大学组织内部运行和协调与外部的关系，更重要的一方面还体现在大学制度对维护大学组织自身特色方面的重要作用。大学制度通过规范内部运行和调整与外部关系，不断弱化外部侵扰，吸纳外部能量，在减少威胁、增强自身抵抗力的同时，利用外部环境和条件为进一步实现组织目标奠定基础。另一方面大学组织不断深化对自身运行规则的调整，以确保大学在复杂的内外部环境中始终围绕组织核心目标开展组织活动，维持自身特色。20世纪70年代，英国高等教育专家阿什比教授就说："今天大学肩上繁重的社会任务，使历史悠久的大学原有的组织形式和大学领导者原有的领导方式都感到难以承担。"[①]大学制度的核心任务就是要保证大学组织的学术性存在。这种维护集中体现在两个方面:抵御外侵和规范内部秩序。如果大学组织的制度体系不能实现对外力量的有效平衡,出现组织边界模糊或游移,不仅大学组织形态扭曲,更为重要的是大学组织可能因此丧失抵御外部势力的能力,失去内部结构的整体性,组织活动就难以顺利开展,组织目标就可能发生偏差甚至无法真正实现。现代社会多元文化和多元价值观不断冲击和影响着大学,大学面临着越来越多的外部诱惑,特别是信息全球化、经济一体化的时代,社会分化、变革,经济转型可能导致学术价值观念出现混乱,学术功利化、教育产业化、科学研究短视化等各种思潮交汇、翻滚,大学办学行为乱象丛生,如果大学制度不能坚守住学术性核心目标,对各种内外部力量作出实时调整和规范,大学组织就将面临失去本心、本土和本质的危险。从这个意义上讲,大学制度就是平衡外界需求与自身主体性活动的重要纽带,是维护大学学术组织特性的重要屏障。

2. 模塑大学活动方式

所谓"模塑"就是定型,对大学组织而言,大学制度就是通过规则体系对大学的组织行为进行界定和约束。不同类型的组织有着自己特定的活动方式,组织活动主要通过人的活动方式来表现。这里的人未必指具体某一个人,更多地是指组织中的人群按照固定的程序、采取模式化的措施、依照惯常的路径从事组织活动的一般性做法,其中,主要包括工作方式、生活方式、思维方式,通常具有形式化、规范化、模式化的特征。一般情况下,人们认为大学组织中人或人群的工作方式、生活方式以及思维方式是在大学长期历史发展过程中积淀而成的。这种具有模式化的活动方式无论是在形成阶段、固定阶段还是发生改变都必然与某一阶段的内外部条件存在关联。这里的"长期积淀"主要是指大学组织面对外部环境的变化不断加强对自身的调适、修正、优化等过程,大学组织将不适宜的规则剔除,把运行良好的规则保留,对不完全适合的进行修正,以获得阶段性更加适宜的规则体系。当这些行为规则被固化为组织制度,这些规则体系将在该制度调整的范围内影响人群的行为,成为群体共同遵守、维护的规范,

---

① ［英］埃里克·阿什比:《科技发达时代的大学教育》,滕大春、滕大生译,人民教育出版社 1983 年版,第90 页。

并最终形成集体思维和意志引导群体的行为。在这种工作方式、生活方式、思维方式中,“大学人”的价值观念、生活态度、工作学习的积极性和创造性对大学的发展具有十分重要的意义。

大学组织制度体系、管理体制和运行机制等构成了大学组织的制度安排,也是大学人群开展组织活动的规则体系。活动规则发生变化必然促进组织活动方式发生改变,因此活动规则在一定程度上具有先导性或标志性。“制度为人们提供了一定的行为模式,社会和团体力图用这些行为模式去模塑其成员;而社会或团体的成员则通过自制的行为去认识、验证、实践这些行为模式,当他们接受了这些行为模式和行为规范并付诸实践,以至于在任何场合都以这种模式行事时,这套行为模式即被制度化了。”①就大学组织而言,大学制度对活动方式的模塑作用主要体现在以下两个方面:其一,不同的大学制度塑造不同的活动方式。比如,西方国家大学制度的差异决定了对大学校长不同的角色期待,美国大学校长一般被认为是学校公共关系的代表、募集办学经费的专家,很少沉溺于内部事务的管理和指导;而在欧洲大陆国家,如法国、德国等国家,与其说大学校长是一个领导者,不如说是一个更具象征意义的人物,他以自己的学术身份代表学校的学术地位。再从大学教授的角色看,德国大学基层学术组织实行“讲座”制度,教授作为研究所唯一负责人,对预算、设施和人员聘用负全面责任,并直接服从于教育部的权力;同讲座制相比,美国大学系的权力比较分散,教授没有控制所属院系资源的绝对权力,在教授与教授之间、系主任与全体教学人员之间主要采取少数服从多数的原则进行决策。其二,大学组织制度的“松散联合”塑造了不同特色的学科专业文化。大学组织制度的“各自为政”导致了文化的精彩纷呈,“根据独特的理智任务,每一学科都有一种知识传统——思想范畴——和相应的行为准则。在每一领域里,都有一种新成员要逐步养成的生活方式,在发达的系统中尤其如此”。②

3. 整合组织资源

任何组织拥有的资源总量总是有限的,如何让有限的资源发挥最大效益,这是组织管理中不可回避的重要问题。组织中的资源主要由以下五部分组成:

---

① 彭克宏主编:《社会科学大词典》,中国国际广播出版社 1989 年版,第 315 页。

② [美]伯顿·R. 克拉克:《高等教育系统——学术组织的跨国研究》,王承绪等译,杭州大学出版社 1994 年版,第 87 页。

一是人。任何组织都离不开人这个最活跃、最关键的资源。二是物。即组织存在和运行必要的硬件设施等基础性条件。三是信息。信息在组织中同样占有重要地位,无形的信息资源是组织与内外部进行沟通交流互动的重要支撑,很难想象缺少信息流通的组织如何生存和发展。四是技术。技术是手段、方式和途径,是实现组织活动目标必不可少的资源。五是资金,即经费资源。组织中各种资源的获取、运行和各种活动的开展都离不开资金支持。大学制度就是要把大学组织内部这些资源通过规则体系进行整合,并使之按照规则体系进行有序、有效运转。如果大学制度不能把组织内资源力量进行集中并形成整体优势,那么这个大学制度就失去了存在的意义。在创建世界一流大学的过程中,人们总是把目光集中在充足经费、优秀人才、先进仪器设备、培育新学科、提升传统学科等方面,笔者不否认,这些资源和条件的确是创建一流大学所急需的,但人们往往忽视了发挥大学制度对大学组织中各种资源整合重组优化的重要作用,把大量精力投入对外部资源的获取,较少对内部制度体系、管理体制和运行机制进行深入分析和调整优化。因此,即便是拥有世界一流优质资源,也仅仅是取得了创建世界一流大学的可能,如何整合好拥有的资源,挖掘好原有资源的潜力,让组织所有资源均能发挥最有效的价值,自然离不开一流的现代大学制度体系。

前面所述的大学制度三大功能是基于大学组织处于稳定时期,大学制度也相对稳定时所具有的重要功能。大学制度和其他组织制度体系一样,如果内外部环境发生变化,大学制度不作出相应调整,或者内外部环境未发生实质性变化而作出反复调整,这都不利于大学组织的稳定发展。由于制度总是作用于人和人群的,人的行为、规则意识存在惯性,不稳定的制度极易造成组织的混乱,因此稳定的大学制度是制度功能发挥的前提。制度对于组织的稳定发展具有极为重要的作用,但我们也要清醒地认识到,任何制度均可能成为“双刃剑”:一方面大学制度在确立、维护大学自治、学术自由和学术特性,整合大学组织资源,保障大学组织有序运行等方面具有极为重要的作用;另一方面大学制度在一定时期、一定历史条件下也可能阻碍大学组织的发展。主要表现在:第一,当大学主要职能发生变化,特别发生新的功能拓展,而原有的制度体系又没有作出相应的安排,这时候就极有可能产生阻碍现象;第二,外部环境发生实质性改变,大学制度没有进行积极响应,也会造成负面影响;第三,大学组织内部部分条件发生变化,滞后的制度也会导致大学低效发展。因此,受外界环境变化及大学自身发展逻辑的推动,大学制度必须不断创新和完善,而制度自身不完善是导致“制度失灵”的一个重要原因。

(二)大学制度创新旨在激发学术活力

大学组织的生存与发展离不开大学制度的支撑,大学制度推动大学组织的发展从可能变为现实。稳定的大学制度对大学组织发展具有促进作用,但大学制度不可能一成不变,必须随着大学自身的发展,以及大学发展环境的变化作出适应性调整。从实践的角度看,稳定的制度引领稳定的组织活动;从历史发展角度看,动态的制度体系才能适应变化的实际。制度创新就是制度变迁的重要形式,制度创新可以推动大学组织不断发展,增强大学组织适应环境的能力,提升大学教学、科研、社会服务及文化承创的能力和水平。大学制度创新的原动力是什么?是来自外部压力还是来自自身?我们认为,大学制度创新的原动力必须从大学组织的本质属性上去考量,无论内外部条件发生什么样的变化,只有围绕大学的知识性并促进大学学术创新的动力才是大学制度创新的原动力,这是由大学组织的核心品质决定的。

大学制度产生于大学组织的各种关系并调节这些关系。大学在发展过程中总是受到来自组织外部力量的影响,同时大学组织内部各要素之间,各利益群体之间也同样存在合作或冲突的关系状态。大学组织一直处于各种内外关系交织的网络之中,冲突给大学制度带来变革的必要性,合作又为大学制度改革提供了可能性。大学制度正是在不断调节冲突实现合作这样循环往复的实践中得以积淀形成并不断优化完善。大学组织中无论是知识生产还是知识再生产活动,均与一般性社会生产活动存在很大不同,知识生产和再生产是建立在人的创造性思考基础之上的智力活动,这种生产关系主要表现为大学组织与组织外系统之间,以及大学组织内部各要素之间的“生态”境况,大学组织的生产力集中体现在学术生产力或知识创新能力。大学制度致力于调节内外部各种关系,以适应大学组织知识生产或学术创新的迫切要求。大学制度创新的宗旨就在于通过不断调整那些不能适应知识生产或学术创新的生产关系,让学术活力和知识生产力得到有效激发,释放出更大能力以实现组织核心目标。大学组织的学术活动反映正是大学组织对高深知识的操作,体现在“大学人”探索和发展知识、保存和应用知识、传递和延续知识等方面。美国高等教育专家博耶先生将大学的学术活动划分为相互联系的“探究的学术”、“整合的学术”、“传播的学术”和“应用的学术”四个基本方面。他认为,“探究的学术是开端”,但“为了避免学究式的迂腐,我们还应当有整合知识的学术。为了避免理论和实践的脱节,我们还应当支持应用知识的学术。最后,我们还要给教学的学术以尊严和新的地位,以保持知识之火不断燃烧”①。由此可见,大学组织的知识操作与大学学术活动具有高度一致性,大学制度每一次重大创新都充分体现为提高学术生产力为根本动力的创造性活动。纵观大学发展史,我们不难发现,大学制度的每一次重大创新都为大学组织的提供了更加广阔的生存和发展空间,都大大激发了大学组织的活力。

我们已经知道了大学制度需要根据内外部环境的变化进行改革和创新,但大学组织是如何将内外部需求的转化为制度创新的行为的呢?专家们从制度经济学角度进行了解读,他们认为,引发制度创新的动力是因为制度出现了非均衡状态,通过制度创新实现制度由非均衡状态向均衡状态转变。从这个意义上来说,大学制度创新是由大学发展过程中原有制度的弊端和矛盾引起、并向着适应学术发展的制度转变的过程。以我国为例,在实施社会主义市场经济之前很长一个时期,我国实行的是计划经济,大学和其他企业组织一样,所有活动均处在政府部门的统一、强力管束之下,大学的组织结构、人员配置、人才培养计划、专业设置等均由政府教育主管部门统一进行安排,特别是在大学制度建设方面,主要由国家教育主管部门不断进行补充完善。在这个特定的历史时期,在国家计划经济体制长期影响下,社会公众已经接受了“千军万马过独木桥”的高考体制,大学组织也安心接受了由国家进行各个层面的强力管控,虽然当时教育资源极为短缺,但人们已经普遍接受,因此这一时期的大学制度也维持了当时的强制均衡。但随着社会主义市场经济体制的全面实施,社会资源、社会财富日益丰富和增加,社会生产关系也发生巨大变化,生产力得到快速提高,获取利益的机会不断增加,资源和利益面临新的重组和分配,大学组织在这样的历史条件下也同样获得了许多获利机会,也强烈要求改变原有计划经济时代的僵化模式,市场经济发展也对大学组织提出了更高、更多的要求,我国大学制度创新的必要性已经显现,制度创新的外部条件已基本具备。所以这一时期

① [美]欧内斯特·L. 博耶:《关于美国高等教育的演讲》,涂艳国、方彤译,教育科学出版社 2002 年版,第 78 页。

大学组织积极开展制度革新,通过改变规则体系以便获得更多的利益机会,并将利益机会转化为现实的资源促进大学组织发展。具体来看,社会经济格局的改变,资源的日益丰富,资源获取机会不断增加,政府对也开始逐步对大学放权,由此,大学制度创新的动力源形成,社会对大学在人才培养、科学研究、社会服务和文化传承创新等方面的要求日益增多与提高,更进一步增强了大学制度创新的动力。从大学组织内部关系看,在计划经济时期,我国大学组织内部学术主体与行政管理主体之间活动目标基本一致,因为无论是从事教学科研还是行政管理的人员早已习惯了上级教育主管部门对大学各个群体和各个方面的控制,内部资源也是按照上级主管部门的要求进行组合配置,由此,当时的大学组织内部各个群体均对现有大学制度保持了认同、遵照和维持态度,无主动要求革新现行大学制度的意愿。外部条件和环境已经发生变化,大学内部是否也发生着新的变化呢?正是因为外部环境的变化导致的大学组织运行的人才资源、物质资源、经费资源、信息和技术资源等的流动性不断加剧,大学组织之间对优秀的办学资源特别是教师资源的争夺愈演愈烈,直接从事学术性活动的教师在大学组织中的主体地位越来越突出,计划经济时期大学单一、僵化的行政管理模式已经成为知识生产和知识再生产的制约因素,不仅教师对现有大学制度不满意,从事行政管理的人员也同样不满意,这种多方不满意的状态日积月累,并最终产生大学制度创新的内部意愿和改革动力。

可见,大学制度的非均衡源于制度的僵化,僵化的制度与大学组织环境中潜在利益增多之间的矛盾形成了大学制度创新的动力。就大学作为学术性机构对知识生产的特殊要求来说,僵化的制度主要表现在以下两个方面:

第一,大学缺少自主办学有效权限。大学组织的自主办学权限主要受外部力量的制约和控制。如计划经济时代的我国大学组织,由于受计划经济管理体制的影响,大学在物质资源、人力资源、财力资源等方面均受到外部条件的限制,大学正常发展的各种保障条件十分有限,现有资源难以支撑大学持续、快速发展,所以有限资源已经成为大学组织发展的瓶颈。大学内部的教育教学活动、人才培养计划、专业设置,甚至教材选用等均缺少自主的权限,只能按照教育管理部门的要求进行按部就班地开展相关教学科研活动。这样持续的时间越久,大学组织内部的思维模式越容易形成定式,其行为模式更容易形成惯性,小车不倒只管推的惰性日益被强化,反映到制度层面其僵化特征就更加明显。

第二,大学组织内部的行政管理过多干预学术活动。学术活动是思想高度自由的智力型活动,大学作为知识生产和再生产组织,教师是学术活动主体。如果学术活动受到行政管理的过度约束和限制,势必影响学术主体积极性和创造性潜力的发挥。大学组织内部行政管理的初衷是为学术活动提供全方位的服务和强有力的支撑,如果行政管理活动过度干预学术活动,就会成为知识生产的阻碍因素。行政权力的强势,势必造成学术权力的弱化,行政权力的泛化,可能出现行政权力代替学术权力的危险。如果学术为行政服务,本末倒置的结果难免会出现学术活动无序,各种功利性学术活动盛行,各种短期化、短视化学术行为丛生,教师开展学术创新的积极性严重受挫,学术创新水平势必整体下降。

通过分析,我们已基本了解大学组织中产生学术体制僵化、学术创造性弱化的制度根源,要克服这些障碍,必须通过政府主管部门打破高等教育管理传统模式,在管理体制和机制等方面为大学自治提供更广阔的发展空间,同时大学组织内部也必须重新审视学术权力与行政权力的现状,通过制度创新让行政权力真正服务于学术权力,由此释放大学组织的知识生产力。

第三节 大学制度安排的政治逻辑

美国教育家、高等教育哲学理论的奠基人约翰·布鲁贝克(John Seiler Brubacher,1898—1988 年)认为,关于大学的哲学基础有两种观点:认识论哲学和政治论哲学。简言之,他认为从认识论哲学来看,大学的本质属性就是发展知识和掌握高深学问。政治论哲学则认为大学为建设国家服务。关于大学发展知识和掌握高深学问前面已多处论及。政治论哲学遵循的是政治逻辑。关于大学制度的政治逻辑我们可以从以下几个方面进行分析:

第一,从大学及大学制度设置的目的上看,政治论逻辑认为大学存在的目的就是为政治、经济和社会发展服务的。认为大学制度作为国家制度体系中的一个组成部分,与其他国家公共政策没有本质差异。

第二,政治论哲学认为国家对大学具有当然的影响和控制力。政治逻辑特别强调"国家观念",认为国家是制定大学制度的关键性主导力量,而且主张把大学制度纳入国家公共政策总体发展框架，由国家负责进行统一部署。认为政府对高等教育负有当然的职责，国家干预教育就是履行理所应当的职责。认为如果国家没有履行好这一职责，那么国家的文化传统、公共价值观念和政治道德知识等的传承将出现缺位，而这些对于国家发展具有特别重要的意义和价值，大学组织是承担此项任务最恰当、最有力的机构，所以政府不能放弃对大学组织的管控干预。随着大学组织的职能拓展和在经济社会发展地位的不断提升，大学制度的政治逻辑越来越被人们所认识、接受。

从我国的大学制度发展轨迹来看，我国大学制度在发展过程受政治逻辑影响尤为严重，影响的时间尤为长远。在以阶级斗争为纲的年代，我国的大学组织成为一种阶级斗争的工具。改革开放经济搞活以后，虽然政治挂帅大大弱化，但又演化成另外一种价值工具，即强调大学为经济社会发展的工具价值。即便是改革开放几十年后的今天，在许多研究者或大众心中同样存在针对大学组织的“国家观念”，认为我国的现代大学制度必须适应国家的战略①，大学发展必须符合国家战略价值。

一、现代大学的社会责任

我国现代大学制度的安排从政治逻辑上看，要有利于更好地维护和体现国家对大学应承担的社会责任的一种利益诉求和主张，这也正是大学公益性、公共性的要求和体现。无论在任何国家，大学总是反映本国历史和特性的镜子，大学必须顺应时代内涵、国家目标和发展战略对于高等教育的要求，植根于国家的政治、经济和社会的土壤。世界一流大学都是在回应本国需要中应运而生并得以发展的。当前，对于大学的社会责任，有一种普遍为人们所接受的观点——“主动适应论”。主动适应论的核心思想是指，大学组织在遵循学术性规律的基础上，通过创新大学制度，整合学术资源，充分挖掘自身潜力，理性判断来自组织外的各种需求，自觉按照社会发展和文明进步的方向，发挥自身的能动性，运用学术专长，主动担负起促进经济社会和文化发展的责任，并在服务社会的过程中不断发展和完善自己。

---

① 白云伟等:《关于构建现代大学制度的设想》,《山西高等学校社会科学学报》2002 年第 2 期，第 71—72 页。

(一)大学的社会责任

人类社会已经进入知识经济时代,而大学组织以知识生产和再生产为己任,因而大学组织在知识经济时代理应发挥自身特长担负起应有的社会责任。所谓"知识经济",就是建立在知识和信息基础上以知识和信息的生产、分配和使用为直接依据的经济。知识已成为知识经济时代提高生产率和实现经济增长的驱动器。众所周知,知识经济时代最显著的特点是知识分配与财富分配成正相关,资本形态、财富形态的表现形式转移到了超常智力资本的形式,财富逐渐表现为对于知识的占有程度。知识经济时代,知识不仅表征着一种经济形态,而且也成为一种权力形式。同样,知识也影响着政治权力或行政权力的运行方向和效果、质量。这种变化导致学习成为生存的先决条件,社会生活中的更多工作需要劳动者有良好的科学文化素质、坚实的专业技术知识和勇于开拓的创新精神,即学习是基本的生存方式。当学习成为人们的生存方式时,教育就成为社会必不可少的建制,终身学习便成为一个永恒的主题。大学作为知识生产和再生产的专门组织,其在知识获取、传递、创新和应用方面有着得天独厚的优势,因此,大学组织在知识经济时代也就获得干预经济社会的权力。正如江西师范大学校长眭依凡教授所指出的:"……大学不能像以往那样只会小心翼翼地保护自己,或陶醉于数百年遗传下来的贵族气质,而应当直入社会、改革社会,为社会文明进步担负起更多更大的责任。"①时任北京大学校长陈佳洱院士在北京大学百年校庆举办的以"面向21世纪的高等教育"为主题的大学校长论坛的演讲中,更加明确地把"引导社会向前发展"作为大学所应完成的使命,他在哈佛大学举办的中美大学校长研讨会上也再次强调:"大学应当成为国家的思想库。在运用知识的过程中为国家和社会服务。"②由此不难看出,在知识经济发展的今天,大学的社会责任被最大化地强调起来,这不仅是社会发展的需要,也是大学自身发展的需要。

从近代大学的创办到现代大学的发展,大学始终是国家和社会统治势力培养接班人的最重要阵地,大学由于其特殊的人才培养高地产生的经济文化意义,而越来越成为现代政治的关注中心。从履行大学的人文关怀的根本使命出

---

① 眭依凡:《大学使命:大学的定位理念及实践意义》,《教育发展研究》2002年第9期,第18—22页。

② 同上。

发,大学应该成为代表先进生产力、先进文化和最广大人民根本利益的政治团体。大学始终应该承担起时代的政治责任,"五四"运动中的大学在这方面已经树立了很好的榜样。在"发展是硬道理"的今天,社会政治责任的形势与"五四"运动时期已经大不一样,重点不再是救亡而是图强。当今世界教育,特别是大学教育成为世界各国竞争的焦点,之所以如此,在于知识经济形态的呈现,还在于知识的两个十分重要的特征:第一是知识的耐用性。知识是非消耗性资源,可以共享和反复使用,因此,在知识面前,人与人之间,国家与国家之间是平等的,没有贫富贵贱强弱之分。正如托夫勒(Alvin Toffler)在《权力的转移》(Powershift)一书中写的"知识可以为弱者和穷人所掌握,这是知识的真正革命性的特点"。第二是知识的无限增值性。知识的无限增值主要是指知识在运用过程中可以产生新知识,这样循环往复实现知识的不断增值。在知识经济面前,暂时的贫穷并不可怕,可怕的是人的无知。正是因为知识具有耐用性和无限增值性特征,无论对国家还是组织乃至个体,谁获取、运用和创新知识的能力越强,谁就能在竞争中立于不败之地,否则就将被知识经济时代所淘汰。大学组织更不例外,如果一个大学组织弱化或失去了获取知识、运用知识和创新知识的能力,必将被历史潮流所抛弃。大学通过办学来大力发展这三种能力是最大的时代政治责任。政治责任通常是一个国家中最大的社会责任。

(二)大学的文化责任

大学以追求真理、创新知识为自己的理想和使命,不断营造大胆追求真理的文化氛围,培养具有如此理想和使命的人是大学毋庸置疑的文化责任。耶鲁大学第九任校长小贝诺·施密特德表述得十分清楚:"大学的意义及价值在于追求真理。"小贝诺·施密特德大力倡导学术活动中思想的绝对自由,强调对学术追求的不可动摇,并要求耶鲁大学的学生必须坚定这样的坚定信念,养成这样的习惯。大学在追求真理的过程中从未放松过对学术自由的追求。学术自由奠定了追求真理的思想和组织基础,学术自由也是学术创新的必要条件。在大学组织中学术自由具体体现在三个方面:第一,作为知识传承创新主体的教师,如果缺乏挑战传统和权威的胆识,缺少质疑的意志品质,一味盲听盲从,创新的思想火花从哪里来,创新的行为动力从哪里来?第二,缺少创新思维和创新品质的教师队伍如何引领学生开展知识创新?第三,大学组织追求真理不动摇的文化氛围如何积淀形成?

现代大学还应该把优秀的传统文化通过知识传递展示给青年一代，让青年才俊透析优秀传统文化中所蕴含的丰富思想。现代大学应该是融教育教学、科学研究、社会服务和文化传承创新于一体的集合体，让青年学子在接受教育的过程中性格得到陶冶。现代大学所培养的人才不仅仅是一个好公民，更应在其提升知识水平、智能水平的同时使人性获得升华，道德水准得到发展，唯其如此，大学组织所培育的人才才能成为真正为社会作出贡献的高级人才。青年学子通过大学教育和培训，不仅获得知识，而且思维更应该获得锻炼，掌握更为科学的获取、运用知识和创新知识的方式和方法，提升他们敢于质疑已知、探究未知的勇气和坚韧意志品质，养成的良好的行为习惯。要培养出这样的高级人才，大学自身也必须实现对现实社会和自我的超越。一是大学组织要敢于超越外部世界的现实文化，理性识别并防止实用化工具价值观念的侵蚀，明确大学在现代社会中应有的价值定位。二是必须实现自我超越，要通过活动规则的制定，让大学成为一个可以自由思考的高级智力场所，营造人人敢于挑战、敢于质疑、敢于革新的文化氛围，要全方位保护教师和学生的创造热情，昂扬师生的创新斗志，始终保持追求真理的锐气。

二、行政权力：大学制度政治逻辑实现的体现和保障

近年来，大学行政权力成为众矢之的。有一种越来越强烈的社会倾向：把大学行政权力视为一切大学问题产生的总根源，因而要求全面收缩和重构大学行政权力；极端的主张则要求全面消解大学行政权力，让大学成为全面自治组织或学术社团。事实上，像国家组织机构一样，大学作为一种社会组织，也有其行政权力。大学的行政权力是大学行政机构及行政人员依据国家法律、政府政策、学校规则的授权，对大学事务进行管理的一种能力，也是大学实现国家办学宗旨和社会责任的决定性力量。因此，我们有必要对大学行政权力的合理性、大学行政权力的实现形式、大学行政权力的内在限度等问题，作更进一步的探讨。

（一）大学行政权力的合理根据

大学行政权力的必要性与合理性，根基于大学在国家体系中的地位和肩负的社会责任。美国著名教育哲学家布鲁贝克认为，“在20世纪，大学确定它的地位的主要途径有两种，即存在着两种主要的高等教育哲学，一种哲学主要以

认识论为基础,另一种哲学则以政治论为基础。”①认识论哲学强调大学以探索高深的学问和忠实地追求知识为目的,认为大学是一个学术组织系统,大学是探索和传播真理的堡垒,学术发展是大学最根本的目的。政治论哲学则强调知识对国家、社会的深远影响,认为大学追求知识只是手段而不是目的。“人们探讨深奥的知识不仅出于闲逸的好奇,而且还因为它对国家有着深远的影响。”②政治逻辑认为大学不能一直在“象牙塔”中游走,应该大胆地走出来并融入现实社会,并承担起为国家服务的历史责任。以认识论哲学为基础的大学观主要强调大学要围绕“高深知识”积极开展获取、传授、运用和创新知识的活动以实现组织目标,而以政治论哲学为基础的大学观主要强调大学通过人才培养、科学研究、社会服务和文化传承与创新直接为经济社会发展需要服务。通过两种观念的对比我们可以看出,认识论哲学主要追求大学提升其内在的价值,政治论哲学主要发展大学的外在价值,这两个方面本质上并不对立,相反,两者之间存在相互联系、相互渗透、相辅相成的关系,也是大学组织发展理应追求和担当的当然责任。事实上,当今人们普遍接受的大学理念是认识论和政治论共同影响的产物。大学行政权力的合理性,也可以从这两个方面来理解。

第一,大学行政权力合理性的政治论根据。20 世纪以来,大学的政治化趋势日益明显。就其最根本的意义而言,大学政治化意味着大学成为经济和社会政策的关键因素,高等教育作为国家头等重要的事业,其活动原则必须符合国家需要和广泛接受的社会标准。就其狭义而言,大学政治化“不仅指政党、政治家和政府官员参与高等教育决策的合法化,而且是指大学内外以前从未卷入的群体参与决策的合法化。这种参与,无论是非正式的还是通过正式的民主决策过程制度化的,都可能与高等教育中尖锐的意识形态冲突和政党冲突相联系”③。在现代社会,社会各行各业的发展对大学不断提出新的要求,大学不可能脱离社会而一味地固守在自己的“象牙塔”中;现代国家和政府的社会职能的全面发展,使得大学也不可能固守政治价值中立而脱身于国家和政府之外。美

---

① [美]约翰·S. 布鲁贝克:《高等教育哲学》,王承绪、郑继伟、张维平等译,浙江教育出版社 2001 年版,第 12 页。

② [美]约翰·S. 布鲁贝克:《高等教育哲学》,王承绪、郑继伟、张维平等译,浙江教育出版社 2001 年版,第 13 页。

③ 约翰·范德格拉夫等:《学术权力——七国高等教育管理体制比较》,浙江教育版社 2001 年版,第 12 页。

国学者丹尼斯·朗指出:“只要人们追求集体目标就离不开权力关系。”①一个国家为了自己的发展,必然会对大学的发展进行某种形式的控制和管理。

在市场经济条件下,市场要求交往或交换主体均是独立自主的独立法人实体,但事实上大学自身并不具备真正意义上的商品性质,高等教育作为一种准公共产品性质和不以营利为目标的组织特点使得大学自身完全独立于政府而存在。尽管大学是高等教育的主要提供者,但是,大学不可能被完全纳入市场化的轨道。事实上,既然是市场经济,那么市场竞争未必都是有序和良性的。在知识经济时代,大学作为以知识生产为核心的组织,在市场经济大潮中也需要政府通过行政权力进行各种资源的协调整合。

我国的大学组织同样担负着重要的政治使命。我国的大学必须坚持中国共产党的领导,必须贯彻党的路线、方针、政策,要保证党的意识形态和国家意识形态在大学的地位。大学必须坚持正确的政治立场,坚持正确的办学方向,为社会主义现代化建设服务,使受教育者成为德、智、体等全面发展的社会主义事业的合格建设者和可靠接班人。在政治逻辑下,现代大学一方面通过组织行为直接为政治服务,另一方面通过其在文化传播和促进经济社会发展过程中间接为政治服务。很显然,大学的政治功能的终极目标直指国家的政治体系,但我们也应看到,大学组织在具体的活动方式和实施途径上未必具有纯粹的政治性。

第二,大学行政权力合理性的认识论根据。大学是围绕高深学问的探索而形成的社会组织,学术是大学形成与发展的内在根据。现代大学作为现代社会重要组成部分,随着其功能拓展,大学组织的结构更为复杂,需要建立相应的行政机构和配备行政管理人员。大学组织之所以离不开行政权力,是因为行政权力追求的是高效率目标,通过等级制约定,使指令可以有效传递和贯彻,运用行政权力可以将组织的资源进行精心配置以发挥组织最大效能。科层制在组织管理中的大量应用,已经表明其存在的重要价值,目前世界各地大型组织中大量采用科层制管理模式已充分证明了其显著优势。科层制以最有效、最稳固和最自然的管理方式赢得了组织管理者的青睐。大学组织管理中也不例外,科层制在大学组织中的运用,有利于将上层管理者的意志和思想进行有效贯彻,通

---

①　丹尼斯·朗:《权力论》,中国社会科学出版社2003年版,第290页。

过实施科层制把具有独立思想、追求学术自由的专家学者整合起来，这也同样表明了行政管理的必要性和科层制管理体制的重要作用。

大学行政权力运行的基础是行政管理体制，运行的依据是行政管理职能，具体的执行由行政管理机构和行政管理人员负责。但大学行政管理可以是非学术事务的管理，也可以是学术事务的管理。学术权力很多时候要通过行政权力加以确认和形式化。大学学术管理既可以是民主管理，也可以是行政管理。学术行政管理即行政管理机构和行政人员所行使的、依据一定的规章制度管理学术事务的制度化法定授予权。学术行政管理涉及所有学术事务的管理，学术行政权力是一种现代权力，体现了政府和非学术部门对高校学术的控制，是学术管理的权力中心。

目前在我国的大学组织中，采用的主要还是以学术行政管理为主导的学术管理模式。我国越来越重视学术民主管理，近年来各个高校在国家教育主管部门的引导下，积极开展学术委员会职责的修订工作，部分高校已经顺利完成并获得通过。在新的学术委员会组建规则、议事规则和职责中行政权力被大大弱化，保障了学术委员会独立按照学术规律开展学术活动的权力。除学术委员会这个全校性学术管理机构外，大学学术还有更多、更广泛的活动内容，因此，目前我国高校学术民主管理往往作为学术行政管理的辅助手段在发挥着作用。当然，行政权力对学术权能的影响并不直接，学术权能有着自身的运行规则，行政权力并不能直接产生、增大或减少学术权能，即便是行政权力直接管理学术事务，行政权力也不能拥有学术权能。因此，克拉克指出："官僚权力可以被拴在不同的'马车'上。在官僚机构施政的不同组织层次，官僚权力就将以不同的方式在体制中发挥其作用。"①

（二）大学行政权力的实现形式

大学一方面必须接受国家和社会对它提出的要求，承受国家政治、政府机构和整个社会的影响或管制；另一方面必须按照知识发展和传授的内在逻辑而保持大学的相对独立性。大学行政权力在组织中运行需要克服两个方面的困难：一是通过制度体系的变革，实现政府和大学的合理分权，把政府管不好、管

---

① 约翰·范德格拉夫等：《学术权力——七国高等教育管理体制比较》，王承绪等译，浙江教育版社 2001 年版，第 194 页。

不了的权力归还给大学，让大学享有应有的权力，政府可以监督这些权力的运行，而不是直接插手大学事务；二是通过制度体系的变革，重新定位大学组织内部的行政权力范围、运行方式。当前大学组织中强势的行政权力容易形成对学术权力的挤压。另外，行政权力与学术权力是完全不同风格的权力类型。行政权力追求的是严密、紧凑和效果直接显现，而学术权力则追求自由、松散甚至信马由缰式的氛围，因此，如何解决好大学组织中行政权力和学术权力的冲突或对立，直接关系着大学的发展。

1. 政府与大学行政权力的运作

改革开放以来，大学办学自主权问题一直是我国高教界关注的焦点问题之一。这个问题的实质是，如何处理大学与政府之间的关系。新中国成立后很长一段时间，我国高等教育由政府垄断，大学组织管理机构负责人是政府管理的代言人，大学实际上沦为政府行政主管部门的附属机构，因而办学自主权极小。大学几乎不与社会发生直接接触，而是通过政府这个中介与社会发生间接关系。社会不需要，也不会直接接触大学组织，因为大学组织自身没有权限处理有关事务。在这样的背景下，大学也不需要去了解社会的需求，只关心政府主管部门对各个大学的资源分配，接受了政府资源也领回了组织任务，大学组织只需要按照政府的要求完成相应的目标便认为使命完成。1998 年颁布的《高等教育法》规定："高等学校应当面向社会，依法自主办学，实行民主管理"，并明确赋予大学七个方面的办学自主权。但是，我们也应当看到，《高等教育法》虽然对大学自主权进行了规定，但并未对政府的权力进行必要的限定，虽然规定了政府对大学的监督领域，但政府如何进行监督，监督的方式有哪些并未进行明确规定。可见，政府与大学各自的权力边界依然不够清晰明了。因此，扩大大学办学自主权远未取得理想的效果，大学并未表现出应有的自主性。

一方面政府不能放手不管，另一方面大学需要自治，这是长期以来一直困扰世界各国的一个难题。实践表明，政府重视大学，大学得以快速发展，这也是近代以来大学之所以取得长足发展的重要因素。因为政府重视大学地位就会得到快速提升，大学的办学资源也能得到更好满足。但是，从政府机构中拿走人、财、物资源的大学组织很快就面临着新的情况，那就是政府会对大学组织施加更多的影响和干预。平衡政府与大学的关系一直是影响大学健康发展的一个重要因素。现在，在政府行政权力的控制下，我国不少大学办得不像大学，倒更像政府机构。一些大学官本位现象十分严重,等级愈发明显,掌握更多学校资源的行政管理部门更加强势,这种异化现象已经引起专家学者的重视。国家也开始着手实施高校的去行政化工作,值得大家期待。

从大学诞生的那天起,学术性就成为大学生命的真谛。大学办学自主权的核心是学术的自主权,大学办学自主权说到底其实就是一个学术自由的问题。学术自由有许多敌人。"中世纪以来,大学求独立自由,经过无数的奋斗与努力,它们向教会争自由,向皇室争自由,向一切世俗的权势争自由。一部世界大学的发展史可说是一部争学术独立自由的历史。"①孟德斯鸠指出:"当立法权和行政权集中在同一个人或同一个机关之手,自由便不复存在了。"②"审批经济"已成过街老鼠,但"审批学术"却愈演愈烈。究其根源在于,大学缺乏自治,政府行政权力垄断学术资源,并以行政审批方式分配资源。洪堡曾指出:"国家绝不应指望大学同政府的眼前利益直接联系起来,却应相信大学若能完成它们的真正使命,则不仅能为政府眼前的任务服务,还会使大学在学术上不断提高,从而不断地开创更广阔的事业基地,并使人力物力得以发挥更大的功用,其成效是远非政府近前部署所能预料的。"③曾任哈佛大学校长的德里克·博克也指出:"总的看来,如果政府随意地改变自己作出的决定,左右大学的学术事务,其结果必将损害高等教育的质量。造成这样的后果是基于多方面的原因,因为政府法规往往会使需要进行不断试验和变革的、丰富的学术活动变得千篇一律,缺乏多样性;因为教学和科研工作只有在外界无干扰的自由环境中才能开展得更好"。④

学术自由须以机构自治为条件,没有自治便没有自由。纵观西方发达国家高等教育发展历程,我们不难发现,政府虽然也会对大学施加影响,但总体上西方发达国家实行的还是政校分离,大学拥有自己较为充分的自治权。美国通过法律对大学自治进行了有力保障。其中最典型的就是达特默思学院(Dartmouth College,1769)案件,美国独立战争以后,托马斯·杰斐逊提出州要对高等院校进行控制,州政府决定强行接管该学院,起诉至法院后,未获美国联邦最高法院

---

① 金耀基:《大学之理念、性格及其问题》,刘琅等主编:《大学的精神》,中国友谊出版社 2004 年版,第 102 页。

② 孟德斯鸠:《论法的精神》(上册),商务印书馆 1961 年版,第 156 页。

③ 转引自腾大春:《外国教育通史》,山东教育出版社 1992 年版,第 38 页。

④ 德里克·博克:《走出象牙塔——现代大学的社会责任》,浙江教育出版社 2001 年版,第 62 页。

首席法官马歇尔的支持，达特默思学院胜诉。作为美国大学自治的一个标志，自此以后，美国私立大学的自治地位至今没有受到过来自政府的重大干预。美国私立大学享有办学自主权，公立大学同样具有较大的自治权力。这是美国大学发展中的一个显著特征——大学按照学术性规律和组织目标进行自主办学。首先，美国联邦教育部未设立针对高等教育的机构；其次，联邦政府对高等教育的管理主要采取间接方式，即通过立法或者提供资助等方式；最后，美国各州对州立大学的管理被限制在有限的范围，如审批高等学校设置权，董事会成员的任命权和经费预算权等方面。政府不仅对高校简政放权，不干预高校内部事务，而且还利用政府的优势为高校开展人才需求预测和提供信息服务。1968年，法国颁布了《高等教育方向指导法》，该法从行政、财政和教育等方面对大学自治权进行了明确界定。德国的情况与美国的情况比较近似，德国联邦政府的教育科学部也不直接管理高校，主要通过制定高等教育一般原则、制定高教发展战略和负责对高等学校拨款的有限工作。大学管理的重心同美国一样主要在各州政府，但各州的管理权限仅限于财政、人事和监督等方面，不干预大学内部事务。1998 年，我国颁布的《高等教育法》对高校的办学自主权作出了法律上的确认，我们完全可以将大学的办学自主权理解为中国语境下的大学自治。

从我国的情况来看，平衡大学与政府关系的基础之一是通过制定相应规则体系以实现对大学组织权的尊重。一方面，大学办学自主权是国家行政权力的边界，国家行政权力的行使必须坚持法律优先原则与法律保留原则，以不侵害大学办学自主权为条件；另一方面，大学自治权以政府行政权为边界，大学只有在从事与教学、科研有关的活动时，才享有自治权。但是，“传统的高等教育自治现在不是，也许从来都不是绝对的”①。从中世纪到今天，大学也从来没有成为真正意义上的自治性的象牙之塔，完全脱离现实环境的大学几乎不可能出现。“象牙塔”只不过具有其象征意蕴，它是大学作为追求理想、追求真理、追求知识的圣地的象征。大学自治权的行使不得危害公共利益，国家行政权是公共利益的代表。大学自治的目的并非赋予大学对所有校内行政事务的完全自主权，而只有在处理与教学、研究、课程及进修等直接有关的行政事务时才享有自治权。那么大学自治的内涵究竟包括那些具体内容呢？首先，大学组织应有权

---

① ［美］约翰·S. 布鲁贝克：《高等教育哲学》，王承绪、郑继伟、张维平等译，浙江教育出版社 2001 年版，第 33 页。

自行决定内部机构的设立和管理;其次,除专项资金外,有权决定其他自有资金的使用和分配;再次,有权按照自己的标准和需求选聘组织成员;又次,有权设定学生的入学条件;最后,有权自主安排教学、科研、社会服务和国际交流等事务等。当然,大学自主权的行使必须限定在不违反相关法律法规的范围内。"我们的大学主要是由国家主办、政府主管的。大学是政府向社会提供公共服务的重要内容。国家作为投资者、政府作为管理者,对大学具有领导权、调控权、监督权。大学必须为国家服务,对政府负责,在国家的教育方针、法规政策的指导下办学。"①因而,问题的症结不在于要不要政府管理,而在于需要什么样的政府管理。在大学制度的改革进程中,就大学与政府的关系而言,"不是单纯地划分谁管多少的问题,而主要是管什么和怎么管的问题"②。实行大学自治并不是否认和弱化政府的作用,而恰恰是改善和加强政府对大学领导的有效措施之一。实行大学自治对政府的治理水平提出了更高的要求。大学自治要求政府必须改革自身的领导方式:首先厘清哪些是政府"不该管"的项目;其次界定哪些是政府"管不好"的事项;再次明确哪些"不该管"、"管不好"的项目应该交给谁来管。最后政府要制定相应的规则体系明确自己"怎么管"。这其中主要涉及两次分权的核心问题:一是政府如何与大学实现合理分权,实行政府和高校分离;二是政府将自己"管不好"的事项交给第三方进行管理,即政府要与社会实现合理分权,政府要与大学合理分权,实行政校分开,解决"不该管"的问题。另外,政府要与社会合理分权,调动和培育社会资源参与到大学管理和服务中来。政府主要做好必要的管理工作和监督工作。

随着我国改革开放和社会主义市场经济体制的确立和不断完善,政府也逐步开始转换角色,由原来计划经济时期的大学管理主体开始向组织者和服务者方向转变。政府对大学的管理模式也相应发生变化,逐步由"控制"模式向"监督"模式转变,大学和政府的关系也由原来的紧密依附型向松散合作型转变。一般地说,政府对大学的管理主要表现为:集权高压式、一般管理式和合作服务式三种模式。集权高压式是一种较为极端的管理模式,这与政府高度集权的管理体制密切相关,是高压管理在大学管理中的直接体现。一般管理式是一种较为普遍的管理模式,以科层制为主要代表,虽然看似行政权力得到加强,但在科

---

① 袁贵仁:《教育一哲学片论》,北京师范大学出版社2002年版,第547页。

② 同上书,第550页。

层制管理模式下行政权力已被制度规则规范,其推行的“权责对等”、“依法依规行政”理念正是管理向更加先进的方向迈进的标志。合作服务式将行政权力的公共性提升至最高位置,几乎颠覆了人们传统的管理观念,因为合作服务式追求的行政权力实施过程中的公开、公平、公益和最优效益,实现管理或服务者与管理或服务对象之间的合作共赢,这也是行政权力一直追求的“理想国”。行政管理模式和理念如果发生变化,行政权力的运作方式也会作出相应调整。我国政府高度重视服务型政府的建设,早在 2003 年 10 月在党的十六届三中全会《中共中央关于完善社会主义市场经济体制若干问题的决定》中就强调,要增强政府服务职能。2007 年中国共产党十七大报告再次提出要加快行政管理体制改革,建设服务型政府。2011 年《中华人民共和国国民经济和社会发展第十二个五年规划纲要》把服务型政府的建设纳入到了我国的“十二五”规划当中。2012 年 11 月,党的十八大报告进一步提出要建设一个职能科学、结构优化、廉洁高效、人民满意的服务型政府。2013 年 11 月《中共中央关于全面深化改革若干重大问题的决定》中再次重申,要加快转变政府职能,建设法治政府和服务型政府。由此可见,党和国家加快转变政府职能,转变政府行政方式的坚定决心。在党和国家的坚强领导下,我国的行政权力作用方式已经发生了很大变化,主要表现在:一是从中央政府开始大力推行简政放权。把不应该政府直接管理的事项交给社会第三方,把一些不需要政府审批的事项从政府权力清单里剔除。二是新的管理格局正在形成。我国正努力建设“小政府、大社会”的行政管理新局面,政府要彻底改变过去那种集裁判员、运动员于一身的治理模式,着力转变政府职能,把主要精力集中于宏观调控权、宏观管理权等方面。

随着服务型政府建设步伐的加快,政府行政权力对大学的管理方式已发生着可喜的变化,我国“中央与地方共管,地方管理为主,高校面向社会自主办学”的高等教育体制改革也取得了显著的进展。随着社会主义市场经济持续快速发展,大学组织与社会的交往、互动日益深入,大学组织主张自主办学权力的意识也越来越强烈,但从现实来看,我国教育领域的改革步伐显得有些迟滞,大学自主权在很多方面仍然受到诸多限制,成为我国当前高等教育行政管理体制改革面临的现实矛盾。要改变这种现状,必须政府先动起来,把应属大学组织的权力还给大学,然后督促或引导大学组织内部权力重新调整。分权后,政府的管理职能究竟应该集中哪些方面呢?政府职能应向高等教育发展方向、发展质量和质量标准等方面转变，权力运作方式应转为协调、指导、监督和服务，政府主管部门只要正确把握好高等教育发展的方向，做好教育发展规划和立法等工作，合理利用好资源杠杆就一定能够促进高等教育的发展。

2. 大学内部行政权力的运作

行政权力在大学的运作最显著的特征就是强制性。大学行政权力是与职位相联系的制度化了的权力，它通过制度规则对管理对象施加影响，服从并执行是行政权力愿意看到的结果，抵制和违抗将会招致更加强有力的压制或惩罚。其次是一元性特征。行政权力总是以行政命令发出者为核心，多采用首长负责制的领导原则。我国大学实行的是党委领导下的校长负责制，校党委与校行政将指令发出后，整个组织只能按照该指令进行运转，体现了一元化的高度集中和统一。最后是层级性特征。这是由科层制模式所确认的权力传递方式，权力由上至下进行传导，通过制度体系约定各个层级的职责权限，保障指令抵达有效位置。我国大学这种层级制十分明显，一般实行“校—院—系”三级模式。大学组织中的行政权力具有一定的特殊性，这是由大学组织知识性特质决定的。第一，大学行政权力具有行政性和学术性的重叠交叉特点。由于大学组织中行政权力实施者很大一部分是学术权威，因而两种权力在大学组织中具有复合型。我国重点大学的很多校长是两院院士，这本身就是某个领域的学术顶尖人物，各职能部门的负责人大多也是学校的知名教授，学院的院长几乎都是某个学科的带头人，所以行政权力与学术权力有时会发生内在交织和冲突情况。第二，大学行政权力具有柔性化特征。大学组织作为相对自由松散的学术联合体，学术自由的内在逻辑和规律有时会抵制或弱化行政权力。

西方发达国家的大学跟我国相比既有相似也有较大差异。欧美国家的大学也存在行政权力核心，学校董事会(有的高校是评议会或校务委员会)是最高权力机构，然后是学校校长及其他高级管理人员，往下是学院院长及管理人员，最后层级是系主任等。美国高校的董事会作为最高权力机构，其主要负责学校的重大事务，如重要行政负责人及教师的选聘，学校资产的管理等。校长作为大学的最高行政长官，负责管理学校日常行政方面的事务并对董事会负责。英国大学校长主管学校的发展方向和对外事务，其他事务则一般由副校长管理。校长不能直接介入副校长管理的事务，只能通过主管副校长来具体执行，包括副校长在分管范围内的人事任命都不需要征求校长的意见，可以独立自主完成。副校长直接对理事会负责，实质上是学校最高行政首长，与美国存在差异。大学组织的目标实现必须依靠基层组织，因此学校必须给职能管理部门和学院院长及系主任分别赋予相应权力，以便推进工作落实。

从各种权力的构成与运作方式来看，我国大学的行政权力在某种程度上是国家权力的延伸。1985 年《中共中央关于教育体制改革的决定》明确规定："学校逐步实行校长负责制，有条件的学校要设立由校长主持的、人数不多的、有威信的校务委员会，作为审议机构。"这是新中国教育发展史上第一次提出校长负责制。1989 年之后，高等学校的领导体制又逐步改为"党委领导下的校长负责制"，突出了党对教育事业的领导。从总体上看，我国大学的行政管理模式直接受国家教育行政管理的重要影响，高等学校的行政部门在设置上与上级教育主管部门的相互对应，这种模式在一定程度上有利于上级主管部门指令的贯彻落实。由此可见，我国大学的行政权力在某种程度上是国家权力的延伸，或者说，它实质上是政府和教育行政部门的管理权力在高等学校内部的贯彻、执行和反映。

在市场经济条件下，这种教育主管部门一插到底的管理模式已经难以适应大学的发展，需要根据新的发展形势进行改革和调整。垂直管理体现的是命令与服从的直线关系，市场经济环境下，大学自主发展的积极性受到影响，大学与社会的交往难以直接、顺畅，政府和大学的关系亟待向"授权—自主"进行转变。政府应充分利用市场杠杆，改变原来的计划约束模式，从宏观上通过市场资源配置对高校实施间接式管理。政府通过立法或建立完善相关制度，引导高校改革内部行政运作模式向法制化、规范化方向发展。主要着力点有以下几个方面：第一，摒弃行政权力主导模式。通过建立大学组织新型制度规则体系，把组织内部不该行政权力插手的事项还权于学术；第二，建立法规导向模式。新的制度规则必须是建立在依法依规的基础之上，依法治校是新时期高校发展的必由之路；第三，确保保留的行政权力公开公平。一方面要增强民主、平等和合作意识，另一方面必须让权力在阳光下运行。当前，国家大力推行党务政务公开，就是要让广大师生了解、监督行政权力运行的程序、过程和结果，支持和维护学校发展。市场经济体现的是市场的自由，法律制度是市场活动的边界和底线，因此，大学组织的各级管理者都必须牢固树立法制意识，各项权利的行使均不得脱离法制的轨道，不仅要用法律来保障行政权力的运行，也要运用好国家的各项政策法规维护好学校的整体利益，更好模范执行好国家相关法律，切实保障教职工和学生的合法权益。依法行政，就是要进一步增强依靠法律和制度行使权力的意识，牢固确立法制观念。学校各级行政管理人员自觉地将行政管理活动纳入依法依章的轨道，健全和完善各项制度，充分和有效地利用法律法规的根本性、全局性、稳定性的特点，通过法律的途径解决各类矛盾和问题，实现学校行政管理活动健康、稳定运行。不按照法律和制度办事，不仅不利于维护学校以及广大师生的权益，而且还会增加解决矛盾和问题的难度，给学校以及广大师生的利益带来损失。

我国高等学校的行政权力结构是典型的科层制结构。科层制最显著的特征就是金字塔形结构，等级界限分明，在组织内部顶层是指令的起点，向下层层进行传导。各个层级的权力有规章制度进行约定。在我国高校组织中，校长在党委领导下负责全面行政工作，副校长获得授权并代表校长分别负责分管工作，学校领导层指令发至二级职能部门，二级职能部门再具体化后组织学院负责执行或实施。这种模式强调对上级的忠诚和服从，追求整齐划一的效果。由于传统组织文化的深刻影响，我国高校在科层制管理模式的实际运行过程中面临着许多困境。一是权力过于集中，学术权力容易受到干预；二是人为因素过重，长官意志明显，人为随意性大，制度连续性差，且容易出现人身依附，甚至出现权大于法的情况出现；三是机构设置不严谨，职责不明确，人浮于事，效率低下；四是权力缺乏监督，决策缺少民主；五是部门职权利益化、基层组织参与率低等，这些都直接或间接地导致了行政权力运行的不规范和低效率。我国高等学校的管理模式中，几乎所有事务的决定权均在顶层，即校党委和校行政，二级教学单位实际拥有的权限被限定在极为狭窄的范围内，我国绝大部分高校的学院没有人事管理权，职工的奖惩、去留学院无权决定，没有专业设置权，没有课程调整权，没有资产处理权，没有财务管理权，这些人、财、物的管理权限基本集中在职能部门，但学院是学校人才培养、科学研究和社会服务等组织目标的执行和实施者，权责不对等问题十分突出，积极性难以激发。再来分析系或教研室这一层级的管理权限，设在学科或专业分支上的系室，是学校组织教学、科研和社会服务的直接承担者，系或教研室主任几乎演变成一个纯粹的执行者，基本上没有被赋予真正的自主权。在一个强调学术主体自主性的高等学校系统中，科层制泛滥的管理方式显得过于简单和僵化。这种权力模式显然与大学的学术组织特点和学术自由原则存在一定的内在紧张。为此，必须按照大学运行的内在逻辑，调整大学行政权力行使的方式和范围，使大学行政权力结构适当分散并具有弹性。通过研究西方发达国家当前的大学管理体制，可以获得一些借鉴和启示。例如，西方发达国家大学主张行政权力与学术权力互补协调，既要给学术权力释放自由、自主发展的空间，调动专家学者开展学术活动的积极性，学术权力又要遵守行政权力所制定的制度规则。西方发达国家的大学特别注重集体民主决策，力避重大事项由个人意志左右集体，这也提示我们要充分发挥各种委员会的作用，提高决策的科学性。

最为重要的是，大学行政权力的运作，要处理好党委与行政的关系。在《高等教育法》中，对高校实行"党委领导下的校长负责制"作出了原则性的规定。在具体实施这一制度时，要真正实现党委与行政之间的相互支持、分工协作、默契配合的关系，还必须要依据《高等教育法》，结合校情加强配套制度建设。作为基层组织，党政工作是很难绝对分开的。在工作机制上，应按照"分工不分家"的原则，逐步建立起一种党政一体化的合力机制。在决策机制上，应按照"权责明晰"的原则，进一步明确党委与行政的决策权限与分工。作为全校的最高决策机构，校党委的主要职责是掌控全局、把握方向、用好干部，凡涉及学校改革与发展的重大问题，如目标定位、战略规划、人才工作、党建与思想政治教育、内部机构和体制改革、重要的人事任免，都要通过党委会议集体研究决定。校行政的主要职责是按照党委确定的发展方向、目标和规划抓好落实工作。在涉及学校日常管理的一般行政事务上，校行政有充分的行政决策、执行和指挥权，保证决策的科学、民主和高效。

随着信息化、经济全球化进程的快速推进，世界交往的广度、深度和频度都将发生剧烈变化，信息更替更加迅速，资源流动更加频繁，市场导向更加明显，市场会更加成熟和开放，所有这些变化都将深深影响着大学组织的发展。世界各国在生源、资源、教育产品、劳动力市场等方面将面临激烈竞争。我国大学由于长期受计划经济的影响，在新一轮竞争中将必然经受更加严峻的挑战。面对这些剧烈变化，依靠学术权力本身是无法解决的，必须充分发挥行政权力在对外交往中的有效作用。在一些市场经济高度发达的国家，有的大学甚至出现了行政权力市场化的现象。例如，大学行政机构携权力进入市场，将争取外部的经费来源和项目资金作为评价其业绩的重要衡量指标等。因此，我们必须高度重视行政权力在大学发展中的重要作用，让行政权力在于外部世界的交往中彰显其协调、整合的巨大价值，为大学组织的发展创造更加有利的内外部发展环境。

（三）大学行政权力的内在限度

美国学者丹尼斯·朗指出："权力在政体中的作用是实现集体目标的媒体，类似在经济中作为交换媒体的金钱的作用。"[①]因此，"权力容易从合法领域扩大到其他领域，这主要因为作为潜在通用手段的权力地位，可以为任何集团、任何个人的目的服务"，进而会出现"权力溢出特定领域界限的倾向"。[②]

在我国，大学总体上是行政本位的社会组织。大学是科层组织，大学按照不同的等级享有不同的行政级别，如副部级大学、正厅级大学和副厅级大学等，这种行政级别和官本位在高等教育管理中占据主导位置。在这样一个按照权力级别进行架构的组织，官本位思想十分浓郁和根深蒂固。在市场经济条件下，这些本应越来越淡化的行政权力和官本位并未发生太大改观，行政权力依然位居主位，大学组织中的重要资源依旧被行政权力所掌控，各类学术性组织依旧被局限在狭小空间里发挥着有限作用。早在 20 世纪 60 年代，科塞针对美国大学的状况就深有感触地说："当代大学年轻一代学者在发表作品方面有一种内在的压力，换句话说，大学已经把教师前进的等级系统机构化和制度化了。"在这种体系中，"只有发表了令人满意的著作才能得到晋升，这样，有抱负的学院人也许不得不抛开那些花费数年才能完成的大规模知识计划，而去追求发表对职务晋升有直接作用的范围狭窄的作品"，就像洛根·威尔逊所说："无功利的活动和成熟期缓慢的长期计划，在要求短期效益的制度压力下化为泡影。"[③]这也是我国大学今天存在的一种常见现象，令很多学者担忧。

应该看到，行政权力存在的本源意义和价值究竟应该如何定位？这个问题如果得到很好解决，行政权力就能够找准自身定位。首先，在大学组织中，行政权力如果脱离学术权力便会失去存在的价值，也就是说行政权力本应处于从属地位，行政权力是调节关系的"纽带"，而不应该，让学术权力去依附、从属于行

---

① ［美］丹尼斯·朗：《权力论》，中国社会科学出版社 2003 年版，第 285 页。

② ［美］同上书，第 292—293 页。

③ ［美］刘易斯·科塞：《理念人——一项社会学的考察》，中央编译出版社 2001 年版，第 310 页。

政权力。行政权力应突出服务功能、整合功能、协调功能，为学术权力的发挥创造更有利的空间，发挥学术资源配置的优化配置效益。行政权力永远不能代替学术权力或成为学术权力支配的核心力量，用行政命令解决学术问题本身就违背基本的管理逻辑和学术规律，其方向性和正确性自然被人们所质疑，也影响教职工对其的支持和贯彻。大学学术发展不需要这种强权高压式的行政权力运行模式，迫切需要一种民主、理性和规范的行政管理理念和运行方式，学术权力更希望其在营造创新学术氛围，兼容各种自由思想，协调各种学术群体关系，整合各种学术资源方面为学术权力的有效运行发挥不可替代的重要作用。希望行政权力不断完善规则体系，为学术权力行使和学术活动开展赢得更加广阔的内外部空间，对破坏学术自由、违反学术道德和违背学术规律者进行提醒、约束或惩戒。当然，行政权力也应设定学术权力运行的制度底线，防止学术权力过度膨胀和失控，通过两种权力的和谐共处，实现组织共同目标。

目前大学组织中存在一种普遍现象就是由学术骨干担任行政管理主要负责人，一方面，有利于促进行政权力趋向更加合理化，给学术权力行使创造更适宜的生态环境。另一方面，由于主要行政管理人员在学术领域往往是某些学科的带头人，其双重身份也可能在诸多领域会有意无意地给学术权力施加更有力的挤压，在行使行政权力过程中容易出现不公平、不公正的现象，已引起人们的广泛关注。有鉴于此，有专家学者就提出高校行政管理人员实行专业化模式，实行职员制，行政管理者不再兼任学术团体的职务，不再直接参与学术具体的事务管理，甚至完全从学术活动中脱离出来成为专职的行政管理人员。这不仅可以集中他们的精力做好行政服务工作，而且有更多的时间提升自己的领导艺术和管理水平，推进大学行政管理工作取得更大发展。也有专家建议国家加快推进我国现代大学制度体系建设，通过立法立规确认行政权力和学术权力的活动边界，建立行政权力退出学术权力的畅通机制使其向专业化方向发展。目前，不少大学的校长通过修改学校章程等方式，已主动退出校学术委员会，迈出了保障学术权力独立运行的积极步伐。

第四节　大学制度安排的经济逻辑

大学作为社会组织的一员，离不开物质条件的支撑，在资源日益紧缺的市场经济条件下，追求组织效用最大化，更成为其显著的经济性特征。同时，在“科学技术是第一生产力”、“知识就是力量”、“知识就是经济”的时代，大学人才的培养、科学研究及社会服务等活动直接具有经济的意义，大学在认真研究经济建设和社会发展现实问题的过程中，自觉顺应国家、地方经济发展的需要，主动面向国家、地方经济建设主战场，发挥自身优势和特色，开展与经济和市场的良性互动，在互动中不断发展和完善自我。

一、大学组织的经济性

(一)大学组织经济性的内涵与特点

大学组织的经济性特点之一是以效用最大化为目标。在市场经济时代背景下，大学组织的效用最大化是指在一定时间内大学组织利用现有资源条件实现组织整体效益最大化。这包含以下几点：首先，大学组织一定时期内的资源品质和总量总是稳定在一定区间内；其次，现有资源基本稳定的情况下，如何进行优化配置才能发挥整体效益，使获得的各种资源的边际效用与价格比相等，实现组织需求和愿望满足的最大化；最后，效用最大化对资源的要求不是指为实现某个目标把所以人财物均压上，而是指利用必要的、最少的资源产出组织最满意的成果。理性上来看，实现组织效用最大化可能是组织发展的永远追求却难以真正实现的理想状态，却表达了组织活动过程中科学利用组织资源的强烈愿望，即使最终结果未必是效用最大化，而是某种满意结果。组织效用最大化作为任何一个经济主体选择的基本落脚点，也同样可以在大学组织进行各种选择和决策时进行分析和预测，发挥其重要作用。

大学组织的经济性特点之二是以理性选择为核心。此处所讲的理性主要是指经济理性，它是经济主体在经济活动中为追求效用最大化而进行的预期假设、选择决策与推断演绎。对大学组织而言，主要通过两个方面进行集中反映：第一，大学组织在各种变化不定的环境下，对作出选择后可能发生任何结果都能够作出正确的判断。第二，大学组织根据一定偏好从众多可选择的子集中正确选择出效用最大化的子集。当然，这种理性是一种有界理性。

大学组织的经济性特点之三是以道德规范为约束。大学作为非营利性和公益性组织在市场经济条件下自然会受到多种因素的限制，其中最重要的限制就是道德规范。道德规范是由一定社会经济关系决定的，以善恶为评价，依靠人们的内心信念、社会舆论和传统习惯来维系，调整个人与个人之间以及个人与社会之间关系的原则和规范的总和。公共性要求大学组织的总目标是保障社会每个个体平等而全面地发展，反对自私自利的利己性，排斥与公共性相对立的私利性。

（二）大学组织经济性产生的根源

根源之一，大学组织功能的要求。大学组织虽被认为是“象牙塔”，但大学组织并不是封闭的，相反，大学组织在履行其基本职能过程中，不断与外界进行物质、能量、信息和技术交换。大学组织无论是开展人才培养还是进行科学研究，包括开展社会服务和文化传承与创新，都不可避免地要与人发生关系，与人的集合即组织发生联系。大学组织的利益相关者主要包含政府机构、企事业单位、学生家长等，大学与利益相关者之间存在必然的经济关系。大学组织要想正确处理好上述几类经济关系，就必须充分调动、配置自身办学资源，并让这些资源发挥出最大效用。政府提供办学经费，大学组织自然要满足相应政府的需求。社会企事业单位提供办学资源、提供实践场所、提供就业机会，大学也必须考虑企事业单位对大学组织的需求。学生家长缴付学费同样也会对大学组织提出自己的需要。大学组织只有理性判别各利益相关者的利益诉求，合理选择资源的获得与支付方式，从而实现大学组织的基本功能。

根源之二，大学组织性质的要求。大学是知识生产和再生产的专门组织，大学组织为实现这一生产过程必须从外部获取必要的组织资源，如教学楼、实验楼、办公楼、校内实习工厂等固定资产，教学科研仪器设备，高水平的师资等。为保障教育教学活动、科学研究的有序进行，大学组织必须建立相应的学术机构和内部管理机构。大学组织还必须向政府、社会和家庭“回报”相应的“产品”，如新知识、新材料、新技术、高水平专业人才等。

根源之三，大学组织生存发展的要求。经济学视域下，大学组织就是各种资源的集合体，在阶段性时间内，这些资源对大学组织发展目标而言总是处于

"欠缺"状态,因此,让有限资源产出最大效益是大学组织追求的最佳运行效果。所以大学组织必须审慎处理供需关系、投入产出关系、交易与合约等关系,尽最努力减少资源对大学发展的阻滞。市场经济条件下,大学组织面临优质教育资源的竞争压力越来越大,这就迫使大学组织建立经济思维,掌握经营技能,发挥自身有限资源最大经济效益。

综上所述,大学组织又是一个具有经济性的组织,它的任何行动或决策都是一个有效率的合约达成过程,其中存在着广泛且复杂的经济关系,这些都促使经济性的萌芽和壮大。

(三)大学组织经济性的主要表现

效益是经济无法回避的重要概念,大学组织的办学效益在一定程度上表征着大学组织的经济型特征。办学效益一方面指代大学组织的资源投入产出效率,即通常意义上的少投多产;另一方面办学效益提升的效果考察,主要考量产出的数量和质量是否实现双优。为了保障办学效益的提升,需要有高效、通畅的管理体制和机制,如高效率的供求制度、竞争制度、价格制度等。

大学组织的办学效益是指在单位时间内大学组织人财物等资源消耗与取得有效成果之间的比较。当然这里所指的单位时间比一般企业指标中的单位时间要长,因为无论是人才培养还是科学研究均有其内在规律性。大学组织的办学效益主要包括两个方面,即办学效率和办学质量。前者是指从数量上考察投入产出结果,后者是从质量上考察产出结果的社会符合度。办学效益主要表现在学生人均成本、生师比、校均规模、高等教育大众化等目标,这些目标结合数量与质量的双重发展要求。

大学办学效益的提升离不开高效率管理制度的构建。大学组织的竞争制度主要是指大学组织为避免被组织或社会淘汰,不断增强教师教育教学和科学研究的素质和能力,强化学生学习赶超意识,激励行政管理人员提升行政效率的水平,不断发挥资源使用效益,在危机感的驱使下,增强各个组织群体提升自我素质和能力的意识,并促使这种危机感转化为实际行动。大学组织的价格制度主要表现为教育对象接受教育服务的价格和教师从事学术活动的价格。我国高等教育已经不再实行国家大包大揽的免费教育,开始实施教育成本核算和有偿享有高等教育服务的收费制度。虽然学费远远不够教育成本,但高等教育的成本意识已经深入人心,大学组织也开始对教育成本的预算和产出效果产生浓厚的兴趣。大学组织的供求制度方面我国已经迈出了非常可喜的一步，大学组织已经获得了一定的自主招生权限，在教师聘任方面也享有较为独立的决定权，毕业生也不再执行统包统分政策而实行“双向选择”。

二、大学与经济的互动

（一）大学对经济的促进、推动作用

教育与经济历来就是互为促进的密切关系，高等教育扮演着更为特殊的角色，因为高等教育培养的人才首先是高级专门人才，其次高等教育作为人才培养的最高层次，奠定了经济又快又好发展的智力基础。具体情况如下：

首先，大学组织通过人才培养为经济社会发展储备了大量智力资源。人才资源是经济发展的核心资源，任何历史时期，人是生产力最活跃的要素，人的素质和能力决定着经济社会发展的层次和水平，以及发展的后劲。早在 1960 年，美国经济学家舒尔茨就曾指出：“美国生产的增长仅有 1/5 来自设备的改善，其它 4/5 来自方法、管理、劳动者素质的改善。”[①]索伦也认为，经济发展的 10% 来自人口与自然资源，其他 90% 来自技术革新与人的素质的提高。随着知识经济的到来，高等教育对经济依赖日益明显，但高等教育对经济发展的支撑作用更加显著。如今没有人会对知识和信息对经济发展的作用产生质疑，人们已经普遍认识到知识和信息是知识经济时代最关键、最核心的资源。现代社会中知识和信息的载体突出表现为人，人具有对知识和信息辨识、创新的能力，不仅更新及时，而且具有发展性，与其他载体如书本相比，人的优势更为突出，因此，可以说，人才就是知识经济的灵魂。高等学校培养的人才绝大多数都会成为社会的建设者和接班人，这也进一步证明了大学组织在促进经济发展中不可或缺的重要地位。当然大学组织能够被社会所认同、接纳和依赖，这与其在经济社会中的重要贡献是分不开的。第一，大学组织以其创造性学术活动在科技发明创造、技术革新和工艺改造等方面具有得天独厚的优势，并且在一定程度上代表着一个国家的科技创新层次和水平，甚至决定着国家的核心竞争力。第二，大学组织直接为社会提供具有先进技术水准的技术人才。企业即使拥有先进的生产设备，没有掌握先进技术的人才队伍也不可能转化成先进的生产力。第

---

① T. W. Schultz. *Investment in Human Capital*. The American Economic Review. 1961, Vol,51:3.

三,大学组织为企业发展提供较高水平的经营管理人才。经营管理队伍是企业节约成本、维护生产秩序和营造优秀企业文化的重要力量,他们的突出表现为企业挖掘技术潜能、占领更多市场份额、生产满足最多消费者需求产品提供了有效保障。第四,高等教育大众化客观上为整体提高劳动者素质奠定了更加坚实的基础。公民整体素质和劳动者劳动技能的普遍提高是国际间竞争的基础性、关键性支撑要素。一方面有利于新产品、新知识的普及,为更为先进的科技发展准备了更坚实的群众基础;另一方面为培养更多更高水平的人才提供了人力资源保证。

其次,大学组织通过科学研究功能和社会服务为高新技术的发展提供坚强保证。主要表现在以下方面:第一,大学组织开展科学研究,占领相关学科理论和实践研究前沿阵地,并通过为企业提供科研服务把先进的科研成果转化为实际的生产技术,特别是今天的大学组织纷纷建立起自己的高新技术科技园,让科学研究成果得到进一步孵化成熟,缩短了与企业现实生产的距离,为企业快速提高生产技术水平和产出高附加值产品提供了坚强保证。第二,大学组织通过与企业的协同创新,不仅增强了学生的实践、动手和创新能力,而且为企业直接培训高水平技术人才提供了条件。第三,高校通过成果转化,一方面为大学组织联系生产实际提供了平台,另一方面直接指导、引导了企业的技术革新。高校的研究成果得到转化和实际运用,也激发了企业技术创新的积极性,实现了校企双赢。第四,高等教育大众化过程中实行成本分摊和补偿机制,刺激了大众的教育消费,客观上也拉动经济发展。

(二)经济对大学发展有着重要的决定作用

首先,经济是高等教育发展的物质基础。大学组织进行的所有学术活动均离不开经济的支持,要引进一流的教师,建设优秀的师资队伍,要开展先进的科学实验需要先进的仪器设备,要掌握先进的信息必须购置图书资料和接入互联网,要把握学科前沿必须畅通国际信息资源等,所有这些人财物资源都不可绕过经济这个关键性因素。经济要素是大学组织发展最基础、最直接的保障。西方发达国家的高等教育之所以能够在较短时期内获得快速发展,这与其较为充足的资金保障密不可分。随着经济社会发展和人们经济收入水平的不断提高,人民群众接受高等教育的愿望也会越来越强烈,高等教育的生源数量基础也会越来越坚实,经济发展也为人们接受高等教育准备了经济条件。

其次，经济决定着大学发展的规模和速度。经济发展水平制约着高等教育发展的规模和质量，主要表现在：一是社会经济发展水平越高，社会剩余人口分流到高等学校接受教育的可能性越大；二是经济长期不景气，初级、中级受教育的条件得不到保障，人们提前参加生产劳动，基础教育较低的普及率自然影响到高等教育的生源规模和质量；三是经济发展水平和生产力发展程度严重影响着政府、社会和家庭对高等教育资金支持和支付的能力。

再次，经济决定着大学人才培养的规格。大学组织发展离不开经济，大学组织办学质量的提升也必须依靠经济支撑。高等教育发展的历史表明，经济越发达的国家和地区其大学组织发展得就越成熟，制约着大学组织开展学术活动层次、规模和质量，经济发展越好国家和社会对大学组织的人才培养规格要求就更高。

最后，经济的发展促进了大学的变革。大学自从宗教的桎梏中解脱出来后，就与经济发生着密切的关系。经济发展深深地影响着大学组织的变革，主要体现在：一是经济发展促进各个年龄段和阶层的人们进入高等学校接受高等教育，大学组织主要以多样化的人才培养形式进行回应。对适龄青年国家主要采用统招全体学生的方式进行满足，对已经参加工作，或已完成某一层次学历教育需要继续深造的人提供了成人教育或自学考试等学习途径。二是经济发展过程中人们对高等教育的需求也表现出多样化、层次化，因而大学组织的人才培养层次分类更加丰富，既有专科教育、本科教育，也有硕士研究生、博士研究生教育，还有国家正在大力推进的高等职业教育等，不一而足，满足各个群体的需求。三是经济发展打破了全部由国家资本举办高等教育的传统模式，各种民间资本开始大量向高等教育领域聚集，高等教育办学体制呈现出多元化。目前国内由民间资本兴办的独立学院和民办高校数量越来越多，办学质量也不断提高，丰富和发展了我国高等教育办学格局。四是经济的快速发展对大学组织人才培养规格提出新要求，同时对人才知识结构、素质品质以及技术技能等要求也更加明确，国家通过修订学科专业目录，大学组织通过学科专业结构调整、课程体系的改革，进一步拓宽了专业口径，人才综合素质和能力更能满足社会和市场的需求。五是经济发展，加快了大学组织教育教学和科学研究仪器设备和信息更新的进程，信息丰富、直观生动的多媒体教学手段在大学组织中广泛应用，特别是跨校园、跨地区、跨国界、跨文化的网络教学已经得到大量推广，为大学组织利用更多优质资源开展人才培养提供了机会和平台,也促进了大学教育教学理念的现代化。

（三）大学与经济相互制约的关系

促进与制约是经济对大学组织产生影响的“一事两面”。辩证地来看,社会向高等学校提供经济支持,一方面促进者高校的发展,因为大学组织从外界获得自身发展的各种资源;另一方面这种接受和获取也会给大学组织发展形成制约。大学组织在经济上依赖性的形成,使之为了获取更多经济支持不得不作出一定的让步或调整,由此受制于经济。从另一角度看,大学组织培养人才、提供科研成果可以促进经济的发展,但大学组织提供的人才规格、结构、数量和质量也有可能制约经济的发展速度和质量。

三、大学与市场的互动

在市场经济改革日趋深入的社会生活环境中,市场作为商品供求关系形成的一种竞争机制的总和,它的地位与影响已越来越突出,对大学的影响也越来越复杂,同时大学对市场的需求可能会越来越依赖。

历史发展表明,市场这只“看不见的手”不仅仅对经济的发展起着基础性的作用,而且也是大学组织获得生机与活力的重要源泉。在欧洲中世纪时期,大学组织在政教合一体制下与市场基本不发生任何联系。大学组织走出宗教藩篱后,才逐步开始了解和接触社会。到了 20 世纪中后期,随着工业化进程的快速推进,经济发展在知识、技术等方面的竞争日益加剧,一方面经济社会需要大学组织走出“象牙塔”,另一方面大学组织的发展也迫切需要打破封闭的状态,接受市场的挑战。由于双方都存在“联姻”的愿望,大学组织以其知识性专长很快融入了市场,并逐步进入社会中心。当然,我国大学组织与市场的关系与西方发达国家有一定差异,因为我国长期实行计划经济,大学在特定的历史时期内不需要,也没有意识到去接触、了解社会。但随着我国社会主义市场经济如火如荼地兴旺,市场开始对大学组织施加主动影响,通过市场机制对大学资源进行配置,对大学组织的产出进行市场调节,市场机制的介入,深深地影响着我国大学组织的发展。就大学组织而言,从长期的计划手段控制下走出来,面对“长袖善舞”的市场机制,大学组织经历过最初的恐惧、疑惑、彷徨,并最终感受到了市场的无穷魅力,开始审视、关注和研究市场规律,主动适应市场的调节,利用市场杠杆为大学发展注入新的活力和生机。

市场经济日益发达的今天,我们重新审视今天的大学组织与市场的关系,主要呈现以下特点:一是我国大学组织的市场意识已经完全建立起来了,并且能够较好地运用市场规律为组织发展服务。如与企业联合办学、为企业培训高级管理人员、为企业定制人才培养等。二是过度依赖市场,大学发展的规律性受损。市场的规律不以人的意志为转移,一些大学组织在品尝到市场带来的甜头时,过度迷恋和信奉市场机制,缺乏对市场的清醒认识,发展规划缺乏科学论证,对市场过度依赖,导致专业设置乱象丛生,过度追逐短期利益,开办热门专业,导致办学行为短期化,发展规划利益化,三是面临被市场淘汰的危险。因为追求眼前利益,必然遮蔽长远目光。面对市场波谲云诡的变幻大学组织只有始终坚守本心,聚焦主业,把握市场需求的核心,利用自身的学术专长,把更多、更先进的科技,更多更优秀的人才输入市场,才能真正实现大学组织的自身价值,也才能长久获得市场的青睐,获得与市场互动、交换的核心资本。

大学组织在市场经济时代能否坚守大学的理想、目标与品格是决定大学发展成败的关键。与市场交往要合理有度。既不能无视市场,也不能盲目共舞。“互动互利、合作共赢”是基本方向,盲目信奉和亦步亦趋必遭损伤。大学组织必须清醒地认识到哪些领域是可以联姻市场,哪些领域是自己必须坚守的,哪些互动方式对大学有利,哪些利益是短效的。只能是以发展和维护大学组织长远利益、实现长远日标为判断的标准。从操作层面上看,违背高等教育规律的利益追逐必然不利于大学组织的发展,大学组织必须尊重供求规律、价值规律、价格规律,但不能完全照搬市场规律,虽然大学组织具有经济型特征,但毕竟不是纯粹的独立法人经济实体。在市场交往中设定好互动的边界,把握好互动方式,理性看待互动利益,做到既开放办学,又不被市场所左右,只有把市场看作大学发展的一种手段、一种途径,才能在交往中坚守大学的价值准则,实现大学与市场的长期利好合作。

第五节 三元动态均衡——现代大学制度的逻辑归属

一、中国大学"三元逻辑"的矛盾与冲突

如上所述,大学作为一种独特的社会组织,其生存和发展的逻辑逐步从一元学术逻辑转变为学术逻辑、政治逻辑、市场逻辑三元共存的状态。正是这种状态使大学成为一个具有多种社会经济资源的多功能集合体,人们对大学的关注度空前高涨,大学所担负的责任也日益繁重,大学的追求也变得多元和丰富。然而,毋庸讳言,大学的"三元逻辑"在很多情况下并不是和谐并存的,恰恰相反,它们之间的矛盾和冲突始终存在,有时还十分尖锐和突出。现行制度下的中国大学,"三元逻辑"常常处于失衡和纠结的状态,主要体现在以下几个方面:

(一)大学的政治逻辑时常会对学术逻辑产生较为强势的威胁

大学的政治逻辑,强调的是大学的"工具性"。国家对大学的干预似乎有着天然的合法性,大学制度的制定就理所当然地主动适应国家的需要,大学的工具化和大学制度的国家政策化就是这一理念最直接的体现。在这种理念的支配下,大学学术逻辑时常受到政治逻辑的威胁,学术逻辑常常因此受到抑制。政治逻辑强调国家在大学制度构建中的决定性作用,它在大学制度的制定和执行中是国家公共政策运行的一种形式,是国家实现全盘战略的一种手段与策略,与其他形式的国家公共政策具有同质性。[①] 若按照此逻辑,国家与大学之间就是典型的主从关系,服从与被服从的关系,大学制度必须紧密围绕着国家意志和权力核心进行构建。在我国的当前大学制度中,深深地镶嵌着强烈的政治逻辑,浓烈的权力和政治色彩业已成为现代大学制度改革中的一大难题,当下,学术界有关高校"去行政化"、"去级别化"的讨论就是例证。狄尔泰认为,从时间维度考量,人类生活的每一刻既是对过往的反省又是对未来的能动,并呈现出一种连续的过程,即传统。[②] 我国传统文化中"政教合一"的儒家思想,对我

---

① 彭江:《初论现代人学制度的本质及逻辑》,《复旦教育论坛》2006 年版第 6 期,第 39—44 页。

② 常艳芳:《我国现代大学制度创建的文化困境与路径依赖》,《东北师大学报》(哲学社会科学版)2010 年第 2 期,第 172—177 页。

国的教育有着极为深刻的影响。从早期的“修身、齐家、治国、平天下”，到清末的兴新学、御侮救国、振兴民族等理念，无不彰显教育治国安邦的终极愿望和政治责任。新中国成立至今，我国大学管理虽历经多次变革，但国家办大学的基本格局未发生改变，大学对国家权力的依附状态未发生改变，为国家社会经济发展服务的目标未发生改变，大学内部行政权力的强势地位也未发生根本性变革。例如，近年来，国家教育主管部门组织全国高校开展大学章程的统一修订也是一个例证。然而，大学的自主办学和学术自治却显得较为薄弱，大学办学的自主权被限定在有限的空间里，大学内部的学术权力很难与行政权力形成制衡。综上所述，“政教合一”这一传统理念对我国教育有着深刻的影响，政治逻辑在大学自治、学术自由方面始终处于主导地位，成为新时期构建我国现代大学制度无法回避的难题之一。

（二）随着市场经济的发展，大学的经济逻辑对学术逻辑形成日益严重的挤压

经济逻辑的哲学基础是个人主义的方法论，并由此派生出个人主义、自由至上、有限政府等，社会是个体的集合，国家是保障个体在特定制度约束下追求个人利益的机构。体现在教育方面，经济逻辑的本意是指教育的投入与教育产出之特性，追求以尽量少的政府干预，通过保证自由交易的选择（即“择校”）来提高教育的质量与效率[①]。这在一定意义上对大学制度的改革与发展具有很好的促进作用，但我国目前的现实情况却与这一本意相去甚远，异化的经济逻辑对学术逻辑日益形成严重的挤压。如近年来，许多高校在内部管理和学术评价等方面纷纷引入目标管理体系，以在限定时间内完成学术成果的硬性指标作为评价管理者和教师效益的主要甚至唯一的手段，把薪酬激励作为唯一的激励机制，而对各项成果实质的创新度、实践性和推广性等却无人问津，只追求数量的累积，这种“泛绩效化”倾向，会动摇广大教师追求真理、真知的意志和毅力，教师队伍会普遍出现浮躁、急功近利的现象；教育主管部门在设定职称评审条件方面亦是如此。比如，教职工在规定时间内必须完成一定数量的科研成果，才能取得相应的职称评审资格，这样一来就出现了大量低水平重复、劣质的学术成果，频频发生学术不端行为，甚至在院士资格的评审中，也不时出现学术不端

① 彭江：《初论现代人学制度的本质及逻辑》，《复旦教育论坛》2006年第1期，第39—44页。

现象。大学学术评价的外部化制约，加上内部学术评价的利益化倾向，使得大学的学术逻辑被重重挤压，看似轰轰烈烈的学术活动背后，缺少的是“板凳坐得十年冷”的痴迷和执着，令人担忧。同样，在经济逻辑的支配下，一些大学的办学理念和制度安排也受到市场经济的影响。市场经济与政府转型过程中的某些不足与缺陷，将会直接影响到大学制度本身的定位与架构。[①] 其主要表现在办学理念的庸俗化和制度安排的短期化，导致人才“车间批量化生产”的现象，一味追逐热门专业，超高生师比和超大班授课现象的出现，都使高校培养人才的质量实难保证。

（三）学术逻辑与政治逻辑、经济逻辑博弈的常态化

大学的学术逻辑强调大学要始终坚持学术自由，以此保持大学的边界。因此，面对日益强盛的政治逻辑和经济逻辑的挤压和侵蚀，学术逻辑不得不与政治逻辑和经济逻辑进行不断的博弈和抗争。因此，当政治逻辑或经济逻辑日益处于强势或主导地位时，学术逻辑对政治逻辑的抵触、排斥就会以不同形式表现出来，这是大学的本质所导致的一种本能的反应，这种反应也常常因为政治逻辑或经济逻辑的退让变得激烈，并逐渐展示出无比的强大，甚至会达到盲目自由、目空一切的程度。在历史上出现的学术表达超越社会现实、违反经济社会发展规律的现象，就是学术逻辑过于强化的表现，从而导致大学处于故步自封、步履维艰的境地。然而，当政治逻辑和经济逻辑的影响日益加深时，大学又往往会失去其原有的本色和追求，学术逻辑极有可能让位于政治逻辑而成为附庸，迎合市场逻辑进而被异化，从而偏离求真的轨道而成为迎合物本逻辑的反学术逻辑。在我国，大学的学术逻辑对政治逻辑的屈服和依附出现在中国“十年动乱”时期，大学成了无产阶级专政的工具，生产劳动成了大学的主导课程。在改革开放和高等教育大众化的进程中，面对新时代的要求，我国的大学摆脱了过去计划经济的僵化影响，主动适应市场需求，追踪和利用市场发展自己。但是，不可否认的是，大学在对市场开放的过程中不可避免地受到了市场规则的消极影响和侵蚀，大学的功利化追求成为一种普遍现象，大学的学术逻辑受到了空前挑战。当前，我国大学普遍存在的行政化倾向以及学术不端乃至学术

---

① 常艳芳：《我国现代大学制度创建的文化困境与路径依赖》，《东北师大学报》（哲学社会科学版）2010 年第 2 期，第 172—177 页。

腐败现象，就是学术逻辑在与政治逻辑和经济逻辑博弈中处于劣势的外在表现，这种表现对大学的影响是消极的，承受质疑和责难成为大学无法回避的客观现实，学术自律、学术规范成为大学自救的不二选择。随着经济社会的不断进步和发展，三种逻辑的博弈还会持续，任何大学三种逻辑的稳定和平静状态都是暂时的。

二、三元动态均衡——现代大学制度的逻辑归属

如上所述，博弈状态是大学的学术逻辑、政治逻辑和经济逻辑表现出的常态，但是要构建现代大学制度，就必须处理好"三元逻辑"之间的辩证关系，即让学术权力、行政权力和经济权力各司其职，使学术利益、政治利益和经济利益各得其所。当前，学术逻辑回归应是我们处理三者关系的首要任务。当然，学术逻辑的回归不等于抛弃内外部环境恣意放大它的权力，而应是理性回归，保持"三元逻辑"在相互制约中的动态均衡，并将其体现和落实到现代大学制度中去。

制度经济学理论告诉我们，制度是指人际交往中的规则及社会组织的结构和机制。制度是为调整和固化权力和利益而存在的，因此，不同的制度反映了不同的权力和利益结构。制度创新的动力是由制度非均衡引起的，制度创新是由制度非均衡向制度均衡转变的过程。所以，构建现代大学制度就要找出现代大学区别于传统大学制度的特质，一方面要从现代大学的权力和利益结构状况入手，另一方面要对其制度均衡状态进行分析。

大学的"三元逻辑"在大学制度建构中的博弈，从本质上讲，反映的正是大学制度中行政权力、经济权力和学术权力之间的制约状态，以及政治利益、经济利益和学术利益之间的结构关系。大学组织会在发展的某个阶段，要么突出单一逻辑在大学制度构建中的作用，即在该逻辑的支配下，过分强调某一权力和利益要素，"一元逻辑"成为大学的其哲学基础；要么是"三元逻辑"的简单"混合"。各自独立的逻辑在同一制度体系中的简单"混合"，其实质仍旧是"一元逻辑"的简单相加，各自孤立，且各自通过无序膨胀来挤压其他逻辑。要构建现代大学制度就必须消除上述弊端，遵循大学发展规律，理顺"三元逻辑"之间的关系，建构相互牵制、保持动态平衡的"制衡"关系。

（一）构建现代大学制度构建必须突破“一元逻辑”主导，向“三元逻辑”转变

在现代大学制度构建中，如果只重视、突出某一逻辑，并由该逻辑支配大学组织中的权力和利益要素，其他两个逻辑被弱化或忽视，必然就会回到传统大学制度的“一元逻辑”的老路上去，从而导致现代大学制度整体权力和利益结构体系处于失稳状态，进而衍生出更多的制度危机。

在构建新的大学制度时，如果政治逻辑成为现代大学制度的“一元逻辑”，这不仅会制约高校潜能的发挥，甚至会出现违背教育规律办学混乱的局面，而且也会影响政府教育目标的实现。因为，如果大学外部的政治权力和政治利益在大学制度中成为主导，行政权力过多地干预大学内部事务，这不仅难以产生对大学的有效激励，难以激发大学潜能，而且还会造成“千校一面”的状况，导致教育资源的分配不公而形成恶意竞争，甚至出现大量浪费的现象，这是特定历史时期的极端现象，但它所带来的历史教训是十分深刻的。

在构建新的大学制度时，如果市场逻辑成为现代大学制度的“一元逻辑”，那么就会使大学失德、失道。市场逻辑深刻地影响着大学教育资源的配置。在市场机制不完善的情况下，如果新的大学制度中过度强调和突出经济权力和经济利益，必然会强化“唯利主义”、“自由主义”的价值取向，教育理念的短视化、教育教学行为的短期化现象势必盛行。因此市场逻辑一元主导，必将造成大学制度体系的失衡，大学组织应有的稳定性就会丧失，甚至滑向违背教育规律、违背人才成长规律的深渊。

在构建新的大学制度时，如果学术逻辑成为现代大学制度的“一元逻辑”，那么大学的生存和发展就会受到严重阻挡。首先，大学作为社会组织的一员，不能脱离政府和社会孤立存在，必然有各种能量要素的交换。其次，大学自身的价值理想、目标的实现，均要求其重视并处理好与外部环境的关系。否则，大学就将成为无本之木、无源之水。因此，如果学术逻辑被无限放大，政治权力、经济权力和政治利益、经济利益被过度挤压，必将会导致学术权力失控，学术利益过度聚集，最终危及大学组织的生存和发展的空间。事实上，任何一种权力如果失去制衡，就会产生严重后果。在大学制度建设过程中，大家对“一元逻辑”主导的危害性有了较为清醒的认识，于是便开始寻求“三元逻辑”共存的协调方法，以实现现代大学制度下政府、市场和大学自身的权力和利益的多元协调。

（二）构建现代大学制度必须遵循“三元逻辑”制衡的原则

要有效避免现代大学制度的某种权力和利益的过度集中导致膨胀，或过度分散所导致的这种权力和利益的分裂，就必须实现政治、经济和学术“三元逻辑”间的相互牵制，在互相制衡中谋求几种权力和利益的平衡。当然，这种平衡是一种动态的，且必须是趋向系统稳定的。解决政治逻辑、市场逻辑和学术逻辑三者间的矛盾和冲突，是实现“三元逻辑”制衡的关键，也是构建现代大学制度不可回避的方面。如上所述，在传统的大学制度中，“三元逻辑”虽处于同一制度体系内，但却各自独立，边界分明，一旦某一逻辑处于强势地位，便演变成“一元逻辑”主导的局面。总之，“三元逻辑”的简单相加不能产生相互制衡的实际效果。大学制度由传统向现代转变，实现大学制度功能和结构的整体优化，适应现代大学发展规律，政治逻辑、经济逻辑和学术逻辑的相互制衡已成为现代大学制度构建的必然要求。

要实现“三元逻辑”既结构紧密又动态制衡的目标，就必须建立相应的制衡机制。建立现代大学制度“三元逻辑”制衡机制的核心或关键点是“权力”和“利益”。具体地说，就是要形成大学的相关主体，如政府、大学及其教职员工、市场、社会团体、学生及其家长等多元主体间相互联系和相互制约的机制。既要实现多元主体间政治权力、经济权力和学术权力的相互制衡，又要实现多元主体间政治利益、经济利益和学术利益的相互制衡。在建立一个多层次、全方位的制衡体系和实际运作机制的时，既要充分考虑多元主体的权力和利益关系，又要对大学组织自身的使命给予充分关照；既要对过去的权力和利益关系进行冷静分析，又要用发展的眼光来把握、谋划未来的发展，通过对其他权力和利益，尤其是社会权力和利益给予充分注意、培育和体现，平衡和理顺“三元逻辑”之间的关系。

（三）构建现代大学制度构建必须为“三元逻辑”制衡留下自适应空间

制度变迁理论认为，由于参与者个体在信息、能力和理性认知上存在差异，因此他们对新制度的反映是不一样的。这种差异化的反映，就会影响制度的形成与演化。增加制度弹性，即增加制度制定的参与者对新制度创新的适应性，就可以获得效益的持久增长。构建现代大学制度必须遵循“三元逻辑”制衡原则，但由于大学的多样性和复杂性，同一所大学在不同的时期，或者在同一时期的不同大学的大学逻辑会有较大的差异。因此，在现代大学制度的构建中，要给予“三元逻辑”充分的自我调节的空间，使之具有相应的弹性。这就是说，在现代大学制度的建构过程中，不仅要遵循“三元逻辑”，确保“三元逻辑”互相制衡，还要充分尊重不同大学的差异性和同一所大学不同时期的阶段性特征，为大学独立处理权力关系和构建利益结构留下足够的空间，使大学的“三元逻辑”保持动态平衡，使大学制度成为一个具有自我调节能力和较大弹性的自适应系统。这就是我们所要阐述的构建现代大学制度的“三元逻辑”动态制衡理论，简称“三元动态制衡”。

2012 年，我国共有普通高等学校和成人高等学校 2790 所，其中，普通高等学校 2442 所(含独立学院 303 所)，成人高等学校 348 所；在普通高校中，本科院校 1145 所，高职(专科)院校 1297 所。全国共有培养研究生单位 811 个，其中高等学校 534 个。从管理权限看，有国家直管、省管、市管之分；从办学特性看，有综合性大学，也有专门学院；从办学定位看，有研究型大学、教学型、教学研究型或研究教学型之分；从办学历史看，有百年老校，也有新办学校；从投资主体看，有国家公办、省级公办、地市公办，还有民办和合作办学等。面对如此复杂多样的情况，一方面，如果要求所有的高校在构建现代大学制度时，完全按照相同权重的“三元逻辑”关系进行设计，未必符合中国当代大学发展的实际。另一方面，同一所学校在发展过程中，其内外部条件随时都在发生变化，这种变化必然要求大学对“三元逻辑”的权重做出相应调整。因此，依据前述“三元逻辑”动态制衡理论，给每所大学在构建现代大学制度的逻辑遵循上保留自主调节的空间，使之有能力根据自身情况构建适应制度体系，以达到权力关系和利益结构的动态平衡，这应当是每所大学最根本的选择。

第四章　大学制度变迁与中国大学制度现状

认真梳理国内外大学制度变迁演进史，准确把握我国大学制度的现状，是构建具有中国特色现代大学制度的前提。本章在回顾西方国家和我国大学制度变迁演进的基础上，以新制度经济学相关理论分析当下我国现代大学制度存在的问题，以期为建立中国特色现代大学制度提供借鉴。

第一节　大学制度变迁的国际视野

西方国家大学制度，与中世纪大学的出现相伴而生，其主要特征是高度自治、学术自由、教授治校、民主管理。但在不同国家、不同历史阶段，其大学制度的内涵和特征会有所不同。比较分析英国、德国、美国三个国家大学制度的特殊性和变迁过程，为我国现代大学制度的构建提供借鉴与参考。

一、英国大学制度的变迁

英国高等教育历史悠久，建立于1167年的牛津大学，被誉为英语世界中最古老的大学。始创于1209年的剑桥大学，是英语世界中第二古老的大学。牛津大学、剑桥大学合称为“牛剑”，是英国高等教育的开端。15世纪和16世纪初，苏格兰建立了四所古大学，分别是：1413年成立的圣安德鲁斯大学；1451年创立的格拉斯哥大学；1495年成立的阿伯丁大学，1583年创立的爱丁堡大学。200多年以后，在19世纪到20世纪初，先后成立了伦敦大学、达勒姆大学、曼彻斯特大学、威尔士大学、伯明翰大学、利兹大学、布里斯托大学、利物浦大学等。随后，以城市命名为主的大学相继建成，如雷丁大学、诺丁汉大学、斯旺大学、南安普敦大学、赫尔大学、埃克赛特大学、莱斯特大学等。经过800多年的发展，英国有90多所大学,150多所提供本科以上课程的学院,500多所继续教育学院。但从历史上看,英国高等教育发展较迟缓,大学制度的变迁也相应较缓慢。在牛津大学与剑桥大学建立后相当长的一段时间里,英国始终仅有牛津与剑桥这两所古老的私立大学。牛津大学、剑桥大学两校建校800多年以来,尊重传统,保守稳健,鲜有"风起云涌"的激进变革。18世纪后期,第一次工业革命促进了英国经济的发展,英国大学及其制度的发展在平衡社会需求与保持传统中开始变革。在第一次工业革命中发展起来的英国新兴资产阶级,为建立服务工业革命发展所需要的大学,倡导发起了新大学运动,并建立了有别于英国传统大学的伦敦新学院(1828年)、达勒姆大学(1832年)、曼彻斯特欧文斯学院(1851年)等一批新大学,到20世纪初,英国共有18所大学、4所大学学院。这些大学以服务地方经济发展为着眼点,就近招收中层甚至下层平民子弟,并设立当时工商业发展急需的工程技术专业,学制和教学方式灵活机动,并注重加强学生的劳动实践,校内施行师生参与民主管理学校的制度。20世纪后期,英国地方大学中出现了由众多学院和研究所组成的联合大学,也称"联邦制大学"。最典型的高校是于1836年由伦敦大学学院和伦敦国王学院合并而成的公立大学——伦敦大学。伦敦大学成立后,成为多个学院的联合型大学实体,每个学院在学术上都有高度的自治权和各自负责的领域,如皇家音乐学院的音乐、伦敦经济学与政治科学学院的社会科学研究、法学高等研究院的法学等。伦敦大学将英国大学由1836年开始的专管高等学院入学考试和学位考试的结构模式,不包括教学与科研,转变为兼管考试、教学、科研的模式。伦敦大学揭开了英国高等教育近代化的序幕,为一切阶级和教派的人们服务。伦敦大学调整学科与课程,引入近代新型课程,取消了神学系,规定了文学士、法学士、医学士、文硕士、法学博士、医学博士六种学位,贯彻了世俗主义原则与功利主义精神。伦敦大学的最高管理机构是董事会和理事会。董事会的任务是主管大学的财务和资源,理事会则是大学在所有学术问题上的最高管理和执行机构。同时,《伦敦大学法》把校务评议会列为大学的组成部分,并被赋予其"讨论有关大学的任何问题"的权力。

1979年,撒切尔政府积极推行新公共管理模式,大学和国家之间的关系变得更加紧密,大学内部治理结构"与市场接轨",形成以治理主体多元化、"企业家式运作"为特征的共同治理模式。1988年,英国颁布了《教育改革法》,强调高校要更有效地为经济发展服务,并在服务中与工商界建立更密切的联系,同时免除了地方教育局的职权,取消了大学委员会(UGC),建立多科技术学院、新的大学经费委员会(UFC)和学院基金委员会(PCFO)等。英国此次高等教育改革因涉及地方教育当局权力分配,影响了大学及其教师的利益,引起了英国社会的强烈反对。1992 年 3 月 6 日,英国议会通过了《继续教育和高等教育法》,该法要求 1992 年后成立的大学应设立治理委员会和学术委员会。而 1992 年以前的英国大学一般都设有校董会、校务委员会、学术委员会三个相互独立的机构。校务委员会是英国大学内部治理的实体机构,主要负责学校财务、投资和资产等方面的管理;关于学术研究方面的决策须咨询学术委员会。学术委员会主要负责制定学术发展战略、促进科学研究、学位授予等学术研究和教学政策。校长为校董会主席,具有评议年度报告、审核财务报告、提名副校长人选等权力。校董会成员主要来自校外利益相关者代表,如地方政府代表、校务委员会委员、教职工代表、学生代表、其他大学代表以及毕业生代表等;校务委员会成员包括校董会指定委员、学术委员会指定委员、原任委员共同推选的委员、地方政府代表、教职员选举的委员和学生代表。学术委员会的决策需经校务委员会批准,向校务委员会报告工作。

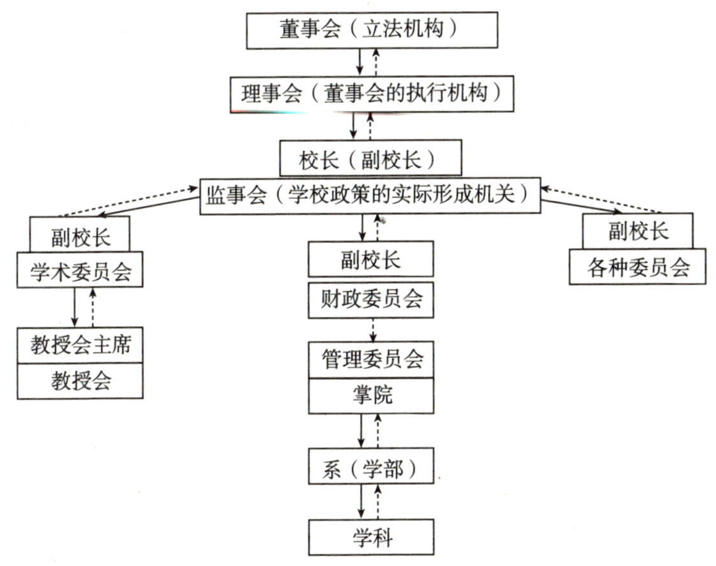

图 4—1　剑桥大学内部治理结构图

资料来源:沈阳大学发展规划办公室:《关于现代大学制度的调研报告》。

1992年英国颁布《继续教育和高等教育法》，要求高校设立的治理委员会，由来自校外工商界独立董事、学术委员会和学生等各利益相关者代表，由12～24名董事组成。治理委员会的职责是制定大学的章程和办学理念，批准学校年度收入和支出报告，确保学校资源的有效使用；确定行政人员的工资报酬，聘任和解聘大学行政人员，具有董事会的职能。董事会主要通过理事会的报告制度与理事会建立工作关系，董事会成员在大学评议会上对理事会报告进行评议，理事会必须考虑董事会所作的评议。学术委员会的职责是决定学校科学研究、教学等具体学术事务的发展。校务委员会负责对教师的考核，保证教学、科学研究的质量水平等学术和教育政策。剑桥大学内部治理机构设置有董事会、理事会和校务委员会。剑桥大学理事会是执行机构，理事会的成员由副校长、学院理事会主席、大学外部成员构成，拥有高度的行政和决策权。理事会向董事会负责，必须执行董事会的决议，并按时向董事会报告。

英国大学教职工治理结构分为系、学院和大学三个层次。最低的一个层次是系，一个系包括一门学科。第二级是院，由相关的系组成。大学学术治理的核心主要是学术单位，即学部或系层次，系主任由校务委员会指定，享有最高权力，领导管理全系的教学和科研工作，决策较民主。系务委员会、部务委员会成为这个层次的教职工治理机构，系务委员会由全体教学人员组成，绝大多数部务委员会都来自相关学科领域，学部对系的建议检查较严格。在系这一层次上，在学部一级，课程设置由学部和评议会批准，决策机构是部务委员会，但通常只有在单位内教职工的支持下才能维持和达成一致意见。根据大学特许状规定，英国大学副校长是“首席学术和行政官员”，副校长在学术方面的作用是举足轻重的，包括人事任免权、学术权力和财务权力。跟其他国家相比，“副校长权力现象”是英国大学的独有特征，副校长是英国“大学中最重要的人物”。在英国，最高权力机构从属于大学层次，董事会是大学治理中的决策者，教职员工、管理机构、大学管理者共同治理大学，但校务委员会是校内事务的主要决策者之一，在许多问题上很少发挥实质性的作用，仅仅起到咨询作用。英国约克大学是这种大学治理模式的典型。

英国公立大学——约克大学是英国排名前十的大学，其大学治理主要由校董会、校务委员会和学术评议会三个独立的治理机构组成。英国大学的校务委员会平均有33名委员，校务委员会是约克大学最重要的治理主体，主要负责财务、投资和资产管理,代表大学签订合同等事务。约克大学的校务委员会成员包括校外代表、校董会指定的委员、学术评议会指定的委员、原任委员共同推选的委员、地方政府代表、教职员选举的委员和学生代表,目前有25名成员,其主席在委员中选举产生。约克大学校董会成员规模在50—400人不等,一般在200人左右,类似于公司的股东大会,其成员主要来自校外的代表,如地方政府的代表、校务委员会委员、教职员代表、学生代表、其他大学的代表以及毕业生代表等,由校监担任董事会主席。约克大学的校董会不处理大学的日常事务,现有93名董事,其主要职责是审议、表决大学的年度报告和财务报告,任命校长等。学术评议会的主要职责是制定学术发展战略、促进科学研究、管理学位授予等学术研究和教学政策。学术评议会决策需经校务委员会批准,向校务委员会报告工作。校务委员会关于学术研究方面的决策需要咨询学术评议会。学术评议会由校长担任主席,其成员主要是大学内部人员。学术评议会在各个大学的委员人数不等,一般在50～100人之间。约克大学的学术评议会目前有59名成员,校长坎特教授担任学术评议会主席。校监是一个荣誉性职位;校长是大学实际负责人,负责大学学术和行政管理事务。①

英国私立大学——剑桥大学治理结构具有明显的独特性,剑桥大学内部治理机构包括董事会、理事会(即董事会的执行机构)和校务委员会。董事会是大学内部立法机构,理事会则是执行机构,拥有行政和决策权,并向董事会负责。校务委员会负责学术和教育政策,对教师的考核、保障教育教学以及科研质量等。

2009年6月,英国创新、大学和技能部与商务部等主管高等教育事务的相关部门合并,成立商业、创新和技能部,主要负责高等教育、继续教育和职工技术培训。同年11月,英国商业、创新和技能部制订出高等教育改革计划——《更高的雄心——知识经济时代大学的未来》。这一计划是其组建后颁布的第一份高等教育改革计划,把高等教育置于重要位置,成为关系国家经济的繁荣与否的关键因素。该计划的内容主要包括:鼓励大学之间进一步竞争,鼓励商业资源进一步参与大学项目,鼓励大学在世界一流的科研领域展开合作,大学应该提供更加高质量的课程与教学等。商业、创新和技能部大臣曼德尔森表

---

① The University of York. *Charter and Statutes*, http://www.york.ac.uk/about/organisation/governance/overview/.

示:“在未来的十几年时间里,英国大学在经济方面的影响力将会越来越大,英国政府正在就高等教育在未来如何更好地促进经济繁荣作出规划。”

市场化导向下的英国政府通过资源配置与市场手段加强对大学的宏观调控,维护大学自治与学术自由,建立中介机构参与处理大学、政府与市场的关系,改革大学发展。强化教师、学生在大学治理结构中的地位,通过市场化的方式以增强大学主动适应社会的能力。大学治理主体逐步走向多元化,教师、学生逐步成为大学多级治理结构中的权力级,各治理主体间相互独立、相互联系,既分工合作又相互制衡的权力结构,有效地促进了大学的发展。

二、德国大学制度的变迁

德国高等教育较发达。目前,德国有各类高校300余所,分布在16个联邦州,注册学生总人数约190万。其中,综合大学有114所,学生约有130多万;艺术、音乐院校49所,学生3万余名;应用科学大学152所,学生约40多万;各州行政管理学院数十所,学生近4万。从历史上看,与中世纪的行会组织不同,德国大学是从中世纪大学发展而来,与政府关系密切,如布拉格大学等德国公立大学都是由地方政府创建的,其经费也由地方政府提供,但政府基本对大学事务不过问。18—19世纪,受当时理性主义思潮的影响,德国创建的公立大学——格廷根大学,其创建者明希豪森建校之初就把“坚持宽容”和“研究自由”看作是大学的根本原则。格廷根大学哲学院1737年颁布的章程规定:所有教授“都应享有教学和思想自由这种攸关责任的权利”。第一次,德国大学基于“法”的形式阐释了学术自由的原则,这也成了日后德国大学制度的核心内容之一。

1808年,威廉·冯·洪堡被举荐担任普鲁士内政部文化教育司司长,他把创建公立大学——柏林大学看作是全面改革普鲁士教育的首要任务。围绕柏林大学的创建,他提出了许多现代大学制度设计思想:首先,确立新型大学基本理念。在《论柏林高等学术机构的内部和外部组织》中提出:“所谓高等学术机构,乃是民族道德文化荟萃之地,其立身之根本在于探究深邃博大之学术,并使之用于精神和道德的教育。”大学有对科学的探求、个性与道德的修养等任务。新型大学其本质是“宏观的学问与主观的教养相结合”,要求大学把作学问与教导人如何做人结合起来。其次,确立了科学研究在新型大学中的核心地位。洪堡指出,“每名成员如果能最大限度地认同纯学术的观念,高等学术机构才有望实现其目标”。在1810年的备忘录中,洪堡指出:“国家决不应指望大学同政府的眼前利益直接地联系起来,却应相信大学若能完成它们的真正使命,则不仅能为政府眼前的任务服务,还会使大学在学术上不断地提高,从而不断地开创更广阔的事业基地”,并强调科学为大学的核心任务,大学应“唯科学是重”。这些观念在19世纪逐步被人们所接受,成为德国大学的本质特征和首要标志。在“研究与教学统一”原则的基本思想的指导下,柏林大学建立了科学研究与教学相结合的内部运行制度,主要表现为教学和教师聘任等制度。科学研究的成绩、能力和独创性成为衡量并选择大学教师的唯一标准。洪堡认为,只有最优秀的学者才能传授学生最优秀的知识,才能承担大学里创造性的科学研究任务。最后,确立新型大学组织原则。柏林大学是一个“自由”的大学,其具体含义包括:第一,组织管理自由。主要限于学术活动,即大学在学术事务上享有免受政府等外界控制的自由,包括大学在教授聘任上享有较大的自治权,拥有研究、教学和学习的自由,同时还包括教授治校的一些自治权,如教授们选举各学院的院长,校长由教授们从他们中间选出,独立负责大学或学院内的学术事务。第二,研究自由。即从事学术研究的教师服从科学的内在要求,自由自在地进行探索,不受社会种种利益的牵制,不受国家管束,享受着“完全的自由”。主要包括提出课题、确定研究方法和对研究成果的评价及传播等。第三,教学自由。教师不必受到政治的或其他因素的限制,可以在其职业范围内根据自己的标准选择讲课的内容,具有广泛的自由。主要内容包括:在必须完成的教学任务范围内,举行教学活动、确定教学内容和方法以及阐述科学、艺术方面教学观点的权利。第四,学生学习的自由。包括自由选定专业的学习重点,以及自由确立和阐述科学与艺术的观点,甚至包括什么也不学、什么也不做的自由。第五,学术自由不是学术“自由化”。学术自由是以宪法为基础,以具体法律、法规和条例为基准的,违宪违法违规的,就不是学术自由,也不在学术自由范围之内。那些在高等教育领域从事教学和研究者在赋予自由权利的同时,创造相应的责任,负有特别的义务,即在他们所有的学术工作中,要科学、诚实探讨,献身于真理和客观。柏林大学按照洪堡的办学理念,自觉地把大学自治、学术自由、教授治校等基本原则体现在大学制度构建的实践中,创造了现代大学制度,确立了科学研究为大学的重要职能,并把人才培养与科学研究结合起来,成为新型大学的典范。在新体制、新理念的指引下,德国大学的数学、物理学、化学、生物学等新学科、新内容逐步丰富起来;讲座制、选课制、讨论班制、实验观察法等新的治学、管学之道先后被开辟出来。在短时间内,柏林大学创造了许多新经验,"直到 20 世纪 60 年代末,德国大学组织与 19 世纪的大学组织相比相差无几"①。

随着知识经济的到来,20 世纪 60 年代,随着改革的深入,德国政府为适应知识经济社会发展要求,相继推出了一系列改革政策。人们认识到"如何保证学术的自治,是德国大学的核心问题",而"高等学校独立性的关键,是高等学校应完全、不容争辩地享有决定其内部组织制度的权力……这是目前高等学校面临的一个中心问题"。② 70 年代中期以后,如何提高大学自身的组织意识和责任意识、增强大学自主面向社会的适应能力,成为高等教育改革的重点。1985 年,德国为加强联邦政府对高等教育的宏观调控能力和增强大学的自我调适能力,颁布了《高等教育总法》。在《高等教育总法》第四章"高等学校的组织和行政管理中"明确规定了高等学校的法律地位、学校与政府的关系、学校内部组织机构的设置、任务等问题。

经过上述一系列改革,新型的德国大学制度框架逐步建立,相应的规范并持续、有效的保证学者个人的学术自由与自主权力,在新型的德国大学制度中,大学成为一个具有独立决策能力和自我调节能力的独立实体,具有高度的自主权。中介机构作为政府与大学的缓冲,大学与社会通过一系列中介机构紧密地联系起来。更广泛的高级教师概念取代教授的概念,有利于年轻学者的成长。教授不再具有对学术的垄断权,竞争制将取代身份制,将不再作为国家公务员,相当一部分的教授不再享有终身制。对大学质量的评估以社会评价为主,更多地看重社会满意程度。

关于德国大学制度,值得我们特别关注的,还有其大学内部治理结构。德国大学的组织结构由三级构成,最基层为讲座,通常由一名教授担任,教授拥有决定课程设置、讲授内容以及考试评价的权力。与其并行的研究所,是教授开展研究活动的主要阵地。研究所受政府管理,学校无权过问。第二级为学部,由所属讲座教授组成"部务委员会"。它在很大程度上是一个"地位相同的高级

---

① [加]约翰·范德拉格夫:《学术权力》,浙江教育出版社 2001 年版。

② 同上。

人员组成的松散的大学组织”①,主要负责各学部课程的总体安排和向政府推荐讲座教授候选人。主任从委员会成员中选举,任期一年,只负责处理日常性事务工作,与讲座教授相比没有实质性权力。《德国大学大纲法》中规定,德国大学为均衡行使学术权力和行政权力,均设有评议会作为学校最高权力机构。评议会成员一般来自教授、助教、职员代表和学生。绝大多数决策工作由评议会主持,学校人员的任免和校务会的决议需要先征求评议会的意见。评议会为了更好地作出决议,通常下设一个教育研究委员会。大多数德国大学还设有大评议会,大评议会由全体正教授和其他教学人员代表组成。大评议会职能之一是选举校长。根据德国 1976 年颁布的《大学法》的有关规定,德国大学的评议会采取所谓的三者均衡代表制,一方面强化以校长为中心的执行体制,另一方面行使对校级管理机关的监督和控制职能。

在德国大学内部治理结构中,董事会是其核心治理机构。董事会由社会人员代表、大学研究人员代表、产业和文化机构代表等人员组成。德国大学的利益相关者是来自为大学提供资金的团体、机构和监督大学的团体、机构。从 20 世纪 90 年代德国的“新公共管理”运动开始,利益相关者参与大学内部治理。受这场运动的影响,德国政府为提高办学效率,希望通过分权、放宽限制、借鉴私营机构运营的管理技术来改善大学管理,对大学办学效率提出了新的要求。德国大学成为拥有众多利益相关者的代理人,大学投资者与监督管理者呈现多元化,改变了原有的政府机构的形象。

在德国大学中,校长负责制也是德国大学内部治理的一项基本原则。德国大学校长通过教职工从大学的正教授中选举产生。巴伐利亚州《高等学校法》中规定,学校领导人是校长,校长是校代表大会和校评议会的主席,有权召集并主持两个机构的会议,并有权否决他们的决议。校长代表学校主要负责处理校部决策机构中不属于其他会议机构范围的一切事务,负责学校日常教育工作,维护学校秩序;执行国家课程标准,选择教材;安排教师教学任务,帮助教师提高课堂教学质量等。针对紧急事务,校长可以为学校的主要机构作出必要的决策和采取必要的措施。遇到违抗,校长可以解散有关会议机构并举行新的选举,以恢复其行政工作。德国大学内部治理实行校长负责制主要产生于 20 世

① [加]约翰·范德拉格夫:《学术权力》,浙江教育出版社 2001 年版。

纪六七十年代的德国"团体大学"改革运动。在传统"团体大学"中,大学所有重要决议须由全体成员代表参与。通过大学委员会中的教授、学生和其他利益实体集体协商、讨论后作出决策,不仅消耗了大量的时间和精力,还容易造成职责模糊、职权不明,奖罚不分。因此,很多州都积极探索更为适合的大学内部组织与治理模式,建立个人负责制,即通过扩大职权范围、延长任职期限,加强校长与院系领导的权力关系,实行决策行政部门和监督部门分离制度。

以德国公立大学——亚琛工业大学为例,学校有学术和行政两个组织机构,下设若干学院,学院下设研究机构和学系。校长由学术人员选举产生,校长提名副校长并交教师评议会表决。教师评议会掌握学院的学术权力,由 15 人组成,成员是教授 8 人、非学术人员 2 人、学生 2 人、院外人员 3 人。亚琛工业大学实行校长负责制治理模式,校长的重点工作是管理并协调全体教员和各系以及教学资源的优质分配。评议会由 26 名成员组成,每两年换届一次,其主要负责正、副校长和董事会成员的选举,制定校内规章,任命行政最高负责人,授予头衔以及推荐学校重点学科、应当推行的教育方法等。

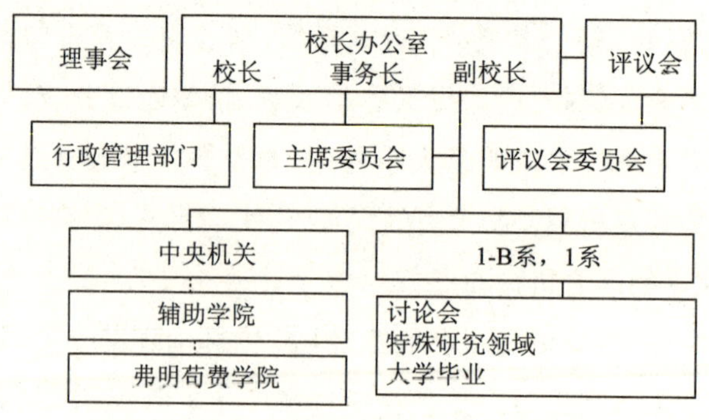

图 4—2　亚琛工业大学内部治理结构图

资料来源:赵博颉:《现代大学制度下的大学内部治理结构研究》,南京理工大学 2005 年硕士学位论文,第 25 页。

三、美国大学制度的变迁

美国现有各类高等院校 3130 多所,是世界上高等教育事业最发达的国家之一。美国半数以上是私立高等院校。高等院校分为"大学"和"学院"两大类,主要为二年学制或四年学制。二年制的多为技术专科学校和社区学院,四年制的学校代表着美国科研和教学的最高水平,主要为文理学院、独立专业学院和综合性大学。美国大学制度的演进,一方面,是通过向德国学习,建立研究型大学来实现的。如向德国学习后建立的约翰·霍布金斯大学(1876 年),其首任校长吉尔曼就职前专程赴德考察,并从德国邀请了 6 名教授来校工作,传授德国大学的教学和科研方法。霍布金斯大学是美国大学中第一个设立研究生院的大学,其研究生院注重研究和发明,在美国大学中享有较高名望。约翰·霍布金斯大学创建不久,即在美国大学中崭露头角,建校 50 年间,在全美 1000 名卓越科学家中,毕业于约翰·霍布金斯大学的有 243 人,占当时美国卓越科学家总数的近四分之一。

另一方面,是通过《莫雷尔法案》,为国家经济社会发展服务,建立州立大学。美国国会在 1862 年,通过了《莫雷尔法案》,规定各州凡有国会议员 1 名可以分得联邦 3 万英亩土地或相等的土地期票。用这些土地的收益维持、资助至少一所从事农业和机械技术教育的学院,培养工农业急需人才,开设有关农业和机械技艺方面的专业。1890 年,美国颁布《赠地法案》,继续向各州赠地为学院提供资助。1862—1922 年,美国共创办 69 所赠地学院,这些学院后来多半发展为州立大学,增加了美国高等教育的数量,拓宽了多样化的结构,成为美国高等教育的一支重要力量,促进了美国工农业的快速发展,为美国经济、社会发展作出了重要贡献。在《赠地法案》的支持下,美国州立大学迅速发展,并形成了两种占主导地位的高等教育思想。一种是"通用课程"计划,以康奈尔大学为代表;另一种是大学为社会服务观念,以"威斯康星思想"为代表。康奈尔大学的创立者康奈尔指出:"我要建立一所让任何人在任何学习领域都能受到教育的学校……这所学院将向社会的工业和生产阶级提供最好的设施,以使他们获得实用知识和精神文化……这所学院将使科学直接服务于农业和其他生产行业。"威斯康星大学第五任校长万·亥斯提出了著名的"威斯康星计划",强调大学在地方文化、经济发展中的地位和作用,重视与州政府的密切合作。"威斯康星计划"主要是帮助州政府在全州各个领域开展技术推广和函授教育,以帮助本州公民。"威斯康星计划"在美国开创了大学直接为政府服务的先例,向社会提供专门服务,着重培养实用型人才向广大公众传播知识,把学生培养成有知识、能工作的公民;在全州各地建立地区大学推广教育中心,把整个州作为大学校园,成为"任何人可以学习任何东西的地方"。委派教师到政府部门兼职,帮助政府解决立法、工程、农业等多方面的问题。从 20 世纪中期开始,高等学校更加广泛地服务于地方社会，而且大大加强了与企业界的联系，在服务经济、科技发展，创造就业机会和创新办学模式上作出了榜样。20 世纪 50 年代，斯坦福大学率先进行的固体电子学等方面的跨学科研究，吸引了大批电子工业公司在该校周围建立新公司，并逐步形成了以斯坦福大学为中心、由一大批高技术企业组成的电子工业基地，即全美第一个科学园（即“硅谷”）。后来，这个科学园又发展成为以斯坦福大学、加利福尼亚大学和加州理工学院为主干的旧金山—帕德阿尔托科学工业中心。此后，在全美其他地区陆续形成了一批大学工业中心。大学与工业界建立新的密切关系，提高了大学在国家经济和科技发展中的地位，同时也给大学的科研和人才培养带来了巨大的活力。

20 世纪 60 年代，在美国高等教育大众化发展初期，美国大学也普遍存在升格、贪大、求全的心理，由此带来的高校功能如何划分、政府与高校的关系如何有效改善、满足平等与追求卓越的关系如何处理等问题，是当时美国高等教育发展亟待解决的。为了解决上述高等教育快速发展带来的问题，美国加州率先制定并实施了《加州高等教育总体规划》，把相互竞争的不同类型的大学和学院转变为一个有机的高等教育体系，加强了总体规划设计和分类指导，对美国以及世界高等教育发展产生了重大影响。《加州高等教育总体规划》提出公立高等教育由初级学院、州立学院和加州大学组成，赋予他们不同的使命和责任。加州大学负责博士教育和科学研究，是首要的学术研究机构，从高中毕业生学习成绩前 12.5% 的学生中选取新生；州立学院从学习成绩前 33.33% 的高中毕业生中选取学生，提供四年制本科生教育、职业教育和研究生课程，准许教师进行相关科研，和加州大学联合授予博士学位；初级学院（后改名社区学院）对加州所有高中毕业生开放，为各种年龄的人提供本科前两年的学术或职业性教育，提供补偿教育、社区服务教育、成人教育等。《加州高等教育总体规划》对这三大部分进行划分、管理和协调，明确了加州高等教育系统各部门之间各种不同的任务分工，从而避免无谓的重复并有效解决了学校之间的无序竞争问题，鼓励三级公立大学致力于自身特定的职责，在各自的领域追求卓越，作出自己独特的优异成绩。各高校有校董会、监事会、校长管委会以及负责学术的教授会等机构，形成了集权、分权和制衡下的现代高校治理结构，有效保障了大学治理结构和制度安排的现代化。我国教育部副部长章新胜在《加州高等教育总体规划》（中文版序）中指出：“美国高等教育非常富有多样性，公立大学与私立大学和谐共存，世界一流研究型大学与服务当地的社区学院各展其长……它们以个性鲜明的培养目标，服务于特定受众人群，满足各种社会需要和个体需要。美国4168所高校绝少雷同，它们相互关联、相互补充、各司其职，同时满足精英教育和大众教育所需。美国比较成功地实现了政府宏观调控、社会监督评估、市场配置调节、高校高度自治之间的平衡。而各高校的自我发展、自我管理和自我约束的机制也在立法的框架下和竞争的平台上得到了确立和不断增强。”

20世纪80年代以来，美国高等教育进一步向普及化、优质化、多样化、国际化方向发展。从现代大学制度看，曾任美国密歇根大学校长的詹姆斯·杜德斯达在其新著《21世纪的大学》一书中认为：“大学拥有三个重要的传统：学术自由、终身教职和机构自治。”“学术自由通常被定义为思想自由的一方面，这种思想自由与学术社会中教学和学术活动相关联。……教师终身教职的概念与学术自由紧密联系。经过一定时期的试用阶段，教师可以获得终身教职，这为教师提供了一种保护……但在理论上它的目的是保证学术自由。”“高校自治的目的在于使大学学术任务相关的各项决议与政治干预相分离。”在高校自治方面，美国主要通过两种模式来实现：

一是实行董事会主导下的学校治理模式。美国现代大学最具特色的治理制度是董事会制度，是美国大学治理的最高权力机构。美国大学董事会一般由校内外利益相关者代表共同组成。例如，密歇根州立大学董事会是由选举产生的8名董事组成，其主要职能是为各学科专业领域的本科生和研究生提供优质教育服务，鼓励开展科研活动，努力促进学校发展。康奈尔大学董事会包括4名当然董事：即州长1名、州参众两院议长2名、校长1名；1名终身董事；3名受聘董事；其他56名董事由董事会决定产生方式，其中必须包括州农、商、劳工董事各2名，校友8名，师、生各2名，非学术职员1名。① 耶鲁大学董事会则包括校长、正副州长，6名校友董事，另10名董事由原董事会指定，任期六年，可连任一次。《芝加哥大学章程》第三条规定，董事会拥有大学的最高决策权。大学校长向董事会负责，并执行董事会决策。芝加哥大学创立之初，即指定尼尔森、布莱克等21人为董事，负责第一年芝加哥大学的管理。② 芝加哥大学董事会充分体现了美国大学董事会的典型特征，属于独立董事会。

---

① Cornell University. *Cornell Leadership*, https://trustees.cornell.edu/.

② 蒋桂仙：《美国大学董事会的运作及特点——以芝加哥大学为例》，《董事会》2007年第8期。

美国大学董事会只负责决策和捐款活动,对学术事务不予干涉。因此,其成员一般来自工商金融界、法律界等。例如,1996 年美国芝加哥大学的 39 名董事中,有工商企业董事 23 名、公共事务官员 2 名、学术管理人员 1 名、律师6 名、大学教师 1 名、基金会董事 1 名、银行家 1 名、志愿者 2 名和其他人员 2 名。[①] 芝加哥大学董事会下设 13 个常设委员会,即执行委员会、审计委员会、学校规划和设施委员会、社区和公民事务委员会、薪酬委员会、发展和校友关系委员会、财务规划委员会、投资委员会、医学中心执行委员会、学生和校园生活委员会、董事职权委员会和大学合作委员会[②]。董事会主席任执行委员会主席,由主席、大学校长和 10 名指定委员构成执行委员会。董事会对芝加哥大学的一切决策权由执行委员会行使。执行委员会就董事会决策提出质疑;批准芝加哥医院大学董事的人选;监管大学中长期的发展规划;接受董事会审批,向董事会提交下一年度的财政预算;实施财务规划委员会安排的具体资金分配方案;批准大学校长、副校长和教务长的薪酬变动。《芝加哥大学章程》同时对董事会会议作出如下规定:第一,常规会议,董事会每年召开常规会议 4 次,会议日期由董事会决定;第二,年会,每财政年度的最后一次会议就是年会;第三,专门会议,董事会专门会议必须在董事会秘书或董事会主席、副主席或至少 3 名董事或大学校长的要求下召开;第四,法定人数;第五,会议通知,董事会会议通知可以按照董事的地址采取个人通知、信件、传真或电报的方式。常规会议要提前 5 天通知,专门会议至少提前 2 天通知,通知要包括时间、地点和会议历时[③]。耶鲁大学董事会有 11 个常设委员会,即重大事务、财政、审计、投资、教育政策、机构政策委员会、荣誉学位、建筑与土地、发展与校友事务、薪酬、董事会职责委员会,并由校长担任重大事务委员会主席。耶鲁大学章程中对各委员会的职权、人员构成、产生程序、运作方式等都有详尽规定。校长由董事会选举产生,要对董事会负责,并履行以下职责:组织领导校内治理系统,协调教学、科研、行政管理之间的关系,争取各方资助,提出预算并监督执行,解决师生的要求和问题等。校长有若干助手协助,下设负责处理各方面具体事务的办公室,办公室主管对校长或分管副校长负责。例如,哈佛大学的七位副校长分别负责政策、校

---

① 蒋桂仙:《美国大学董事会的运作及特点——以芝加哥大学为例》,《董事会》2007 年第 8 期。

② University of Chicago. *Board of Trustees*, http://trustees. uchicago. edu/board/.

③ 蒋桂仙:《美国大学董事会的运作及特点——以芝加哥大学为例》,《董事会》2007 年第 8 期。

园服务、校友和发展、财务、法律、公共关系和人力资源事务。

大学董事会机构由校外人士组成董事会对大学行使和掌握最高决策权，避免大学被内部利益群体、利益相关者控制。这不仅对大学内部利益负责，还为整个社会谋取福利，对社会负责，契合国家和社会创建大学的根本目的。大学通常会因为大学事务被“内部人”垄断，成为内部机构，沦为“内部人”的利益群体，缺乏自己应有的社会责任感。大学内部利益相关者包括教师、学生、行政人员等。在校外人士的决策下，保证了大学管理体制的内部协调，把大学事业的发展放在首位，有助于大学对社会需求作出及时有效的反应。同时，由校外人士组成的美国大学董事会，对加强大学与社会的沟通方面发挥着重要作用，一方面可以向校内共同体明确反馈社会发展需求，另一方面也可以向社会准确解释校内共同体的工作内容。

美国大学董事会作为大学法人代表，董事会成员来源的多样化，有利于大学拓宽资金筹措渠道、吸纳社会资源，代表了美国各行各业在高等教育领域的不同利益。美国大学董事会董事人员多数来自校外非学术性行业，工商业、律师较多，充分保障了大学自治权利和能动性，能倾听多方意见，考虑各方利益，对社会需求能及时做出有效的反应。

二是通过以评议会为核心的共同治理制度来实现。18 世纪末，耶鲁学院建立起美国大学第一个评议会，经过 200 多年的发展，至今全美超过 90% 的高校都成立有评议会。作为世界现代大学治理制度的典范，美国大学评议会已成为具有完备组织制度的机构，形成以评议会为核心的制度模式，评议会的组织结构主要包括评议会大会和执行委员会。1967 年美国大学教授联合会（AAUP）、大学董事会联合会（AGB）和美国教育联合会（ACE）三家共同发表了《大学和学院的治理声明》，明确了董事会领导下校长和评议会分工负责的“共同治理”模式（Shared Governance），美国各大学大多采用了此种治理结构。

评议会大会每学年召开 1—2 次大会，如密歇根大学评议会每年秋季或者冬季学期召开一次全体大会，加州伯克利大学每年两次。评议会大会是指全体评议会成员参与的最高会议。一般由大学全体教师组成或由教师代表组成，评议会成员还包括校长、副校长、院长、系主任、图书馆馆长等人员。密歇根大学评议会主要是由大学全体教师组成，弗吉尼亚大学的评议会有 80 名成员，由教师代表组成，按照一定的人员比例分配名额，以院系为单位，由各院系投票选出教师代表，任期4年。美国大学评议会是一种教师组织，无论是全体教师参与，还是教师代表参与，评议会都能够代表教师的意愿和观点。评议会体现了美国大学“教授治校”的传统治理价值观，将全体学术人员纳入其中的设置，是一种价值选择。

许多大学的评议会因为规模比较大，为提高决策效率，都设置了一个执行委员会，作为核心议事和执行机构。例如，密歇根大学评议会执委会由72名评议会成员组成，其成员按照院系评议会成员数额确定，每个院系至少有2名代表，若院系的评议会成员数不足20人，将直接得到1个名额。评议会秘书以及2名退休的评议会成员是职能处室成员。密歇根大学评议会执行机构还成立有大学事务咨询委员会。大学事务咨询委员会只有9名成员，从执委会的72名成员中选出，名额也是按照院系代表数额确定。大学事务咨询委员会代表评议会执委会就大学的重要政策问题与校长商议，负责选出执委会主席，提名和指导执委会下设委员会的工作。其具体任务是：确定评议会大会的议程；审核评议会的“立法”议案，确定后提交评议会大会表决；代表评议会与大学行政进行沟通和磋商；负责管理评议会的内部机构。①

伯克利大学采用以学术评议会为核心的治理模式，确保了伯克利大学追求学术卓越目标的实现。为保障学术自治与学术自由，1868年加州大学设立了加州大学董事会。由校外人士构成的董事会，建立公共信托，开启了大学管理的新模式。学术评议会由此产生，校长、教师、各院系领导成为学术评议会的成员。在1899年惠勒任校长时，要求董事会全权授予治理的权力到校长手中，赋予学术评议会多项权利，要求董事会赋予教师群体制订教育政策的权力，教师开始积极参与大学的治理。1919年，惠勒退休后，加州伯克利大学掀起了“教工革命”。1920年，董事会赋予学术评议会的权力，由教师、行政部门和董事会等团体的共同治理结构，开启了共同治理的先河，成为美国现代大学治理制度的典范。在共同治理理念的指导下，教师群体成为美国大学共同治理的主体，与行政机构一样享有大学治理的决策权。随着对学术评议会功能的不断完善，对董事会规章制度的健全和机构调整，教师参与大学共同治理模式从无到有、由弱到强。1930年斯普劳尔出任校长，他积极与教师配合，支持教师共同治理。

① University of Michigan. *the Bylaws of the Board of Regents*, http://regents.umich.edu/bylaws/.

20世纪30年代大萧条时期，在州财政大幅削减的困境下，他建立了学术评议会教育政策委员会，提高学费，帮助学校减支增收。“二战”后，斯普劳尔组织召开“全大学教授会议”，讨论战后科研经费的增长情况、大学共同治理制度的作用等。“全大学教授会议”成为一项制度，每年召开一次。克尔任加州大学校长时，推动了学术评议会组织的大变革，在加州大学各分校都成立了学术评议会分会部，由此奠定了加州大学现代意义上的共同治理制度框架，形成了大学共同治理制度的基本结构，在董事会下是两个既并列又有必要重叠的决策体系，即学术评议会和以校长为代表的行政机构。①

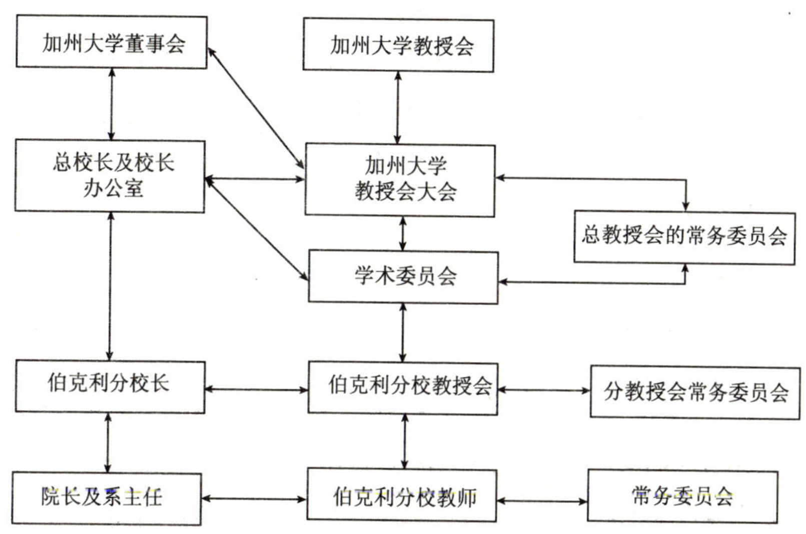

图4—3　美国加州伯克利大学内部治理组织结构及各利益相关者之间的互动关系图②

伯克利大学共同治理制度是治校理念的核心，是美国大学内部治理的基本原则，更是美国现代大学基本制度的基础。学术评议会成为美国大学内部普遍设置的核心组织机构，为学术人员参与学校事务搭建平台。学术评议会是共同治理制度的核心，作为学术权力的组织机制，负责学校教学和科研等学术事务。学术评议会代表大会行使最终政策权力，学术委员会是学术评议会的执行机构。学术评议会代表大会，由各分校代表以及评议会分部主席组成，每年至少召开一次。学术委员会，由校招生委员会、教育政策委员会、研究生事务协调委

① Pelfrey, Patricia A. *A Brief History of the University of California*, Second edition. Berkeley, CA: University of California Press, 2004: 38–42.

② *The Organization at University of Califonia*, http://universityofCaliforniaedu/senate/resoures.

员会、学术人员委员会、研究与肯定性行动委员会以及规划和预算委员会等各利益相关部门主席组成。各项重要决策的制订过程中，教师与校行政人员相互影响、相互制约，共同协商、共同决策，讨论共同需要解决的问题。共同治理制度为伯克利大学创建和谐的大学文化提供了重要保障，促使教师不懈地致力于大学学术使命，有效地制约了行政权力过胀现象，限制了绝对权力导致的腐败现象，为教师、行政人员提供了重要的沟通平台。共同治理制度为伯克利大学的人才培养提供了依据和保障，科研成果不断涌现，提高了学术水平，促使伯克利大学长期居于美国公立大学榜首，成为世界一流大学。

四、西方国家大学制度的经验启示

（一）多元参与，共同治理

多元参与、共同治理是西方国家大学制度的基本特征。西方国家大学通常实行董事会领导下的校长负责制，设立有董事会，如在英国、美国大学中，董事会无一例外都是其大学的核心治理机构，即董事会不仅是大学最高决策机构，而且还是大学最高权力机构；董事会下属各委员会和校长是大学最高决策与权力机构的执行机构。作为大学最高权力与决策机构的董事会，其成员依据法律、法规和大学章程的有关规定，基本上由州政府官员、社区代表（包括大学所在社区企业家、工商界代表）、社会团体名人、家长代表、教师代表、学生代表等人员组成。这种由大学最广泛利益相关者参与的治理机构，一方面，有利于大学收集来自政府、社会和大学内部的各种信息，听到来自大学内外的各种声音，便于大学在遵循高等教育规律的基础上，使大学的发展符合社会和市场需求，并切合大学“内部人”的期望；另一方面，由于有大学利益相关者的广泛参与，使得大学的决策更科学、更民主、更贴近实际，大学的决策更能体现大学利益相关者的利益，且能较好地避免“内部人”控制，保证大学按规律运行。

西方国家大学利益相关者共同参与学校治理，不仅体现在董事会这一最高决策与权力层级，也体现在校、院、系等决策和权力执行机构中。在西方国家的大学中，大学利益相关者可以通过参加各种委员会来参与大学的治理，并在参与大学治理的过程中维护自身的权益，监督大学的管理和运行。例如，在美国，大学利益相关者可通过教授会、师生代表组成的政策委员会、课程委员会、评估委员会以及晋升委员会等机构参与董事会决策的执行，达到参与、监督大学治理的目的。在英国大学中,教职工在系、部层级,可通过系务委员会、部务委员会等机构来参与大学治理;在学校层级,可通过校务委员会、评议会、学术委员会等机构来治理大学。在德国,师生可通过校代表大会和校评议会及其下设的教育研究委员会等机构来实现对大学的共同治理。

需要指出的是,西方国家大学多元参与、共同治理的制度设计,积极协调了行政权力与学术权力、大学集权与分权的关系。如董事会,由于其部分成员来自大学外部利益相关者,并担任董事会下设各委员会的成员或顾问,其在董事会决策中,很自然地就是以政府、社会代表的身份参加董事会决策,其决策意见不自觉地就代表了政府和社会的利益。由此可见,西方国家大学的董事会及其董事会下设的各委员会,其实就是大学协调与政府、社会等外部关系的重要机构,是大学与政府、社会沟通的纽带桥梁。同样,西方国家大学内部设立的政策委员会、课程委员会、评估委员会等机构,也是大学制衡学术权力与行政权力,完善大学内部监督、管理、运行的重要组织。借鉴西方国家大学董事会治理模式,建立党委领导下的董事会负责制,是我们构建中国特色现代大学制度的一个重要方向。

(二)高度自治,学术自由

高度自治、学术自由是西方国家大学的典型特征。西方国家大学的高度自治,一方面,表现在政府对大学的管理并非直接干预的权力控制,而是通过中介机构(如大学拨款委员会、社会中介评估机构等)来实施对大学的宏观管理,并以此为纽带,把政府与大学联系在一起。如英国、美国等西方国家都建有服务、监督大学的"第三方"中介机构。这些中介机构的存在,有效地缓冲了政府对大学的直接干预,并充当了沟通政府与大学关系的角色。同时,这些中介机构的存在,使得政府承担了作为社会公共事务管理者对大学这一公共利益机构应该承担的责任,这为大学能够保持外部高度自治提供了良好的外部环境。另一方面,西方国家大学的高度自治,还表现在大学内部的高度自治,即大学有权处理大学内部的一切事务而不受政府干预,如大学可通过内部选举或由校长提名、董事会(评议会)讨论表决等方式产生大学副校长,有权根据学校需要自主管理、支配大学财务,有权依据市场需要自主设置或调整学科专业和组织教学,等等。

西方国家大学的学术自由,是指大学师生在国家和州的有关法律法规以及大学“法令”允许范围内,可以自主地从事科研工作,自主探索、追求真理,自主地发表科研成果和表达科学、艺术观点。在此范围内,教师可以自主地教,学生也可以自主地学,而不受政治或其他因素的限制或干扰,这在德国大学中表现得尤其明显。我们通过对上述英国、德国、美国三国大学制度变迁的比较分析可知,上述国家大学非常注重协调学术权力与行政权力的关系,大学内部都存在学术权力和行政权力并存的二元权力结构,治理结构和运行机制有所不同,都为大学实现学术自由提供了良好的内部环境。为有效发挥学术权力和行政权力的作用,实行校长负责制与会议制相结合的治理机制。实行校长负责制通过评议会或学术委员会等会议制保证学术权力的参与和决策的民主化、科学化,不是校长独揽学校大权。在西方国家大学中,两个权力主体相互扩大、渗透,学术权力与行政权力两个子系统注重协调,学术权力决策注重吸纳行政人员参与,行政权力决策也强调吸纳学术人员参与。西方国家大学内部都存在学术权力和行政权力运行的两个子系统,一方面以校长为首的行政权力实施董事会、校务委员会决议,行使其行政权力职能;另一方面由讲座、研究所、学科系到学院或学部,再到学校评议会决议,削弱了学术权力与行政权力间的冲突,校长担任评议会主席,以教授组织形式的学术权力,保证校长负责制和会议制进行有效协调,有利于执行董事会或评议会的决议。学术权力起主导作用的大学也注重发挥行政权力的作用,行政权力起主导作用的大学也注重发挥学术权力的作用,学术权力与行政权力配置趋于科学化。西方国家大学制度的上述特点对创新我国现代大学制度具有重要的借鉴价值。

(三)校长负责,民主监督

在西方国家大学中实行董事会领导下的校长负责制,是大多西方国家大学治理的显著特征。校长由董事会选聘,掌握办学的大方向、管理大学重大事务,在董事会通过的总体政策的范围内自由行使职权。校长是校内各种委员会和董事会成员,是学校的最高行政管理者,对学校内部各项工作拥有最终决定权,以巴伐利亚州《高等学校法》为例,该法规定校长是校代表大会和校评议会的当然主席,他有权召集并主持两个机构的会议,还有权否决他们的决议。作为学校领导人,校长代表学校主要负责处理校部决策机构中不属于其他会议机构范围的一切事务。其职责主要包括负责学校日常教育工作,维护学校秩序;执行国家课程标准,选择教材;安排教师的教学任务,帮助教师提高课堂教学质量等。在董事会领导下的校长负责制的大学治理中，英国大学校长的主要工作是多种渠道筹措办学资金，保证充足的教育经费；处理事关学校发展的重大问题，如学校的方向、办学战略思考、办学理念等；处理学校与董事会、政府、社会之间的关系；选择行政管理层，如直接任命各学院院长、系主任等。

在西方国家大学，通过法律、大学章程和董事会章程等赋予大学校长经营、管理大学职权的同时，也通过设立监事会、监委会的形式来对校长及其董事会的权力进行约束、监督。如在美国大学中，哈佛大学是个典型代表。美国哈佛大学除了设有董事会外，还设有监委会。哈佛大学的董事会主要负责处理学校管理事务，但其董事会的决策需经监委会批准后方可实施，而且哈佛大学的监委会还拥有对董事会的监督权以及新校长的委任权。哈佛大学监委会的30名成员，在哈佛学院和拉德克利夫学院毕业的校友中选举产生。监委会监督董事会，支持学校的各项重大活动，提供相应的大学政策制度咨询，开展对教育教学活动的调查研究，定期举行会议。同时，在西方国家大学内设的各种机构，其实也是大学权力制衡、监督的重要组织。如伯克利大学的学术评议会、密歇根大学的评议会、英国约克大学的评议会、德国大学的评议会及其下设的教育研究委员会等，都是大学权力运行的监督机构。此外，大学董事会下设的各种委员会，如芝加哥大学董事会下设的审计委员会、投资委员会等，既是董事会执行机构，也是董事会及校长权力的监督机构。上述学术评议会、评议会和董事会、监事会（监委会）及其下设的各种专门委员会的利益相关者来源广泛，他们通过参加这些委员会的工作，参与学校管理并监督学校工作。

（四）开放办学，强化服务

开放办学，强化服务，是西方国家大学的重要特征。西方国家大学，都非常注重协调与社会的关系，非常注重通过建立开放办学的机制来加强与社会的联系。如德国，为了加强大学与社会的联系，在德国政府的引导下，扶持建立了一批社会第三方评价机构对大学进行评价。这些社会中介评价机构的建立，使德国大学从由来已久的内部评价方式（即对大学的评价由大学自身来承担的方式）向外部社会评价方式（社会中介评估大学的方式）转变，迫使大学不得不走出"象牙塔"，加强与社会的联系。在引入社会评价机制、加强大学与社会联系的同时，德国政府还通过吸收社会各方面人员参加政府成立的各种有关高等教育的咨询、评估机构，邀请社会团体力量参加政府关于高等教育规划、拨款等重大决策。重视社会的需要,把社会成员对高等教育的需求直接反映到高等教育的决策与监督中来,加强社会与大学的联系,由以往的“社会—政府—大学”模式,转变为“政府—社会—大学”的模式。英国大学通过董事会、理事会等组织来协调大学与社会的关系,将大学与社会有机地联系起来,并最终使大学成为社会的一部分。

对国家负责,为社会服务是西方国家大学的现实使命。世界一流大学,不仅在于它有一流的科学成就,更在于它具备对民族、对国家、对世界负责的精神,并致力于培养能够自觉对国家、对人类以及对科学负责的各行各业的领导人才。在哈佛大学校门旁的一面墙上写着:Admission to the growth of knowledge, graduation is in order to better serve the nation and the people!(入学是为了知识的增长,毕业是为了更好地服务国家和人民!)322 年间,哈佛大学共培养了 7 名美国总统、34 名诺贝尔奖获得者和数以百计的世界级财富精英;300 多年来,耶鲁大学共培养出了 5 位美国总统、20 位诺贝尔奖获得者。[①] 哈佛和耶鲁培养出的这些杰出人物,对美国乃至世界产生了巨大和深远的影响。

与此同时,在社会服务方面,西方国家大学特别是美国大学表现得尤为突出。从《赠地法案》到“威斯康星思想”,从硅谷到巨型创业型大学的出现,美国大学社会服务功能越来越强大,服务社会意识也越来越强烈,并成为了推动美国经济社会发展的一支重要力量。2000 年,美国硅谷大学科学园的 GDP 总值超过 3000 亿美元,占全国的 3% 左右。如果把硅谷视为一个国家,其经济实力可以排在世界第 12 位[②];2004 年,硅谷科学园人均收入 53000 美元,是美国人均收入的 1.6 倍[③],成为服务美国经济社会发展的重要驱动力。

第二节　中国大学制度的变迁

我国近代意义上的大学发轫于 19 世纪中叶,大学制度的变迁也自此开始。

① 《人大毕业生豪捐耶鲁 冲击中国教育》,见 http://blog. renren. com/share/241350503/1488876669。

② 海淀统计信息网:《数据解读中国硅谷》,见 http://www. hdtjj. gov. cn/HDTJJWEB/S_10362. html。

③ 新浪网:《新经济导刊:硅谷模式研究》,见 http://tech. sina. com. cn/it/2006 - 09 - 01/21121116263. shtml。

与西方国家大学制度变迁不同的是，我国大学制度的发展变迁，既不是我国封建传统大学自身合逻辑、合规律自然演进的结果，也不是社会经济发展到一定阶段的产物，而更多的是与一定时代背景下的政治活动和国家需要相伴而生的“结晶”，带有明显的强制外生性制度变迁的烙印。从历史角度看，我国大学制度变迁，可分为以下六个阶段：

一、发轫期（19 世纪中叶—1911 年）

我国新型大学制度是伴随着近代高等教育的出现而逐步产生的。鸦片战争结束后，西方列强凭借“坚船利炮”，大肆瓜分中国，强迫清政府签订了一系列不平等条约，把中国看成其生产廉价资料的生产基地，疯狂掠夺各种物质、人力资源，民不聊生。面对空前严重的民族危机，一些爱国的封建地主、绅商和洋务派、维新派等有识之士认识到，要摆脱列强的束缚，走上“独立自主”的发展道路，必须变革图存，振兴实业，而这需要一大批掌握近代工业技术、精通社会和企业管理的新型人才。借鉴欧美国家发展高等教育的经验，建立有别于传统教育的近代高等学校，培养服务于国家、民族发展需要的新型科技、管理、翻译等方面的人才的呼声也越来越高。

19 世纪中叶，洋务派、维新派和受过西方教育的爱国知识分子举办新式学校，我国近代教育及教育机构随之出现，以培养精通“西学”人才。1862 年，创办我国最早的外语学校——京师同文馆，培养翻译人才；1895 年在天津，盛怀宣开办中西学堂（亦称北洋西学堂），以美国哈佛大学和耶鲁大学的学制为蓝本，培养工程和法律人才；1896 年，盛怀宣又在上海建立南洋公学；1898 年，在光绪帝下诏、刑部左侍郎李瑞棻倡导、孙家鼐的主持下，在北京建立当时中国的最高学府、最高教育行政机关——京师大学堂，行使国家教育部的职能，统管全国教育事宜。《京师大学堂章程》应运而生，对我国此后大学制度的建立产生了较大影响。《京师大学堂章程》指出：“夫中学体也，西学用也，二者相需，缺一不可，体用不备，安能成才。”[①]就招生入学、教师聘用、管理人员、经费等作具体规定，设置普通学和专门学两大类课程。同年（1898 年），清政府诏令“各省厅州县现有之大小书院，一律改习之中学西学之学校”，并要求“省会之大书院改为高等

① 《京师大学堂》，见 http://baike.haosou.com/doc/5567960－5783119.html。

学堂”。19 世纪我国建立的大学:京师大学堂、北洋西学堂和南洋公学三所学堂,是我国真正意义上的大学,具有跨时代的历史意义。

随着近代高等教育的出现,为进一步规范学校管理,1902 年,清政府颁布了我国第一部以政府名义颁布的学制系统——《钦定学堂章程》,史称“壬寅学制”。“壬寅学制”规定,高等教育分为大学预备科、大学专门分科和大学院三级。在此基础上,1903 年清政府修订颁布了《奏定学堂章程》,史称“癸卯学制”。该学制将学校教育规定为初等教育、中等教育和高等教育三个阶段,并明确规定由“中央和地方共同举办高等学校,大学兼有人才培养和学术研究职能”,并要求建立“‘学’与‘术’分离的高等学校体系”,一直沿用至今。在“癸卯学制”的基础上,借鉴日本大学模式,1904 年 11 月清政府制定了《奏定大学堂章程》,规定大学堂的学科、学习年数、课程设置、招生录取、学校建设、教员管理,明确大学堂“以谨遵谕旨,端正趋向,造就通才为宗旨”。①

这一时期我国私立高等教育刚刚起步,学校数量较少。这期间最初在我国创设私立学校的是外国教会,如 1880 年在上海成立的英语专科学校,1890 年在南京成立的金陵大学,1891 年在北平由英美两国教会合办的协合大学,还有东吴大学、华西协合大学、震旦大学、齐鲁大学、沪江大学、夏葛医科大学、岭南大学、同济大学等。外国教会在中国设办私立大学的同时,国内的一些有识之士也开始创办私立大学。张焕纶在我国最早创办私立学校,他于 1879 年在上海创办了正蒙书院。但此时由中国人自己创办的私立学校的数量仍然非常少。1904 年“癸卯学制”的颁布,给我国私立高等教育的发展吹来了一股春风,新式私立学校迅速发展,各州、县士绅、秀才、童生,创设新式学堂。例如,1897 年成立的南洋公学,1905 年成立的复旦公学,1906 年成立的中国公学等。1909 年,各省立宪代表联合进京,为“立宪时代需要通晓法政人才尤多,不能专恃各省官立法政学堂为养成之所”请求准设私立法政学堂。1910 年,浙江省翰林院编修陈敬第等呈请浙江巡抚代奏准予设立浙江私立法政学堂,获学部批准。随后,“复经学部议奏,准予各省私立学堂专司法政以广教育”,浙江宁波法政学堂、集湖法政学堂、四川岷江法政学堂等专科学校相继成立。尽管法政学堂当时被看作是大学的预备学校,但却是当时私立高等教育的重要组成部分。

---

① 舒新城:《中国近代教育史资料:上册》,人民教育出版社 1961 年版,第 533—639 页。

清政府在这一时期的学校教育制度、学校章程中，针对公立学堂较多，允许设立私学，但并没有将其纳入学制体系。张百熙、荣庆、张之洞著的《学务纲要》，较多涉及私立学堂，规定："此后京外官绅兴办各种学堂，无论官设公设私设，俱应按照规定各项学堂章程课目切实奉行，不得私改课程，自为风气"，"其私设学堂，概不准讲习政治法律专科，以防空谈妄谈之流弊，应由学务大臣咨行各省切实考察禁止"，"私学堂禁习兵操，凡民间私设学堂，非经禀准，不得教授兵式体操。其准习兵操者，亦止准用木枪，不得用真枪以示限制，应由学务大臣咨行各省晓谕民间一律遵照"①。清政府在对私立高等学校的宏观管理上，在学制上不鼓励私人创办高等学堂，地方政府对私立高校给予全力扶助，支持已建立的私立高等学堂。

二、初创期（1912—1949 年）

1911 年，辛亥革命推翻了封建帝制后，大学的发展环境相对宽松。到 20 世纪 30 年代，中国高等教育发展模式先后经历了由学习日本到借鉴德国，再到模仿美国的转换过程，进入了多元化探索时期，我国大学制度开始由传统向现代转型。

"癸卯学制"作为我国第一个新型大学制度，产生于民族灾难深重、社会变革急剧转型的动荡年代，受各种主客观因素的制约，学制的很多内容并未实施，加上当时人们对大学及其组织属性的认识不充分，使得学制对大学很多问题的认识还较肤浅，对高等学校办学、管理等方面内容的规定还缺乏系统性。从某种程度上说，"癸卯学制"还仅是一个框架性、总则性的制度。到了 1912 年，随着民国的建立和新制度的实施以及人们对高等教育认识的不断深化，民国政府在"癸卯学制"的基础上，颁布了一系列改革教育的决议和法令。1912 年，民国政府颁布了《大学令》（也称"壬子学制"），对大学的目的、组织、教师、学制等都作了明确规定。《大学令》指出："大学以教授高深学术，养成硕学闳材，应国家需要为宗旨。"②《大学令》经 1913 年修改后称"壬子癸丑学制"，规定过去所沿

---

① 璩鑫圭、唐良炎编：《中国近代教育史料汇编（学制演变）》，上海教育出版社 1991 年版，第 488—497 页。

② 璩鑫圭、唐良炎编：《中国近代教育史料汇编（学制演变）》，上海教育出版社 1991 年版，第 663 页。

用的学堂等名称统一改名为学校,并将高等学校分为大学和高等专门学校两种。1922年11月,国民政府颁布《壬戌学制》,规定大学分为四个层次:一是大学,学制4—6年,医科至少5年,取消预科,可设多科或单科;二是专科学校,学制3年,如超过3年,待遇与大学相同;三是大学和专科学校可设立专修科,年限不定;四是大学院(即研究生院)可招收大学本科毕业生,年限不定。1924年2月,国民政府颁布《国立大学条例》,规定国立大学修业年限为4—6年,选科制,考试及格者发给毕业证书,大学毕业授予学位,并提出国立大学实行董事会的管理体制。1927年,国民政府制定了《大学教员资格条例》,规定高等学校教师为国家工作人员,分教授、副教授、讲师、助教四级。上述学制与条例对"癸卯学制"中的大学进行了细化,大学的层次、类型逐渐与世界接轨,"学"与"术"分离的高等学校体系得到进一步完善;进一步健全了高等学校办学体系,在法律上承认了私立高等学校的合法性,官办与民办高等教育协调发展的格局形成;大学开始设立研究所和研究院,且实行董事会管理体制,高等学校的内部组织机构及管理体制进一步得到充实和完善。以上对大学制度的探索,对此后我国大学制度的建立产生了积极的影响。

在前30多年(1898—1928年)对新型大学制度探索的基础上,国民政府为适应高等教育的发展需要,在借鉴欧美国家发展高等教育的先进理念的基础上,1929年颁布了《大学组织法》、《专门学校组织法》、《大学规程》、《专门学校规程》,对原有的大学制度进行了完善,我国大学制度更加成熟。此后,国民政府1939年颁布的《大学及独立学院各学系名称》、《大学行政组织补充要点》《独立学院及专科学校行政组织补充要点》以及《师范学院规程》,都是对1929年大学制度的补充和发展。在这些制度中,统一规范大学和独立学院以及系的名称,统一规范高校行政组织机构的设置、名称、人员配备、职权范围与工作方式、方法等。1948年,国民政府又根据宪法,制定了相关的实施细则,将《专门学校组织法》和《专门学校规程》合并修订为《专科学校法》,将《大学组织法》、《大学规程》合并修订为《大学法》。上述制度与以往制度相比,一是进一步强化了高度集权的国家管理体制。高等学校由国家统一审批(包括私立高等学校),国家对高等学校实行统一、直接管理,学校学科、专业、课程设置及教师任命、学生更改姓名、助教和讲师资格确定等许多学校内部事务权都集中在国家。二是政府管理中的行政化倾向得到加强。高等学校的任务、性质由政府确定,课程设置、课程内容、教材等由政府统一安排,公立大学的办学经费由政府统一规定、核拨,政府对高等学校的结果、布局调整采取行政命令的方式进行,对学校内部事务进行直接干预等。三是促进国立、省立和私立高等学校多元格局的协调发展,健全完善了多样化、多层次的高等学校及人才培养体系,对后来中国大学的发展产生了重大影响。

在国民政府积极推进大学制度改革的同时,当时的各高等学校在大学内部也对大学制度的改革进行了一些有益的探索与实践。20 世纪二三十年代我国高校内部治理改革,以蔡元培、郭秉文分别在北京大学和东南大学推行的大学改革为标志。他们以西方大学制度为范本,结合学校、社会政治和经济的实际情况,创新大学管理方法、制定一系列可行性方案,为中国现代大学制度基本框架的构建,奠定了良好的基础。

1917 年,蔡元培先生出任北京大学校长后,开始对北京大学进行改革。从大学应研究高深学问的宗旨出发,使北大从"官僚养成所"变成"研究高深学问的地方",转变学校的性质。改革北大的学科体制和学术组织制度,制订的基本办学理念是"研究高深学问"、"思想自由、兼容并包"和"教授治校",用以系统的大学内部管理制度。蔡元培基于学术组织、大学教学、教育规律的理解和主张,改造北京大学,造就浓厚的学术氛围、大学精神,建立大学制度。新型大学制度丰富了我国大学制度,成为我国建设新型大学制度的样板。在大学制度中,高等学校内部组织结构、管理体制、运行机制和高等学校"学"与"术"的分离等问题更加具体化。

1919 年,郭秉文就任东南大学(其前身为南京师范学校,1921 年才改为东南大学)校长后,主张东南大学应广泛地融入社会生活,突破"象牙塔"的藩篱。借鉴美国高等教育的成功经验,郭秉文着手改革东南大学的管理体制、系科设置、培养目标、课程内容、经费筹措、教学方法等。东南大学设立了董事会,成为全国第一个设立董事会的公立大学,校内管理体制实行校长领导下的"三会制",即评议会、教授会和行政委员会。根据 1924 年《东南大学章程》,董事会是该校的最高领导机构,董事会人员由政府官员、工商界人士、知名绅士名流、教授及教育专家组成,负责决定学校的重大事务、推荐校长人选、审核学校预算、决议学校各系科的废举等。在学术组织制度建设上,东南大学主张要重视文理、注重致用,要多科并重,才能相得益彰。同时,还要求各系科要注意面向社会办学，在为社会服务中落实高等学校教育、科研和为社会服务的职能。东南大学逐步成为综合性大学，集文、理、工、商、教育等多学科并存。特别是其董事会的设立及其相关制度的建立，为进一步创新、发展中国高等教育管理体制、投资体制开辟了新的路径。

这一时期，我国私立高校迅速发展，私立高校法规和制度建设也取得了长足进步。1912 年，中华民国成立，改变了以往对私立学校放任的态度，制定并颁布了诸多涉及私立学校管理的法规。如 1912 年 10 月，民国政府颁布了《专门学校令》和《大学令》。《专门学校令》第五条规定"凡私人或私法人筹集经费依本令之规定设立专门学校，为私立专门学校"，第六条规定"公立私立专门学校之设立，变更，废止均须呈报教育总长得其认可"；《大学令》第二十一条规定"私人或私法人亦得设立大学"。《大学令》所限制的条款主要是有关大学院事项，规定私立大学除了不得设大学院（研究生院）外，其余与公立大学一视同仁①，这在法律上第一次承认了私立高等学校的合法性。同年 11 月，民国政府颁布了《公、私立专门学校规程》，规定"私立专门学校呈报教育总长认可时除依前条规定外，并须开具代表人之履历，代表人对于该校应负完全责任。私立专门学校如系一人设立者，即以设立者为代表人，如系两人以上设立者，应推举一人为代表人，其他非负完全责任之发起人或赞成人均不在代表之列。代表人如有变更之时，应祥具理由及继任者之履历，呈报教育总长认可"。1913 年 1 月，教育部颁布《私立大学规程》，其第一条规定"私人或私法人设立大学，除遵照《大学令》第三条及第二十一条所规定外，应开具下列事项呈请教育总长认可：(1)目的；(2)名称；(3)位置；(4)学则；(5)学生定额；(6)地基房舍之所有者及平面图；(7)经费及维持方法；(8)开校年月。在开设医科者，并须开其临床实习用病院平面图，及临床实习用病人之定额，解剖用尸体之预定数目"；第八条规定："凡具下列条款之一者得充私立大学教员，具有下列各款资格之一，且曾充任大学教员一年以上者得充校长：(1)在外国大学毕业者；(2)在国立大学毕业或经教育部认可之私立大学毕业，并积有研究者；(3)有精深之著述，经中央学会评定者，如校长教员一时难得合格者，得延聘相当之人充之，但须呈请教育总长认可"。第九条规定："私立大学之学则应规定之事项如下：(1)入学资格，

① 璩鑫圭、唐良炎编：《中国近代教育史料汇编（学制演变）》，上海教育出版社 1991 年版，第 664 页。

修业年限,学科,学科目,学科程度等;(2)学年,学期,休业日等;(3)入学,退学,升级,毕业等;(4)儆戒事项;(5)学费事项”。1919年3月,民国政府教育部规定凡外国人在中国所设专门以上学校,不立宗教科目者且不以宣传宗教为目的,援照私立专门学校规程或私立大学规程及专门以上同等学校待遇法,发布外国人所设专门学校毕业生待遇办法,毕业生得与公私立各校毕业生受同等待遇,标志着民国初期管理私立高等学校的政策体系初步形成。

1927年,南京国民政府专门制定了学校法规,如《私立大学及专门学校立案条例》(1927年12月颁布)、《私立学校条例》(1928年2月颁布)、《私立学校校董会条例》(1928年2月颁布)、《大学组织法》(1929年7月颁布)、《专科学校组织法》(1929年7月颁布)、《大学规程》(1929年8月颁布)、《私立学校规程》(1929年8月颁布)、《修正专科学校规程》(1931年2月颁布)等。要求各私立学校按公立学校的各项教育法令办理,加强对私立学校的管理,继续提倡私人、私人团体办学,以加强对各级各类私立学校的管理。其中有关私立大学的政策法规主要有:其中《私立学校规程》1933年10月修订为《修正私立学校规程》,后又分别在1943年11月和1947年5月做了两次修订,私立学校的管理制度与政策措施日趋完善。1931年6月,国民党政府把私立学校写入宪法,颁布的《中华民国训政时期约法》中规定:“私立学校成绩优良者,国家应予奖励和补助”;1936年5月,在国民党政府颁布的《中华民国宪法草案》第七章教育条款中规定:全国公私立之教育机关,一律受国家之监督,并付推行国家所定教育政策之义务,国家对于国内私人经营之教育事业成绩优良者给予奖励或补助①,以法律形式确立了私立大学的合法地位。

在国民党统治的22年间,中国近代私立大学得到了较好发展。据《第二次中国教育年鉴》记载,1925年,全国有私立大学13所,私立专科学校16所,共计29所,占公私立高等学校总数105所的27.6%;1936年,全国有私立大学20所,私立独立学院22所,私立专科学校11所,共计53所,占公私立高等学校总数108所的49.1%。全国私立高等学校学生规模达20664人,占公私立高等学校总学生数41922人的49.4%;1945年,全国有私立大学16所,私立独立学院22所,私立专科学校16所,共计54所,占公私立高等学校总数141所的

① 《中华民国宪法草案》,见 http://baike.baidu.com/view/1137851.htm。

38.3%。全国私立高等学校学生数为27816人，占公私立高等学校总学生数83498人的33.3%；1949年，全国私立高等学校发展到75所，其中私立大学25所，私立独立学院27所，私立专科学校23所。[①]

特别值得一提的是，在中国共产党领导下的解放区，高等教育也有较大发展，先后创立了中国人民抗日军事政治大学、陕北公学、鲁迅艺术文学院、延安大学等高校，为我党培养了几十万革命干部和各种专门人才，他们提出的一些办学主张，如中国人民抗日军事政治大学"坚定正确的政治方向，艰苦朴素的工作作风，灵活机动的战略战术"的教育方针，陕北公学"理论和实际相联系、教学内容少而精、教与学一致"的教学工作原则，延安大学"学用一致"的办学理念等，对构建我国大学制度产生了重要影响。同时，随着解放战争的胜利，解放区陆续制定了一些教育规程、教育方案及实施办法，召开了教育会议，总结经验、肯定成绩，1946年3月在苏皖边区，1946年8月在山东解放区，1948年7月在晋察冀边区的冀中区行署等相继召开会议。会议提出向新型正规化的教育方向发展的问题，教育向正规化、制度化方向发展。各解放区在"干部教育第一"的方针指导下，以思想政治教育为中心，建成一些新的干部学校，如东北军政大学、辽南建国学院、辽东人民军政学校、人民革命大学、西北军区人民军政大学等。干部学校的学员经短期培训后，输送到政治、军事、经济、文化、教育等部门工作。部分解放区提出由初小、高小、初中、高中到大学5个阶段的学制系统。开办了许多中等专门学校，如苏北工业专门学校、苏北盐垦专门学校、东北解放区在中学里分设农林、矿冶、军工、机械、采矿、师范等学科。重视职业教育、技术教育的发展，实行职业分科、开设职业班，将初级职业学校和高级职业学校纳入中等教育学制系统，以培养各种建设人才。企业部门培养中级建设人才，开办技术学校、艺徒训练班。发展正规化、专业化的高等教育，保留陕甘宁延安大学，整顿晋察冀的华北联合大学，山东解放区成立了山东大学，晋冀鲁豫边区成立了新华大学(后改名北方大学)，苏皖边区成立了华中建设大学；东北解放区高等教育发展较快，到1949年8月，经过整顿后已建有东北大学、东北行政学院、东北鲁迅文艺学院、哈尔滨工业大学等12所高等院校。这些高等院校提出的一些办学主张，如教育与生产劳动相结合、理论与实际相结合等，对新中国成

① 教育部教育年鉴编纂委员会:《第二次中国教育年鉴》第二编，商务印书馆1948年版，第117—122页。

立后我国大学制度的构建产生了深远影响。

三、探索期(1949—1977 年)

1949 年 10 月,中华人民共和国宣告成立。新中国成立后,我国的经济基础发生了根本变化。受此影响,我国上层建筑,如政治、法律、文化、教育等制度也发生了重大变革,我国高校大学制度进入了一个全新探索期。

新中国成立后,人民政府即着手对旧有高等教育进行改革。毛泽东在《论联合政府》中指出:"苏联所创造的新文化,应当成为我们建设人民文化的范例。"[①]1949 年 12 月,时任教育部副部长的钱俊瑞在全国第一次教育工作会议总结中提出要以解放区"原有的新教育的良好经验为基础,吸收旧教育的某些有用的经验,特别要借助苏联教育建设的先进经验"。我国开始借鉴原苏联高等教育模式,对改造私立学校、取缔教会大学、调整高校院系,推进高等教育转型,建设新中国的教育。

教育部 1950 年 6 月在北京召开第一次全国高等教育会议。会议决定了新中国大学制度改革的基本方针和方向,即"我们应该以理论与实际一致的方法,培养具有高度文化水平的、掌握现代科学技术成就的、全心全意为人民服务的、高级的国家建设人才;应该准备和开始吸收工农干部和工农青年进高等学校,以培养工农出身的新型知识分子"。这次会议对大学制度的改革具有重要意义,讨论高等教育如何为政治、经济建设服务等问题。会议通过了新中国第一批高等教育法规,如《高等学校暂行规程》、《关于高等学校领导关系的决定》、《专科学校暂行规程》、《关于实施高等学校课程改革的决定》、《私立高等学校暂行管理办法》等规章制度。在《关于高等学校领导关系的决定》中,规定教育部负有领导全国大学的责任,确立了中国大学中央集权体制的特征。

1951 年,全国工学院院长会议提出了《全国工学院调整方案》,并制定了《高等学校专业目录分类设置(草案)》,国家教育主管部门发布了《关于各校拟定 1951 年度教学计划时应注意的几项原则的指示》等,借鉴苏联经验,制订组织建制、培养目标、教学大纲、课程设置、教学方法、教学计划等。学习内容主要包括以苏联高等教育的办学模式为蓝本,改革旧的教学体系,建立新的教学体

① 毛泽东:《论联合政府》,1945 年 4 月 24 日。

系,明确高等学校的任务及各类高校的具体培养目标;在院系调整的基础上,按各校人才培养要求,设置系和专业;制订教学计划和教学大纲,实施计划教学;学习苏联教学法,开展教学研究;选用苏联教材和教学参考书;加强实践性教学环节,建立基层教学组织;开展高校科学研究,等等。部分高校还聘请了苏联专家,并在他们直接指导下开展教学改革工作。

1952 年,,我国高等教育在苏联模式的影响下,坚持"以培养工业建设人才和师资为重点,发展专门学校,整顿和加强综合性大学"的方针,取消了大学中的"学院",建立起"大学(学院)—系"的两级大学内部组织制度;在专业设置上将工、农、医、师范、政法、财经等系科或独立建立学院,或合并到同类高校中,开展了全国性的院系调整。1953 年,院系调整工作结束,全国共有高校 182 所。经过院系调整后,各类高校的性质和任务更加明确,高等工业院校和师范院校得到加强,所有高校都成为公办学校,初步形成了新中国高等教育基本框架的格局,中央政府关于高等教育建设和发展的战略目标得以实现,也适应了当时国民经济发展对科技、人才的需要。崇尚专门化人才培养的体制、专门学院发展为主,削弱了多科性综合大学的知识结构,片面的理解大学理念,单一的界定高等教育的内涵。极大地违背了知识发展逻辑,直接削弱了因学科交叉而产生的科研创新力。与此同时,在院系调整期间,借鉴苏联模式,我国全面开展了教学改革,建立起以专业为核心、按照统一的教学计划培养人才的教学制度,形成了以苏联模式为蓝本的社会主义大学制度。

1956 年,中央高教部要求各高校"在学习苏联高等学校教材的基础上,并结合中国实际情况,编写切合我国高等学校使用的教材"。这标志着我国进入了自主探索大学制度建设的新时期。中央政府与地方政府对高等教育的分权和高等学校内部管理制度的改造,是这一时期探索大学制度的两个主要方面。1956 年我国扩大地方对高等教育的管理权,实行多级办学、多级管理,确立了新的大学制度思想。1958 年中共中央下发了《关于高等学校和中等学校下放问题的意见》,要求除少数综合大学和某些中等技术学校仍由教育部或者中央有关部门直接领导以外,"其他的高等学校和中等技术学校都可以下放,归各省、市、自治区领导",这是我国高校领导管理体制的一次重大变革。1958 年 8 月,中共中央又下发了《关于教育事业管理权力问题的规定》,规定指出:"过去国务院或教育部门颁布的全国通用的规章、制度地方可以结合当前工作发展情况,因地制宜地解决存、废、修订，或者另行制定适合于地方情况的制度”，改革过去条条为主的管理体制，并强调今后对教育事业的领导，必须加强地方对教育事业的领导管理，加强党对高等学校的直接领导。这一决定是对我国近代大学制度的一次实质性的重大探索，改革高度中央集权管理体制、高等学校内部管理制度，在中国大学制度史上具有重要意义。1958 年，中共中央、国务院《关于教育工作的指示》指出：“在一切高等学校中，应当实行党委领导下的校务委员会负责制；一长制容易脱离党委领导，所以是不妥当的。”我国自新型大学制度形成以来，党委领导下的校务委员会负责制最具有中国特色和深远的影响，是大学制度在高等学校管理制度中最重大的改革。1961 年发布的《高教 60 条》再次指出：“学校中的领导权集中在校党委会，实行党委领导下的以校长为首的校务委员会负责制。”1965 年 3 月，高教部政治部通知大力充实思想政治工作干部队伍，在各直属高等学校迅速建立政治部，形成了具有中国特色的大学党政两支管理队伍，专门负责思想政治教育的政治部在我国大学普遍建立起来。

1966 年“文革”开始，一切以阶级斗争为纲，为无产阶级政治服务。1969 年 10 月至 12 月，中共中央发出《关于高等院校下放问题的通知》，中央所属的高等院校全部下放地方管理，部分高等院校被撤销或合并。中国高等教育、高等学校、大学制度成了政治的附庸，停止招生、教师下放、工农兵上大学，大学制度泛政治化严重，截至 1971 年，全国高等院校由“文革”前的 434 所减少到 328 所，给高等教育带来了毁灭性灾难。

这一时期，由于国家经济基础和上层建筑发生变化，很多私立高校被调整、改造成为公立大学。1949 年新中国成立后，国家对私立大学采取“公私兼顾”的原则，对部分办得较好的私立大学采取保护政策，并给予一定资金支持，同时鼓励私人办学。但从实际情况看，当时并没有私人办学。1952 年，国家实施了以院系和专业调整为核心的大学改革，这次大学改革的一个主要内容就是要实现私立大学的公立化，建立起单一所有制的大学制度。在此次院系调整中，国家把全国所有的私立高校改造并入公立高校，私立大学在新中国成立三年多以后终结，我国私立高等教育重新回到原点。

四、变革期（1978—1991 年）

1976 年粉碎“四人帮”后，1977 年国务院批转教育部《关于 1977 年高等学校招生工作的意见》,标志着我国恢复高等学校招生统一考试制度,高等教育逐步开始走向正轨。1978年9月,全国教育工作会议召开,教育的主要目标为实现现代化,否定以阶级斗争为纲的指导思想。1978年12月,中共中央在北京召开十一届三中全会,会议否定了"两个凡是"的方针,重新确立了解放思想、实事求是的思想路线;把党和国家的工作重心转移到经济建设上来,停止"以阶级斗争为纲",实行改革开放的伟大决策。经过指导思想的拨乱反正,党中央作出了一系列新的论断,对教育工作有重大决策和改变,使我国教育事业逐步恢复、发展,我国大学制度进入了一个崭新的变革时期。

1978年12月,教育部颁发了《高等学校学生学籍管理的暂行规定》,对学生入学体检、学籍注册、课程考核、成绩评定、德育鉴定、免修课程考核、转专业与转学、休学、复学、退学、奖惩、毕业和升级与留、降级等都作了明确规定。1980年2月,全国人大常委会第十三次会议通过了《中华人民共和国学位条例》,这是我国第一部教育法律,是新中国成立以来第一部由国家最高权力机关制定的有关教育的法律。1981年5月,国家颁布了《中华人民共和国学位条例暂行实施办法》,进一步规范了高校学位授予行为。1982年7月,教育部颁布了《关于招取攻读博士学位研究生的暂行规定》,1983年颁布了《全日制普通高等学校学生学籍管理办法》,规范公立高校学生学籍管理。1985年1月,高校民主办学制度开始走向规范化,教育部和全国教育工会联合发布了《高等学校教职工代表大会暂行条例》。同年5月,为适应社会主义现代化建设的迫切需要,中央政治局讨论通过了《中共中央关于教育体制改革的决定》,提出要"改变政府对高等学校管得过多的管理体制。在国家统一的教育方针和计划的指导下,扩大高等学校的办学自主权,加强高等学校同生产、同科研和社会其他各方面的联系,使高等学校具有主动适应经济和社会发展需要的积极性和能力",并对我国高等教育的管理权限、教育结构以及教学内容、教学方法、教学制度等,提出了明确的改革目标和思路。自此,我国大学制度开始发生重大变化。1985年7月,国务院决定在我国试行博士后研究制度,批转国家科委、教育部、中科院《关于试办博士后科研流动站的报告》。1986年3月,国务院发布《高等教育管理职责暂行规定》,包括国家教育委员会职责、国务院有关部门职责、省、自治区、直辖市人民政府职责、扩大高等学校管理权限的内容等。是新中国成立以来政府首次对国家教育委员会、国务院有关部门职责、地方政府的管理职责、高等学校管理权限作出明确的规定。《高等教育管理职责暂行规定》详细规定了高等学校的招生分配、科学研究、对外交流、基建投资、人事管理、职务聘任、职称评定、专业设置、日常教学活动等管理权。加强了国家、地方政府等相关部门的宏观指导与管理，细化并扩大了高等学校的管理权限，调动了社会各方面办学力量的积极性。1991 年，我国颁布《普通高等学校函授教育暂行工作条例》、《高等教育自学考试暂行条例》、《高等学校校长任期制试行办法》、《普通高等学校本科专业设置暂行规定》、《普通高等学校招生暂行条例》、《高等学校学生行为准则》等一系列关于高等教育管理的相关法规文件。通过诸多国家法律、法规的制定和颁布，从 1978 年至 1991 年，我国高校管理“有法可依”、“有据可查”，教学、科研秩序得以恢复，管理制度迅速完善和修订，我国高等学校现代大学制度不断发展。

这一时期，由于我国经济、政治环境发生变化，特别是党的十一届三中全会后，经过拨乱反正，从 1977—1982 年先后有北京自修大学（1977 年）、长沙韭菜园大学（1980 年）、长沙东风业余大学（1980 年）、湖南九疑山学院（1980 年）、曙东财经专科学校（1981 年）、广东业余大学（1982 年）等 8 所民办大学（含高职）、北京中华社会大学（1982 年，2002 年更名为北京经贸职业学院）、中国逻辑与语言函授大学（1982 年）成立。由一些社会地位较高、身份较特殊的社会知名人士或知识分子群体支持创办学校，校名由领导人题写，如北京自修大学是邓小平题写的，中华社会大学是彭真题写的。这一时期，政府对民办高校事实上承认，但没有具体明确的政策支持、名分模糊、合法性颇受质疑，民办高等教育地位尴尬，难以得到社会的广泛认可。

1982 年 12 月，全国人大通过了《中华人民共和国宪法》，其中第十九条提出：“国家鼓励集体经济组织、国家企业事业组织和其他社会力量依照法律规定举办各种教育事业。”1984 年的《北京市社会力量办学试行办法》中指出：“应举办各级各类职业技术及文化补习班。其课程设置、招生对象要尽可能与在职人员培训、高等教育自学考试、教师进修和社会青年职业培训相配合”；1985 年，中共中央颁发《关于教育体制改革的决定》，提出“地方要鼓励和指导国营企业、社会团体和个人办学”，“鼓励各民主党派、人民团体、社会组织、离退休干部和知识分子、集体经济单位和个人，遵照党和政府的方针政策，采取多种形式和办法，积极自愿地为发展教育事业贡献力量”；1987 年 7 月，国务院转发了《关于社会力量办学的若干暂行规定》,提出“社会力量办学是我国教育事业的组成部分,是国家办学的补充”,对民办高等教育的地位进行了说明,但同时又规定,社会力量办学“主要开展各种类型的短期职业技术教育、岗位培训,中小学师资培训,基础教育,社会文化和生活教育,举办自学考试辅导学校(班)和继续教育的进修班”,这就把民办高等教育限制在了非学历教育框架内。除上述提到的法规制度外,国家还出台了《社会力量办学财务管理暂行规定》(1987 年)、《关于社会力量办学几个问题的通知》(1988 年)、《社会力量办学教学管理暂行规定》(1988 年)、《社会力量办学印章管理暂行规定》(1991 年)、《国务院关于大力发展职业技术教育的决定》(1991 年)等法律法规和政策制度,这些规定的出台,促进了这一时期我国民办高等教育的发展。截至 1991 年,全国已有民办高校 450 所,但多数民办高校的办学性质停留在高等教育自学考试机构层次,绝大部分不具备颁发学历文凭的资格。

五、调整期(1992—1998 年)

20 世纪 90 年代以后,我国的高等教育事业进入朝气蓬勃的发展期。在长期计划经济体制下,高等教育日益凸显出的高度集权、办学分散、学科单一、重复设置、效益偏低等问题。1992 年,国家提出从传统的计划经济体制向社会主义市场经济体制的根本性转变,高等教育也制定出相应政策和措施,应对经济、社会发展的新需求。1992 年年底召开了全国高等教育工作会议,提出了进行高等教育办学体制改革、管理体制改革、投资体制改革、招生就业体制改革和校内管理体制改革等五大任务。中国大学制度进入了调整期,大学制度不断健全和完善。1993 年,中共中央、国务院颁布了《中国教育改革和发展纲要》,提出“改变政府包揽办学的格局,逐步建立以政府办学为主体、社会各界共同办学的体制”,“国家对社会团体和公民个人依法办学,采取积极鼓励、大力支持、正确引导、加强管理的方针”①。通过“共建、调整、合作、合并”等方式进行管理体制改革,调整高等教育结构布局。在国家宏观政策指导下,建立国家和省市政府两级管理、分工负责,以省级政府统筹为主的新体制,健全了相关规章制度,构建高等教育管理体制的新框架。1994 年 12 月,在上海召开的全国高等教育体制

---

① 《中国教育改革和发展纲要》,见 http://baike. baidu. com/link? url = Xl4lTeTW7r8YynhVBBCOLEqM6 - qpx - SlaX6VRG8V9PnanTU1dDD4EbTCfvvE3DxbUlUxsZy_VyziSUiaoWoHI_。

改革座谈会上,国家教委提出了五种联合办学的改革形式,此后这五种形式逐步在全国高校试点并推广,极大地推动了高教管理体制改革。自1995年起,教育部实施"高等教育面向21世纪教学内容和课程体系改革计划",开展素质教育。原国家教委根据《教育法》和《中国教育改革和发展纲要》精神,从1995年起对普通高等学校分期分批进行本科教学工作评价。按照"以评促建,以评促改,以评促管,评建结合,重在建设"的方针,各高校以评估为契机,建立健全各项教学管理制度。

1998年,教育部在实施"面向21世纪教育振兴行动计划"中,正式启动了研究型大学建设,重点支持部分高校创建世界一流大学和高水平大学,简称"985工程"。我国"985工程"所确立重点建设的34所大学整体办学水平处于全国前列,均设有研究生院。同年8月,《高等教育法》在九届全国人大常委会第四次会议上获准通过。《高等教育法》共八章,对高等学校的设立、领导管理机制、基本制度、组织和活动、高等学校教师和其他教育工作者、高等学校的学生、高等教育投入和条件保障等方面内容进行了规定,这对高校落实科教兴国战略,促进政府依法治教、高校依法办学,保障我国高等教育事业科学发展具有重要意义。在《高等教育法》的指导下,各高校积极开展内部管理体制改革,其中最为典型的是人事分配制度和学院制改革。其主要表现为:从1952年的"校(院)—系"两级管理模式向"校(院)—院—系"三级管理模式转变,精简机构,减员增效、改革校内机构设置,实行了学院制改革;按照"按需设岗,公开招聘,平等竞争,择优聘用,严格考核,合同管理"的原则,深化用人制度改革,实行岗位聘任制和聘用制;按照"多劳多得,优劳优酬"和"效率优先,兼顾公平"的原则,深化了校内分配制度改革。同时,实行毕业生和用人单位双向选择的就业制度。各校因地制宜,先后进行了不同程度的后勤服务社会化改革。分地区试点高考制度改革,实施交费上学制度,学生交费上学、政府和社会助学结合,政府和学校向社会郑重承诺"决不让一个学生因贫困辍学",多种措施帮助贫困学生。但《高等教育法》也存在不足,如对学校与政府、社会的关系定位不准确,高校办学自主权未得到有效落实;高校管理中,学生的主体地位没有得到充分体现;《高等教育法》纠纷解决机制单一,缺乏可操作性,可塑性弱等,影响了其实施。《高等教育法》连同此前二十年来国务院及教育部等部门相继出台的一系列行政法规,构成了中国现代大学制度的基本框架和核心内容。

值得一提的是，党的十五大把依法治国确定为党领导人民治理国家的基本方略，提出“依法治国，建设社会主义法治国家”，阐述依法治国的涵义的历史任务。我国高等教育立法在教育发展内部需求、外部环境的推动下，不断加快进程，教育法规逐步健全。《中华人民共和国教师法》(1993 年)、《中华人民共和国教育法》(1995 年)、《中华人民共和国职业教育法》(1996 年)、《中华人民共和国高等教育法》(1998 年)等相继出台。各地结合教育发展实际，制定、颁布了诸多地方性教育法规，为高等教育发展和现代大学制度的构建提供了法律保障。

这一时期，我国民办高等教育得到较大发展。1992 年，邓小平同志在对南方进行考察时，对市场经济进行了深刻的阐述，解决了广为关注的姓“社”与姓“资”的思想争论，加速了我国改革开放的进程。思想解放引发的经济体制变革，深深地影响了我国民办教育的发展。1992 年，党的第十四次全国人民代表大会召开，大会指出：“鼓励多渠道、多形式社会集资办学和民间办学，改变国家包办教育的做法”。1993 年 2 月，中共中央、国务院颁布了《中国教育改革和发展纲要》，规定“改变政府包揽办学的格局，逐步建立以政府办学为主体、社会各界共同办学的体制。在现阶段高等教育要逐步形成以中央、省(自治区、直辖市)两级政府办学为主、社会各界参与办学的新格局”，同时还提到“国家对社会团体和公民个人依法办学，采取积极鼓励、大力支持、正确引导、加强管理的方针”。我国民办教育的发展重点逐步转向中等职业教育、高等职业教育、职业培训领域，呈现快速发展的势头。在 1992—1994 年的三年内，我国共诞生民办高校 400 多所，每年净增 100 多所，几乎是每 3 天就有 1 所民办高校挂牌。①

1994 年，《国家教委关于社会力量举办非学历高等教育机构名称问题的批复》、《关于近期全国高等学校设置审批工作的意见》和《关于民办学校向社会筹集资金问题的通知》等法规相继出台，规定了民办学校的审批制度、名称问题、教学管理、筹集资金、招生广告刊登等，促进了民办高等教育规范、健康和可持续发展。在 1995 年颁布的《中华人民共和国教育法》、1996 年颁布的《全国教育事业“九五”计划和 2010 年发展规划》、《中华人民共和国职业教育法》等

① 刘莉莉：《中国民办高等教育发展模式研究》，华东师范大学 2002 年硕士学位论文，第 2 页。

重要政策法律文件中，都重申了1982年《中华人民共和国宪法》倡导的鼓励政策。

为了鼓励社会力量办学，1997年7月国务院发布了《社会力量办学条例》，标志着我国社会力量办学进入依法办学、依法管理、可持续发展的新阶段，是我国第一个针对民办教育的专门行政法规。条例中包含民办教育的基本原则、教育机构设立、教学管理、财产与财务管理、机构的变更与解散、政府的保障与扶持、法律责任等内容。1998年，国家颁布《高等教育法》，规定："国家鼓励企业事业组织、社会团体及其他社会组织和公民等社会力量依法举办高等学校，参与和支持高等教育事业的改革和发展"，从法律上明确了民办教育的办学范围。随即，教育部颁布《面向21世纪教育振兴行动计划》，列专条（第十条）鼓励和规范民办教育，加快民办高等教育的发展。据统计，到1998年年初，全国有民办高等学校1270多所（其中国家承认学历教育的高校22所）[①]，比1991年增加820所。

六、发展期（1999年至今）

经过一段较长的调整期后，我国高等教育发展开始步入快车道。1999年，我国高校开始大规模扩招，改革进入高等教育大众化这一全新阶段，颁布《面向21世纪教育振兴行动计划》和《中共中央、国务院关于深化教育改革全面推进素质教育的决定》，开启了新一轮高等教育制度的创新。自此，高等教育形成中央、省级人民政府两级管理，以省级人民政府管理为主的新体制，依法办学并逐步加强中央教育行政部门和地方教育行政部门对教育的统筹管理。学校内部管理体制改革进一步深化，办学体制由过去的政府包揽转变为多种形式办学并存；投资体制由过去单一依靠财政转变为以财政为主，多渠道、多方面筹措资金的新体制；管理体制改革重点放在共建共管、合作办学、学校合并、协作办学和转由地方政府管理五个方面；高等学校入学考试实现网上录取，考试及录取更加公正、公平。

中组部、人事部、教育部在2000年6月，印发了《关于深化高等学校人事制度改革的实施意见》（以下简称《实施意见》），《实施意见》明确了高校人事制度

---

① 东方哈佛：《中国民办教育概况》，见 http://www.cn99.com/cgi-bin/getmsg/body? listname = xtc&id = 35#01。

改革的目标是要“理顺政事关系，下放管理权限，落实高校办学自主权；建立学校自主用人、政府依法监督、配套措施完善的人事管理新体制”。这为全国高校进一步深化人事制度改革、重构高校人事聘用管理体制机制指明了方向，提供了依据。2001年10月，教育部出台了《关于做好普通高等学校本科学科专业结构调整工作的若干原则意见》，提出进一步扩大高等学校学科专业设置自主权。高等学校可在《普通高等学校本科专业目录》外设置社会发展急需、已具备培养条件的本科专业。北京大学、清华大学等若干所国家重点建设高等学校，经教育部批准，可自主设置本科专业。[①] 学科专业设置、调整，学位点的设置、目录外设置学科等权利掌握在教育行政部门。2002年，教育部出台了《学生伤害事故处理办法》、《学校食堂与学生集体用餐卫生管理规定》等一系列规章制度，进一步规范了学校学生伤害事故和学校食品卫生安全管理行为。

教育部于2004年2月，公布《2003—2007年教育振兴行动计划》，指出：“建设世界一流大学和高水平大学是党和国家的重大决策，对于增强高等教育综合实力、提高我国国际竞争力具有重要的战略意义。今后五年要充分集成各方面资源，统筹协调学科建设、人才培养、科技创新、队伍建设和国际合作等各方面的工作，深化改革，开拓创新，使重点建设高等学校和重点学科的水平显著提高，带动全国高等教育持续、健康、协调、快速发展”，“继续实施‘985工程’，努力建设若干所世界一流大学和一批国际知名的高水平研究型大学”。以此为标志，我国高水平研究型大学的建设已正式进入实质建设阶段。同年，教育部出台了《高等学校境外办学暂行管理办法》和《中华人民共和国中外合作办学条例实施办法》两个法律制度，进一步规范了我国中外合作办学行为，“到目前全国共有本科教育中外合作办学机构52个，项目759个，覆盖了28个省、自治区、直辖市”[②]。有力地促进了我国中外合作办学的发展。

2006年5月10日，温家宝总理作出了对高等教育发展规模进行重大调整的决策，指出规模扩张要放缓，把重点放在提高质量上。从规模连续7年扩张转向提高教育质量，这是我国高等教育发展战略的重大调整，高等教育的发展

① 中华人民共和国教育部网站：《关于做好普通高等学校本科学科专业结构调整工作的若干原则意见》，见 http://www.moe.gov.cn/publicfiles/business/htmlfiles/moe/moe_20/201005/88506.html。

② 《我国“中外合作办学项目”知多少?》，见 http://gaokao.haedu.gov.cn/2014/10/16/1413430879345.html。

速度实现了“软着陆”。2007 年，教育部、财政部实施“高等学校本科教学质量与教学改革工程”（以下简称“质量工程”），标志着高等教育从关注数量到突出质量的深刻转变。

2010 年 7 月，我国进入新世纪的第一次全国教育工作会议在北京召开。会议进一步明确了教育优先发展的战略地位，推动教育事业在新的历史起点上科学发展的战略决策，为新时期我国教育改革发展指明了方向。同年 7 月，国家颁布了《国家中长期教育改革和发展规划纲要(2010—2020 年)》（以下简称《纲要》），《纲要》明确指出要完善中国特色现代大学制度、加强章程建设、扩大社会合作和推进专业评价，为构建具有中国特色的现代大学制度提供了依据。根据《纲要》关于“优化区域布局结构，设立支持地方高等教育专项资金，实施中西部高等教育振兴计划”的相关要求，2011 年，教育部提出启动“中西部高等教育振兴计划”。教育部、财政部在 2011 年印发了《关于“十二五”期间实施“高等学校本科教学质量与教学改革工程”的意见》，正式启动“本科教学工程”。作为 2007 年国家“质量工程”的延续，“本科教学工程”由中央财政安排专项资金支持“本科教学工程”的质量标准建设、专业综合改革、国家精品开放课程建设与共享、实践创新能力培养、教师教学能力提升五个方面的建设，为继续深化本科教育教学改革、提高本科教育教学质量、大力提升人才培养水平奠定了坚实的基础。与此同时，2011 年教育部还相继出台了《高等学校章程制定暂行办法》（以下简称《暂行办法》）和《学校教职工代表大会规定》（以下简称《规定》）等一系列重要制度，其中《暂行办法》对制定章程的原则、章程的内容、章程制定的程序、章程核准与监督等相关内容进行了详细规定；《规定》明确了教职工代表大会的职权、代表选举程序办法、教职工代表大会组织规则和工作机构等相关内容。《暂行办法》和《规定》两个制度的出台，为进一步理顺高校内、外部治理结构提供了重要依据。

2012 年，为贯彻实施《中华人民共和国国民经济和社会发展第十二个五年规划纲要》和《纲要》精神，切实提升中西部高校办学能力，提高人才培养质量，促进中西部高等教育振兴和区域高等教育协调发展，使中西部一批普通本科高校的基础教学实验条件得到较大改善，师资队伍素质结构更加优化，学生学习、实践、就业和创新创业能力明显提升，学校办学特色逐步彰显，高等教育服务经济社会发展能力显著增强，国家发展改革委、教育部组织实施了“中西部高校基础能力建设工程"(又称"2011 工程")。"2011 工程"的实施,对解决我国高等教育尤其是优质高等教育资源布局不尽合理和加快中西部地区高等教育发展,促进其办出特色具有重要意义。2012 年 3 月,为提升高等学校科技创新能力,教育部、财政部联合下发了《教育部、财政部关于实施高等学校创新能力提升计划的意见》(又称"2011 计划")。这一计划的出台,对高等学校构建科学有效的组织管理体系,探索促进协同创新的人事管理制度,建立寓教于研的拔尖创新人才培养模式,形成以创新质量和贡献为导向的评价机制,建立持续创新的科研组织模式,优化以学科交叉融合为导向的资源配置方式,创新国际交流与合作模式,营造有利于协同创新的文化氛围等具有积极的促进作用。同年,教育部制定了《教育部关于全面提高高等教育质量的若干意见》,提出全面提升高等教育质量的三十条意见,成为高校提升人才培养水平、增强科学研究能力、服务经济社会发展、推进文化传承创新、全面提高高等教育质量的行动指南。

2014 年,为促进高等学校规范和加强学术委员会建设,完善内部治理结构,保障学术委员会在教学、科研等学术事务中能够发挥有效的作用,教育部出台了《高等学校学术委员会规程》(以下简称《规程》),对高校学术委员会组成规则、职责权限、运行制度等内容作出明确规定,这对进一步完善高校学术管理体系,提高高校学术组织在高校法人治理结构和教学、科研事务中的作用,进一步促进学术权力与行政权力相对分离、相互配合,对促进高校学术发展起到了积极作用。同年,为促进和规范高校理事会建设,增强高等学校与社会的联系与合作,教育部制定了《普通高等学校理事会规程(试行)》,对高校理事会作用、理事会代表的产生与任期、理事会职责等具体内容作了明确规定,这对健全高校内部治理结构、密切高校与社会的联系、认真听取社会对高校办学的意见和建议、增强高校办学的社会适应性、不断提高办学水平和办学质量起到了重要作用。《规程》、《普通高等学校理事会规程(试行)》与发展期其他一系列重要法律法规和政策制度的出台,标志着我国高等教育在推进中国特色现代大学制度建设、健全完善高校治理结构方面迈出了坚实的步伐。

1999 年,中共中央、国务院颁布《关于深化教育改革全面推进素质教育的决定》,"鼓励社会力量以各种方式举办高中阶段和高等职业教育。经国家教育行政主管部门批准,可以举办民办普通高等学校"。至此,民办高等教育的办学有了政策和法律允许，教育改革持续深入开展。2002 年 12 月 28 日，第九届全国人大常务委员会第三十一次会议通过了《中华人民共和国民办教育促进法》，保障民办教育的健康发展。作为我国第一部关于民办教育的专门法律，《中华人民共和国民办教育促进法》对民办学校的设立、学校的组织与活动、教师与受教育者、学校资产与财务管理、管理与监督、扶持与奖励、变更与终止、法律责任等各方面作出了详细的说明与规定。国家又相继出台了诸多民办教育法律、法规，如《关于规范并加强普通高校以新的机制和模式试办独立学院管理的若干意见》（2003 年）、《中华人民共和国民办教育促进法实施条例》（2004 年）、《关于加强民办高校规范管理引导民办高校教育健康发展的通知》（2006 年）、《民办高等学校办学管理若干规定》（2007 年）和《独立学院设置与管理办法》（2008 年）等。这些法律法规、政策制度，已经成为我国民办高等教育发展的依据和保障。特别是在 2010 年颁布的《纲要》中，在“大力支持民办教育”和“依法管理民办教育”的精神指导下，我国民办高等教育体制机制和政策制度体系进一步完善，教育教学质量进一步提高，取得了较大发展。“截至 2013 年 6 月，我国有独立设置的民办高校 424 所（不含独立学院），占我国普通高等学校的 19.29%。民办高校在校生约 254 万人（不含独立学院），占我国普通本专科在校生人数的 10%左右。民办高校是我国高等教育的一支重要力量。”①

从对我国大学制度变迁线索的梳理可以发现，我国大学制度建设虽取得了较大成绩，但其变迁与演进却有鲜明的外生性、强制性的烙印，政府在高等教育管理和大学制度建设方面处于主导地位，这些方面涉及体制机制、干部管理、人员招聘、办学许可、办学规模、办学经费、办学条件、招生就业、学科建设、专业设置、学生管理、教学组织、科学研究、社会服务等方面，直接影响着我国高等教育的发展规模和速度，影响着我国大学的办学水平和质量。虽然在某个特定时期我国大学制度变迁带有内生性的痕迹，但由于受社会大环境的影响，大学制度变迁总趋势并未改变自上而下、政府主导的命运。这种非自下而上、政府主导的外生性变迁，很多制度的出台是适时之需，而非高等教育自身的发展需要，这在一定程度上束缚了我国高等教育和高校改革的发展。

---

① 中国民办教育协会：《我国民办高校创办者的群体特质及政策启示》，见 http://canedu.org.cn/index.php?m=content&c=index&a=show&catid=118&id=842。

第三节　中国公立大学制度存在的主要问题

经过一个多世纪的演进变迁，我国公立大学制度建设取得了较大成绩。特别是近二十年来，我国公立大学制度建设在“政校分开、管办分离”原则的指导下，逐步形成了“依法办学、自主管理、民主监督、开放办学”的制度格局，为公立大学的健康和可持续发展提供了制度保障。但同时我们也应该清醒地看到，由于我国公立大学委托代理关系不清晰、利益相关者缺位和法人治理结构不完善等原因，导致我国公立大学在外部机制和内部治理方面还存在一些问题，如高校与政府、社会的权利义务边界不清，高校职能部门与学术机构权责失衡，高校行政人员与一线教师矛盾重重等。如果我们对公立大学外部运行机制和内部治理机构存在的问题认识不清、把握不准，势必会影响、制约中国特色现代大学制度的构建。

一、外部机制存在的主要问题

（一）利益相关者主体投资动力不足，大学办学资源紧张，高等教育发展失衡

在我国公立高等教育系统中，利益相关者主体投资动力不足，首先表现在大学的最大利益相关者——政府对高等教育投入不足。以 2013 年为例，2013 年我国公立高校共招生 760.97 万人，在校生规模 2468.07 万人，招生人数、在校生规模分别比 1998 年的 108.36 万人和 340.87 万人增长了 7.02 倍和 7.24 倍。[①] 与高等教育规模持续增长相比，政府对高等教育的投入却呈下降趋势。以 2013 年为例，2013 年全国普通高等学校生均公共财政预算教育事业费支出 15591.72 元，比 2012 年的 16367.21 元下降 4.74%；全国普通高等学校生均公共财政预算公用经费支出 7899.07 元，比 2012 年的 9040.02 元下降 12.62%。[②]“按照国际惯例，高等教育投入占教育总投入的 20%，而我国高等教育占教育总

① 注：数据分别来源于 1998 年和 2013 年全国教育事业统计公报。

② 注：数据来源于 2013 年全国教育经费执行情况统计公报。

投入的比例一直在10%左右。”[①]由于高等教育利益相关者主体投资动力不足造成的高等教育资源投入的有限性和选择性，势必会导致高等教育资源分配不均，加剧高等教育发展失衡，并由此影响、制约大学改革发展进程。其表现为：

一是高等教育资源配置地区性差异较大。我国绝大部分优质高等教育资源向东部、沿海地区涌动、集中，使得区域间高等教育发展一开始就有着各自不同的起点，东部地区高等教育发展势头明显优于中西部地区。以“985”、“211”高校分布为例，2012 年全国共有“985”高校 39 所，从地区分布看，东部 11 个省份有 24 所，占总数的61.5%；中部 8 个省份有 8 所，占总数的20.5%；西部 12 个省份有 7 所，占总数的 18%（见表 4 –1）。2012 年全国共有“211”高校 120 所，从地区分布看，东部 11 个省份有 71 所，占总数的 59.2%；中部 8 个省份有 24 所，占总数的 20%；西部 12 个省份有 25 所，占总数的 20.8%（见表 4 –2）。

二是高校“出身”不同，其获得的资源也存在较大差别。国家部委所属高校，因为其主管部门掌握着高等教育政策、事务的制定权、决定权和评价权，它们自然“近水楼台先得月”，可获得比其他高校更多的教育资源，如国家重点实验室、学位点名额和研究生招生计划等。这种以身份为标签而不是以市场配置为资源的规则，使得优先获得资源的部属院校往往优先得到发展，其结果是地方高校在与部属院校的教育竞争中处于越来越不利的地位。

三是高校“等级”不同，其获得的资源也存在较大差别。“985”、“211”高校与非“985”、“211”高校，省属重点（骨干）高校与非省属重点（非骨干）高校，其获得的政府投入也不同。据估计，在“985”高校三期建设过程中，清华大学通过各种渠道可获得 65 亿元，北京大学可获得 55 亿元，上海交通大学、浙江大学、南京大学、北京师范大学、中国科技大学可获得 50 亿元，复旦大学、哈尔滨工业大学可获得 45 亿元，北京航空航天大学可获得 35 亿元，华中科技大学可获得 28 亿元的办学经费。而地方高校无论如何也无法获得如此巨额的办学经费。上述高等教育资源配置和经费投入的实际，加剧了高等教育的失衡发展。反过来，高等教育的失衡发展又进一步拉大了各大学间的差距，最终影响了整个高

① 周乐、龙思红：《论财政体制改革对高等教育的影响》，《辽宁教育研究》2007 年第 11 期。

等教育的改革的发展进程。

表 4—1　2012 年全国各省份拥有 985 高校数

单位:所

省　份	“985”高校数	省　份	“985”高校数
全国	39	福建	1
北京	8	重庆	1
上海	4	甘肃	1
湖南	3	河北	0
陕西	3	山西	0
天津	2	内蒙古	0
辽宁	2	河南	0
江苏	2	江西	0
山东	2	广西	0
湖北	2	海南	0
广东	2	贵州	0
四川	2	云南	0
吉林	1	西藏	0
黑龙江	1	青海	0
浙江	1	宁夏	0
安徽	1	新疆	0

注:数据来源于《985 高校名单》,见 http://www.gov.cn/fwxx/2009gk/。

表 4—2　2012 年全国各省份拥有 211 高校数

单位:所

省　份	211 高校数	省　份	211 高校数
全国	120	福建	2
北京	27	重庆	2
江苏	11	新疆	2
上海	10	山西	1
陕西	8	内蒙古	1
湖北	7	浙江	1
山东	5	江西	1
四川	5	河南	1
辽宁	4	广西	1
黑龙江	4	海南	1
湖南	4	贵州	1
广东	4	云南	1
天津	3	西藏	1
河北	3	甘肃	1
吉林	3	青海	1
安徽	3	宁夏	1

注:数据来源于《211 高校名单》,见 http://www.gov.cn/fwxx/2009gk/。

我国公立大学利益相关者主体投资动力不足的另一个表现是,社会(个人)资本对高等教育投入的不足。“在我国,教育经费中社会团体和公民个人办学经费和社会捐(集)资办学经费所占的比重偏低。社会团体和公民个人办学经费占教育经费的比重不超过 6%,而社会捐(集)资办学经费占教育经费的比重从 2005 年的 1.0% 降至 2011 年的 0.5%。”①然而,据“美国教育援助委员会报告显示,2013 年,美国高校社会捐赠总额达 338 亿美元,其中校友捐赠了 90 亿

① 南亮进、牧野文夫、罗欢镇:《中国的教育与经济发展》,社会科学文献出版社 2012 年版,第 15 页。

美元，占 26.6%。同时全美高校毕业生的平均捐款率为 19.9%，而顶尖高校毕业生的平均捐款率高达 60%。除了校友捐赠外，来自非校友的个人（占 18.3%）、基金会（占 29.6%）、企业（占 15.1%）等的捐赠也不容忽视”。另据“一份统计了美国 800 所公立和私立大学 2010 年到 2013 年获捐额的调查显示，那些获得超过 10 亿美元捐款的学校，平均获捐增长 41%”。[①] 与国外大学相比，我国社会（个人）资本对高等教育的投入差距较大。我国公立大学社会（个人）资本投入不足的主要原因是公立大学产权不清晰，社会（个人）资本投入大学后，其收益权和对投入资产的处置权得不到保障。这在一定程度上影响了大学的社会利益相关者对大学的投入，制约了社会（个人）资本投资教育的积极性。

（二）大学外部委托代理关系层级繁杂，大学被多头管理，工作效率低下

新制度经济学认为，有合作的地方，就存在委托代理关系。高等教育也不例外。在高等教育领域，也存在委托代理关系，即全体人民通过中国共产党领导的全国人大（国家）将高等教育委托给政府管理，政府又将其委托给教育主管部门和地方政府管理，地方政府再将高等教育委托给地方教育行政主管部门管理，从而形成了“纳税人—中国共产党领导的全国人大（国家）—政府（国务院）—国家教育主管部门和地方政府—地方教育主管部门及其他行政部门—高等学校”这样一个高等教育外部委托代理关系。由于这种委托代理关系的存在，使得国家教育主管部门、地方政府和地方教育主管部门及其他行政部门均有权代表政府行使对高等教育和大学的行政管理权，这极容易造成政府对大学的多头管理。我们从地方政府管理和教育主管部门及其他行政部门对大学的人事管理中就可见一斑。例如，地方高校要面向社会招聘人才，首先要向其教育主管部门（如省教育厅）申请人才招聘计划数，经教育主管部门审核批准后，再由其教育主管部门分别报地方主管人事（如省人力资源社会保障厅）和编制（省机构编制委员会办公室）的部门审批，经上述主管人事和编制部门批复备案后，学校须严格按照其批复备案的人才招聘计划数向社会公开招聘。

与此同时，上级主管部门内部也存在多头管理问题。如省人力资源社会保障厅，其内部设有规划财务处，负责大学进人计划数的审批。同时，省人力资源社会保障厅内部一般还设有一个事业单位人事管理处，负责大学教职工岗位职

---

① 南亮进、牧野文夫、罗欢镇：《中国的教育与经济发展》，社会科学文献出版社 2012 年版，第 15 页。

数管理。地方高校按照省人力资源社会保障厅规划财务处核准的人才招聘计划数面向社会公开招聘后,其通过公开招聘引进的人员,需要到省人力资源社会保障厅事业单位人事管理处登记岗位职数,以便核拨工资。但有时因规划财务处与事业单位人事管理处沟通、协调不深入,事业单位人事管理处有时候不认可规划财务处核准的高校人才招聘计划数,不予登记岗位。其理由是,事业单位人事管理处没有核拨与高校人才招聘计划数相等的岗位职数。这种由于部门内部委托代理过细、沟通协调不畅出现的多头管理,无疑会增加大学协调成本,影响工作进度。而这其中,只要有一个政府部门对其人才招聘计划有异议,招聘高校都将要在其教育主管部门、人事主管部门和机构编制主管部门及其内部机构中多方反复协调。这无疑增加了学校的办学成本,影响了工作效率。值得一提的是,不仅仅是高校人事工作存在多头管理的问题,高校基建工作、财务工作、国有资产管理等工作,都存在类似问题。此外,由于教育主管部门、地方政府和地方教育行政主管部门是代表国家行使对大学的行政管理权,它们既是高等教育资源的配置者,又是高等教育资源的管理者,因此,在大学外部,存在多个政府部门掌管一种高等教育资源或一个政府部门掌管多种高等教育资源的现象,这极易导致一种高等教育资源多头管理的局面。

(三)政府高度集权管理,大学办学自主权未得到充分落实,自身活力不足

长期以来,我国实行国家举办高等学校、政府集权管理高等学校的管理体制。在这种高等教育管理体制下,政府代表国家对高等教育行使管理权时,因害怕高校在办学过程中不能正确理解和全面贯彻落实党的教育方针政策而“自作主张”,导致高校偏离社会主义办学方向,违背政府主张,往往采用行政干预的手段来管理高校,其主要表现为:对高校的中微观管理过多,宏观指导较少;对高校事务行政干预过强,行政服务意识较弱;对属于高校的部分权利看得太死、管得太严,对属于高校权限内的部分工作、事务直接领导较多,间接管理较少,没有完全确立大学的法人地位,没有严格按照《高等教育法》等国家有关法律、法规的要求还权于高校。如大学专业设置、学科建设、人才引进等事务须经过政府相关部门及政府教育主管部门的审核批复,学校招生、科研等工作开展须听从政府安排等。《高等教育法》中第一章第六条、第七条提出,国家鼓励企业事业组织、社会团体及其他社会组织和公民等社会力量依法举办高等学校,根据不同类型、不同层次高等学校的实际,推进高等教育体制改革和高等教育

教学改革,优化高等教育结构和资源配置,提高高等教育的质量和效益。[①]《纲要》指出:要落实和扩大学校办学自主权。高等学校按照国家法律法规和宏观政策,自主开展教学活动、科学研究、技术开发和社会服务,自主设置和调整学科、专业,自主制定学校规划并组织实施,自主设置教学、科研、行政管理机构,自主确定内部收入分配,自主管理和使用人才,自主管理和使用学校财产和经费。[②] 但事实上,高校大部分办学自主权仍未得到有效落实。例如,地方高校要设置一个新专业,须经过其教育主管部门审批同意后才能开设。例如,设置的专业如属于目录外专业,还需报教育部审批备案;例如设置的专业不在国家颁布的专业目录内,但属于市场需求旺盛的专业,政府教育主管部门也可不予审批。这就使得大学对市场的反应越来越迟钝,越来越不关心市场对人才的需求变化。同时,大学根据自身发展欲设置的部分专业和行业性较强的专业,如医学类专业,不仅要经过省级教育主管部门和教育部的审批,还要经过省级卫生主管部门和卫生部的审批,程序较多、较复杂。此外,教育主管部门还严把高校招生计划关。高校每年必须严格按照其教育主管部门下达的招生计划招生。如高校在招生过程中根据招生实际情况需调整某些专业招生计划,须经其上级主管部门批准后才能实施,高校招生"大一统"的局面仍然没有改变。政府宏观管理招生计划,高校依据自身招生实际自主调节计划的招生工作新机制尚未建立。

上述政府高度集权的管理,阻碍了大学功能的发挥和大学办学的积极性和创造性,导致大学自身活力不足、市场适应能力差,最终影响、制约了大学自身的发展。我国师范大学的兴衰就是一个很好的例子。"我国现有的师范大学,大都有较长的历史,从建校初期看,其基础和条件与现有发展水平较高的大学在专业学科上没有多少差别,甚至比其他大学还要强。但是经过多年的发展,这种差别明显拉大……造成这一问题的根本重要原因就在于体制上的约束。政府过分强调师范大学为基础教育服务的职能,而忽视了它们的自身发展,师范大学的学科在突出师范教育功能的要求下,被限制在与中学课程相对应的狭

---

① 中华人民共和国教育部网站:《中华人民共和国高等教育法》,见 http://www.moe.edu.cn/publicfiles/business/htmlfiles/moe/moe_619/200407/1311.html。

② 中华人民共和国教育部网站:《国家中长期教育改革和发展规划纲要(2010—2020年)》,见 http://www.moe.edu.cn/publicfiles/business/htmlfiles/moe/moe_838/201008/93704.html。

小范围之中，既不像其他院校紧紧围绕社会需要来运转，也不能与其他院校站在同一起跑线上开展高水平研究，结果学科延伸受阻，基础理论研究水平不高。”[①]目前，我国绝大部分师范院校面临学科专业转型的困境，生存发展面临严峻挑战。

从经济学视角看，大学之所以存在上述种种问题，关键在于大学法人治理机构不完善。而大学法人治理机构不完善，首先在于政府及大学本身对大学发展过程中各利益相关者的权力配置没有作出明确的划分，且没有制定完备的法律法规和制度政策对其权力配置关系及其权力运行进行规范和约束，因而也无法协调、规范学校与政府、社会等大学利益相关者的权力配置关系，更无法对大学利益相关者的权力进行有效制衡。其次是与公司法人相比，高校校长的法人代表资格缺乏足够的法理基础，校长的法人代表资格并不被普遍认可，大学的法人权利并没有得到应有的尊重和保护，这在一定程度上影响了《高等教育法》规定的校长职权的落实，因而导致了高校办学自主权未得到全面落实。因此在国家举办高等教育，并作为大学的最大利益相关者——国家委托政府作为其管理高等教育的代理人，在其代表国家行使对高等教育及大学的管理权时，存在政府高度集权也属情理之中。为此，健全完善大学法人治理结构，规范并明确大学法人中各利益相关者主体的责、权、利，实施法人治理，理顺学校与政府、社会等利益相关者主体之间的关系，是构建具有中国特色现代大学制度的重要内容，也是实现大学健康、稳定发展的制度保障。

（四）开放办学机制不健全，社会监督评价乏力，“内部人控制”倾向严重

在2010年教育部年度工作会议上，刘延东同志指出：“开放也是改革。要瞄准世界教育改革发展前沿，借鉴先进教育理念和经验，引进优质教育资源，丰富和完善中国特色社会主义现代教育；要支持各级各类学校，深化对外交流，拓宽视野，加强合作，提高教育教学水平。”[②]《纲要》第十六章“扩大教育开放”部分也对进一步健全完善大学开放办学机制提出了一系列要求，为高校实施开放办学战略提供了政策和制度保障。但是，受开放办学机制不健全与组织机构不完善等因素影响，大学开放办学也会存在一些问题：一是社会参与大学办学的

---

① 赵金宝、张俊宗：《论传统师范大学的现代转型》，《西北师范大学学报》2000年第3期。

② 刘延东：《努力提高教育工作科学化水平，推动教育事业在新的起点上科学发展——刘延东在教育部2010年度工作会议上的讲话》，2010年1月。

渠道较少，大学与社会的联系亟待加强，关系亟待改善。目前，社会参与大学办学的途径主要是董事会、校友会、联合办学和捐资助学等形式。但由于大学开放办学机制和内外部治理机构的不完善，社会参与大学共同治理、联合办学的机会较少，即便有机会参与学校治理，由于大学产权不明晰、法人治理结构不完善和存在“内部人控制”等问题，大学赋予社会的治理权偏少，不足以改变大学目前的半开放状态。二是开放、人性的人才使用、管理机制不完善和海外高层次人才引进困难。实践证明，人才引进使用机制越健全，人才管理环境越宽松，越容易吸引海外优秀人才。香港中文大学1963年建校，虽然其建校时间不长，但现在却拥有包括高锟等诺贝尔奖获得者在内的一大批世界级名师。他们为什么对其如此“青睐”？其原因在于香港中文大学开放、人性化的人才制度环境使其成为世界优秀人才创业的乐园。三是受制度不完善等因素影响，大学开放办学组织机构对自身职责认识不清，影响了自身对外开放的步伐。当前，各高校为加快开放办学进程，都先后成立了国际交流与合作处或外事处或国际教育学院等机构，具体负责学校开放办学的相关工作。但是，由于部分高校开放办学机构对自身职责认识不清，导致职责错位、缺位，影响了其开放办学进程和水平。

同时，与高校开放办学机制不健全密切相关的另一个问题是，社会对大学的监督评价乏力，导致大学行为缺乏有效的社会监督，大学办学“内部人控制”问题较普遍。在西方国家，如英国、美国等国的大学都建有拨款委员会、社会中介评估机构等社会监督评价组织，这些组织独立行使对大学的监督、评价权，第三方组织很好地保证了对大学监督评价的客观、公正。在我国，尽管大学的党组织保证了高校政治逻辑的实现，但其在处理与政府和社会关系时，为维护大学自身利益，容易出现“内部人控制”问题。如在第一轮教育部本科教学评估过程中，部分高校为了获得优秀评价，全校上下一齐造假；少部分高校对评估专家组的评估结果不满意，“囚禁”专家组“谈判”。一些高校不愿贯彻执行政府颁布的有关法规，曲解和拖延人事分配制度改革的有关政策，导致大学内部利益分配失衡，矛盾增加。有些高校严重违反国家的有关政策，在一些建设和研究项目上违规操作甚至违法乱纪，导致校园腐败等，无不显示出了大学“内部人控制”的严重倾向性。

近年来，大学排名和大学发展评价组织的兴起，加大了对高校社会评价、监督和约束的力度,增强了大学及其领导人的发展意识和竞争意识,规范了大学办学行为,对提升大学管理水平和办学能力起到了一定的促进作用。但是,从现行大学评价的指标体系(标准)来看,评价体系(标准)过于单一,缺乏按类型、分层次评价方案。目前,我国大学评价从评价主体看,一是政府主导,如本科教学水平评估、新建本科院校合格评估等,都是由政府教育主管部门牵头组织实施的,且带有浓厚的行政管理性质。评估标准主要是根据学术性研究型大学的标准来制订的。以学术性研究型大学的标准来评估非学术性研究型大学,这不仅达不到评估的目的,而且还将对其他非学术性研究型大学产生一些消极导向作用,致使许多高校不顾自身条件盲目求大、求全,并在此过程中削弱甚至丧失了自身原有的特色和发展优势,影响了自身发展。二是由自发性的社会组织所主导,因其评估组织功能不健全和评估体系不完整,大学及社会认可度和接受度不高,其导向性、权威性并不明显。此外,我国高校现有各学科门类都建有自己的一级学会,作为非政府组织负责对本学科工作的指导和监督。但从目前各学会工作情况来看,其开展的多数工作与政府有着千丝万缕的联系。如政府委托的教学工作评估和其他各项专项评估检查,其评估方案、标准等的制订和最终评估结果的认定,都或多或少有政府的“影子”。实际上,社会监督评价乏力,对大学行为缺乏有效监督,也是政府不敢轻易还权给大学的一个重要原因。为此,尽快建立社会监督评价与大学自我约束相结合的监督评价机制势在必行。

二、内部治理存在的主要问题

(一)党委领导下的校长负责制执行不力,学校运行不畅

如前所述,大学的“三元逻辑”决定了大学是集学术属性、政治属性、经济属性于一身的特殊社会组织,现代大学与政治、经济、社会、文化等多方面有着越来越多的联系,是一个具有众多利益相关者的公益性组织。在现代大学制度中,各种利益相关者以不同的方式参与对大学的管理。就内部而言,大学管理者、大学教师和学生都是核心利益相关者,代表着大学利益相关者的不同方面。《高等教育法》所规定的党委领导下的校长负责制是对我国大学利益相关者的地位、权力和利益的核心规定,自颁布以来对维护大学利益相关者的利益,保证大学的健康发展起到了重要作用。但是,由于对大学内部利益相关者在实际办

学过程中角色定位不准，导致其职责在实施过程中存在职责不清、权责交错等问题，致使党委领导下的校长负责制这一中国共产党对国家举办的普通高等学校实施领导的根本制度并没有得到很好的落实，主要表现在：

第一，党委与行政之间职责不清。《高等教育法》对党委和校长的职责有相应的规定，如第三十九条，中国共产党高等学校基层委员会统一领导学校工作，支持校长独立负责地行使职权。第四十一条中却又提出，高等学校的校长全面负责本学校的教学、科学研究和其他行政管理工作。针对这一问题，在《中国共产党普通高等学校基层组织工作条例》第一章第三条中明确规定，高等学校实行党委领导下的校长负责制。此外，《中国共产党普通高等学校基层组织工作条例》还提出，凡属重大问题都要按照集体领导、民主集中、个别酝酿、会议决定的原则。而《高等教育法》规定，党委有决定学校重大事项的权力。何为"重大问题"、"重大事项"，没有准确、明晰的界定，比如部分高校对党委应该管什么、不应该管什么，校长应该做什么、不应该做什么，规定的不是很明确，致使高校存在"党政不分、以党代政"的现象，影响了校长的积极性。同时，在部分高校也存在相反的情况，由于历史和个人等原因，校长虽然在名义上是在党委领导下工作，但在实际工作中校长比党委书记更"强势"。这种"强势"违背了党委领导下的校长负责制"党委统一领导学校的工作"和书记、校长"互相配合、互相监督"的工作原则，导致党政领导间的不和谐。

第二，管理部门机构臃肿，职能交叉重叠。大学一开始是作为一个单一的群体——教师和学生的群体而出现的，那时的大学功能较单一，也比较容易管理，其利益相关者之间职责明晰，权责划分也较清楚。但随着大学功能的增加，大学内部事务越来越多，内部管理也越来越复杂，急需设置相应的管理机构来解决其复杂的运行问题。由于大学治理中存在的"内部人控制"问题，高校党政管理机构臃肿庞大，部分管理机构职责交叉重叠的现象也就在所难免了。这一方面影响了部门间的关系，另一方面也增加了部门间为完成某一项工作沟通、协调的时间和人力成本，结果导致多头管理和相互推诿的现象并存，学校管理成本增加，效率低下。

（二）内部权力制衡机制缺失，泛行政化倾向严重

从本质上说，学术性是大学的本质属性。当大学学术活动成为一种有组织、有目的的群体活动时，围绕学术活动的开展便会产生两种权力：一种是在组

织、开展学术活动过程中形成的学术管理的权力，即学术权力；另一种是高校行政部门和行政人员为服务、保障学术活动顺利开展而形成的权力，即行政权力和经济权力，经济权力在实践中也常常以行政权力的面目出现。当学术权力和行政权力在大学内部运行时，如何界定学术权力和行政权力，如何实施两种权力。二者的组织机制、权责范围、管理方式、实践形式的不同，加之大学内部权力制衡机制的缺失，导致大学泛行政化倾向较严重，主要表现在：

第一，官本位倾向严重。在大学去行政化的呼声中，"书记、校长一桌满，处级干部一走廊，科级干部一操场"，仍然是当下大学的真实写照，泛行政化现象普遍存在。高校教师的职称评定、选岗和聘岗、福利分房，其评定大多依据职称、工龄、科研成果、教学评价等，而教学评价、科研项目管理等权力大都掌握在行政人员手中，行政权力凸显其重要地位。因此，许多博士、副教授、教授等，对行政有过多的关心，导致一些人忽略教学、科学研究而去关心"乌纱帽"，认为行政职务能体现人才的优越性，更能体现其自身价值。泛行政化，对官奉承相迎，唯官是攀。这种官本位倾向的泛滥，已使大学"校不像校，学不安学"。

第二，学术组织行政化。大学本质上是一个学术组织，应按学科知识传承、创新和生成规律进行组织设计，其功能在于有利于学术活动的开展和知识的创新生成。但事实上，我国高校目前的校—院—教研室或校—院—系三级组织机构，具有严格的等级，是教学行政管理机构。全校所有事务层层划分到各级组织进行管理，而不仅仅是对学术活动的组织和管理。更为关键的是，这种组织机构的管理模式是等级式管理，而不是层级式管理，其强调的是上级领导下级、下级服从上级。此种组织结构与学术活动需要相对自由、宽松的环境和质疑、创新的氛围相对立，不利于学术活动的开展。与此同时，学术组织行政化产生的另一个后果是，学术权力在大学未得到充分发挥。尽管《高等教育法》强调大学的学术活动应充分发挥教师的作用，但这在实际操作中是很难做到的。高校校级学术委员会主任是校长，副主任大多是分管教学、科研的副校长，其成员三分之一以上是各学院的院长和相关职能部门的主要负责人，只有少部分是一线教授代表。各学院院长和相关职能部门主要负责人虽具有教授职称，但其行政职务和长期以来形成的"官本位"意识，使得学校学术事务间接变成了行政事务，学术权力间接变成了行政权力。行政权力与学术权力协调与监督，如何界定权责边界，如何优化配置，防止两种权力的冲突与错位、行政权力的泛化，成为当前亟待解决的关键问题。

(三)内部激励机制不完善,大学教师和管理人员的工作积极性调动不足

激励是促使群体或组织中的成员,发挥主动性、创造性和积极性,潜在能力,实现组织目标,激发人的行为的心理过程。大学作为社会的一个子系统,其内部管理也存在激励问题。但长期以来,受高度集权管理体制约束,我国大学内部激励机制较僵硬、单一,广大教职工办学积极性和创造性未得到充分激发,影响了大学的办学效率,主要表现为:

第一,对教师激励机制不完善,教师职业自觉性不高。目前,大学对教师的激励主要有职称评聘和绩效考核两种手段。集中统一的职称评聘政策使得大学在教师职务评聘中缺乏自主权,大学依靠职称评审和职务聘任对教师的激励具有很强的局限性,教师的职业自觉性并不能随着职务的晋升得以相应地提高,部分高级职称教师不登讲台、不问学术,这严重挫伤了想干事、能干事的教职工的积极性,最终影响了学校的发展。为了激发教师从事教学科研工作的积极性,不少学校采取了绩效考核的办法,将教师的收入与年度贡献挂钩,尤其是与年度科研成果紧密结合起来,导致教师们急功近利,甚至追名逐利,严重背离了大学应有的价值追求,偏离了大学发展的正确方向。如何建立完善的激励机制,以科学的手段实现对大学教师的有效激励,是目前大学激励中面临的重要课题。

第二,对学校管理集团激励机制不完善,管理人员的服务意识不强。随着高等教育的不断发展,大学的人员结构发生了很大变化,越来越多的高职高学历人员走向学校管理岗位,他们其中不少人是某一领域著名专家和领军人物,有的是全国某一学科首席科学家和首席顾问,有的甚至还是院士,教学科研成绩突出,社会地位和经济收入都处在较高水平。而当他们走上领导岗位后,由于学术事务和管理事务的双重压力,既不能把所有的精力都投入到教学科研中,也不能都投入到学校管理工作和服务师生的工作中,从而影响了学校的管理效率。更有甚者,在绝大多数没有实行职员制的大学,其管理人员大多是“双肩挑”人员,他们具有双重身份:既是管理干部,又是教学科研人员;既从事管理工作,又承担教学科研任务;既可晋升行政职务,又可晋升业务职称,是高校中可以“两条腿”走路的人群。他们在从事管理工作的同时,也承担教学科研任

务，有的还担任研究生指导教师。这就使在教学科研资源有限的情况下，可能出现管理干部与一线教师争抢资源的局面。这在一定程度上扰乱了大学正常的教学科研秩序，挫伤了一线教师对教学科研工作的积极性。

大学内部管理人员这种双重身份的存在，极大地影响了大学一线教师的专业发展，急需以制度规范管理人员的身份，并重构对管理人员的激励机制。

（四）内部监督制约机制不完善，“内部人控制”现象突出

与外部类似，在大学内部同时存在着一个层级复杂的委托代理关系。一方面，是高等教育主管部门委托大学领导班子管理大学事务；另一方面，在大学内部还存在一个委托代理关系：即大学全体师生委托学校领导班子管理学校相关事务，学校领导班子又委托学校二级学院和职能处室（所）管理大学相关事务，这就形成了另一层“全体师生—学校领导班子—学院和职能处室（所）”这样一个委托代理关系。根据新制度经济学对人“有限理性”的假设，基于对现实决策环境的不确定性和复杂性、人的知识的有限性、价值取向和目标的交错性、时间限制性等原因，人对环境信息的掌握和了解是有限的。因此，人的理性是一种有限理性。由于人的“有限理性”，极易导致大学内部委托代理出现不完全契约和不完全委托代理问题，出现较严重的“内部人控制”问题。比如，在上述大学内部委托代理关系中，高校领导班子其实是个双重委托体，一方面受上级教育行政主管部门委托管理大学内部事务，另一方面又受大学全体师生委托管理大学内外部事务。一方面，他作为上级教育行政主管部门的代理人，其在行使对大学的管理权时，必须遵循国家、地方政府和地方教育主管部门制定的法律、法规和政策制度，要服从委托人——上级教育行政主管部门的领导；另一方面，作为全体师生的代理人，其在管理过程中，需要考虑大学内部利益相关者的利益诉求。这就使大学领导班子在大学内部利益相关者核心利益诉求与国家、地方政府及地方教育行政主管部门的利益和要求不一致的时候，常常出现对内妥协的现象，甚至为了学校人员的利益不惜违反国家法律法规。再如，在一些实行“校—院—系”三级管理体制的高校，学校的不少权力下放到了院、系层面，基层管理人员尤其是主要负责人拥有了更多的自主权，唯我独尊、擅权专行的现象也时有出现。因此，为防止“内部人控制”问题，不仅是大学外部治理的重要任务，也是大学内部机制建设的重要课题。

第五章　中国大学制度的创新目标与思路

以新制度经济学交易费用理论、产权理论、契约理论和利益相关者理论以及大学制度变迁的内在逻辑为基础,针对我国大学制度的现状和问题,明确我国大学制度创新的目标,提出中国特色现代大学制度建构的任务、原则和思路,是本章讨论的内容。

第一节　中国大学制度的创新目标

如前所述,由于我国大学制度存在明显的缺陷,对我国大学制度进行创新,已经成为我国高等教育改革发展的现实需要。这是我国高等教育内涵式发展和高等教育强国建设的需求,也是新时期我国高等教育改革与发展的主导方向,对于提高我国大学核心竞争力,推动现代大学现代化进程,实现大学健康、和谐和可持续发展有着极其重要的战略意义。笔者认为,在社会主义市场经济背景下,我国大学制度的创新就是要建构和完善中国特色现代大学制度。为此,我们在阐释中国特色现代大学制度的基本内涵和基本特征的基础上,初步提出了当前我国现代大学制度的建构目标。

一、中国特色现代大学制度

(一)中国特色现代大学制度的概念及其内涵

如前已所述,"现代大学制度"可以从个体和整体两个层面来理解:从个体层面看,现代大学制度主要是指一所大学内在组织结构和运行机制;从整体层面看,主要是指某地域高等教育的治理及其发展等一整套体制系统。对于"中国特色现代大学制度"的内涵进行准确解读,我们需要搞清楚"中国特色"这一特殊背景下的"现代大学制度"的概念内涵。也就是说,中国特色现代大学制度必须在遵循高等教育普遍共识的基础上来突出"中国特色"。因此,从广义上讲,中国特色现代大学制度主要是指:根据国家高等教育方针建立起来的,适应我国社会发展和现代大学特征的,关于大学的规范和秩序。[①] 从狭义讲,"中国特色现代大学制度是指高等学校内部权力关系的规范和秩序。例如,党委领导下的校长负责制、大学章程、教授委员会制度以及高校内部管理的其他制度"[②]。同时,具有中国特色现代大学制度的"中国特色"还蕴含有"适应中国特色社会主义初级阶段发展需求"之本意。社会主义基本制度从本质上决定了我国高等教育改革必须坚持社会主义发展方向,这是中国现代大学最根本特征。在构建中国特色现代大学制度时,必须坚持中国特色社会主义教育理论为根本指导。因此,从一般意义上讲,"中国特色现代大学制度是指在社会主义初级阶段条件下,在政府的宏观调控和学校党委的领导下,构建与市场经济体制和高等教育发展法制化要求相适应的大学外部关系、内部组织结构及大学组成人员行为规范所构成的体系"[③]。

(二)中国特色现代大学制度应该具备的基本特征

关于中国特色现代大学的特征,一些学者则认为应体现在"学术自治、政校分开、权责分明、科学管理"[④]。还有一些学者认为:"中国特色现代大学制度的特征应该是在政府的宏观调控下,大学自主办学、校长依法治校、民主管理学术、社会评估监督;举办者、办学者、管理者、教育者、学习者职、责、权、利分明。中国特色现代大学制度应该充分体现大学自我发展与自我约束的有机统一;强调大学自主办学、学术自由与社会责任、国家意志相辅相成;追求大学内部学术权利与行政权力的平衡协调;倡导大学教师教书育人与科学研究的紧密结合等。"[⑤]还有一些学者也认为:"现代大学制度并非一个既定的存在,而只是一个构建中的事实,具有理论性与实践性、开放式与适应性、国际性和本土性并存的特征。"[⑥]

---

① 徐少华、章兢:《中国特色现代大学制度的内涵与要素》,《大学教育科学》2012 年第 1 期。

② 同上。

③ 方立锋:《对构建中国特色现代大学制度价值取向的省思》,《西安社会科学》2008 年第 9 期。

④ 同上。

⑤ 同上。

⑥ 徐少华、章兢:《中国特色现代大学制度的内涵与要素》,《大学教育科学》2012 年第 1 期。

在探讨中国特色现代大学制度的特征时,虽然可以从西方大学发展史中追溯其源,但现代大学在中国发展过程中就融入了中国元素,实现了西方现代大学制度的中国化。因此,建构中国特色现代大学制度,一方面要充分吸纳西方现代大学制度的精髓,另一方面要充分考虑中国国情。总结起来,中国特色现代大学制度的特征主要体现在其普适性、本土性、时代性、法治性和多样性等方面。

1. 普适性和国际性

现代大学最早始于欧洲中世纪大学,从最早的欧洲博洛尼亚大学诞生到当代,西方大学经历了一系列重大社会变革的洗礼。在这一发展过程中,虽然大学组织形式、功能、内外关系等方面都发生了深刻变革,但其学术自由、大学自治、民主管理、兼容并包的精神内核始终未变,这是现代大学制度的本质,具有其鲜明的普适性和国际性。因此,现代大学制度必然要尊重大学本质属性和基本逻辑,其精神内核是在任何情境下都必须遵循的普适性原则,任何国家的现代大学制度建设都不能摒弃。

虽然说中国特色现代大学制度是要在当代中国这个特殊国情和时空背景下孕育和建构的,但在建构中国特色现代大学制度过程中也必须充分吸取西方各国大学制度的本质内核和精华。使其具有国际化的普遍共识。在长期历史演进中形成和传承下来的现代大学精神和思想,是现代大学制度的根基,具有超越特殊民族文化、政治制度、经济社会发展水平以及社会意识形态等界限的普适性特质,因此其普适性特质应在中国特色现代大学制度中得以充分体现,不管是高职高专院校还是研究型大学,不管是公立大学还是私立大学,都应该从大学制度的传统特质中积极吸取精髓。

基于此,在建设中国特色现代大学制度过程中,应积极倡导学术自由、办学自治、竞争自发和经营自觉的现代大学精神。为此,应注重以下方面关系和问题的解决:大学与社会之间的关系应重点体现“学术自由”这一现代大学精神,需要解决好“独立性”的问题;大学与政府之间的关系应重点体现“办学自治”这一现代大学精神,需要解决好“办学自主权”的问题;大学与大学之间的关系,对应着“竞争自发”这一现代大学精神,需要解决好“互补性”的问题;大学组织内部关系,对应着“经营自觉”这一现代大学精神,需要处理好“协调性”的问题。笔者认为,这“四自”是现代大学制度普适性和共识性的应有之义。

2. 特殊性和本土性

不言而喻,现代大学制度在中国的形成和发展是世界大学制度中国化的过程,有其普适性,同时也具有其特殊性和本土性,即具有民族性。也就是说,现代大学制度只有与本国国情和发展实际相适应,大学才能表现出其发展活力。本土性是指现代大学制度应具有的创造性的特色体现,即现代大学制度的本土化,通过将其他国家现代大学制度纳入本民族文化过程,使之成为本民族社会经济文化发展的重要组成部分,才能表现出其发展的活力和创造性。

中国特色现代大学制度的特殊性和本土性是由中国国情的特殊性决定的,它是构建中国特色现代大学制度所不能回避的,也是中国特色现代大学制度的"中国特色"的具体化。首先我国特殊的政治体制和高等教育管理体制。中国基本政治制度包括人民民主专政制度、人民代表大会制度、共产党领导下的多党合作政治协商制度等,具体表现在领导制度、组织制度、选举制度、干部制度等方面。在高等教育领域,我国实行的是中央集权高等教育管理体制;在公办大学内部实行党委领导下的校长负责制。因此,中国特色现代大学制度建构必须在现行政治体制和高等教育管理体制框架下开展。其次是中国特殊的历史文化传统。中国历史文化源远流长,儒学思想在国家政治、经济、文化生活中始终居于主导地位,同时道家和佛教等传统思想对我国社会的发展也有着重要影响,这些思想的核心价值观和思维模式对我国现代大学的形成和发展产生了深刻影响,学者们的学术生活、价值观、交际方式等都烙印着中国特殊的文化传统。对此,中国特色现代大学制度的建构不可能脱离中国这一特殊的历史文化传统,需要在继承其精华的同时,不断创新。最后是中国特殊的社会发展阶段。中国社会经济发展取得了举世瞩目的成就,但必须承认,中国仍处于社会主义初级阶段,深层矛盾依然存在,国际竞争力有待提升。中国特色现代大学制度的"中国特色"这一特殊性或本土性特征,表明了中国现代大学制度与西方现代大学制度之间的差异性,因此,中国特色现代大学制度建构必须坚持社会主义办学方向,努力培养和造就社会主义合格建设者和可靠接班人。

3. 社会和时代适应性

适应性是指现代大学制度具有的主动面向社会和时代开放的特征,一方面表现在社会经济发展的适应性,另一方面表现在其时代发展的适应性。这一典型特征充分体现了现代大学制度和大学自身的非保守,即社会开放性和时代进步性。中国特色现代大学制度绝不是强调“传统大学自治”的那种自我封闭的“象牙塔”属性。为此,建立我国现代大学制度最关键的是建立大学与社会发展需求的联系机制,搭建大学与社会之间的联系通道是我国现代大学制度构建的重要任务。民族文化的生命力在于创新,而“创新是一个民族的灵魂,是一个民族进步的不竭动力”。大学担负着文化承创的重要功能,中国特色现代大学制度就是要为我国大学的文化创新提供制度性保障,使大学能够主动面对外部需求,通过建立与外部需要相联系的直接机制,构筑我国现代大学与社会的新型关系。

就时代适应性来讲,中国特色现代大学制度应具有鲜明的时代特色。从西方大学制度的历史演变过程来看,虽然大学制度的精神内核始终传承,但在社会发展进程中其内涵不断丰富,并努力适应不同时代特色的环境变化。我们知道,自中世纪以来,西方大学的历史发展并非一帆风顺,曾多次经受社会运动和变革的巨大冲击和洗礼,西方大学制度核心内容的大学自治特性曾遭受了严重挑战。在这一发展进程中,西方大学制度也在根据时代变革和环境巨变而不断调适,通过彰显其时代性来恪守和维系大学自身的普适理念和价值内核。当前我们建设具有中国特色的现代大学制度,就是要强调是现代大学制度的时代性要求。因此,可以说,中国特色现代大学制度具有其明显的时代性、开放性和与时俱进性。

4. 法治性

首先,我国已进入法治社会,法治性已成为当前我国社会政治体制的重要特征,在此背景下建构中国特色现代大学制度,需要充分体现其法治性特征。其次,在新制度经济学视域下建构中国特色现代大学制度,根据产权理论,也应该突出体现其法治性特征。大学办学法治是一项制度得以具体落实的最有力的保障。客观来讲,关于保障学术自由,落实大学办学自主权等现代大学制度的核心思想之所以在中国还未完全成为有效的政策实践,其重要原因就是我国缺乏应有的法律保障。在现代大学制度建设中,我国政府和大学各自的职责、权限等还没有进一步从法律层面上予以明确和细化,政府对大学的管理行为和权限,以及大学内部的各项管理行为等还缺乏应有的法律约束。中国特色现代大学制度建设既是我国高等教育改革和发展的必然要求,也是对现代大学进行制度变迁与制度设计的重塑。因此,中国特色现代大学制度建设,需要把高等教育法制建设摆在突出位置，把现代大学制度的核心思想和理念法治化；需要用自治原则和法治理念，审视我国现代大学现实制度的特殊环境和突出问题，重塑我国现代大学的法治精神，不断完善相关法律体系，依法调整大学与政府、社会各利益相关者的关系，构建依赖于“有限政府”的“依法行政”治理机制，落实大学办学自主权，强化大学法人地位，推动大学与政府之间关系的良性运行。要大力推进依法治校，完善大学内部治理结构，进而切实实现从“大学管理”向“大学治理”的转变。

5. 多样性

中国特色现代大学制度多样性是指中国大学制度在其实现方式和表现形式上的不拘一格，在坚持大学制度的基本精神、基本原则的前提下，不同的地域、不同的高校可以构建与其他区域和其他高校不同的制度形式，避免千校一面。因此，在中国特色现代大学制度建构中，应在遵循现代大学制度共同内核的基础上，尊重多样性特征，充分发挥各级各类大学的创造性，积极探索适合不同大学自身发展需求的制度模式，从而激发中国特色现代大学制度的生命力。

二、中国现代大学制度建构的目标

从新制度经济学的交易费用理论来讲，大学是传播高深知识的经济组织；从产权理论来讲，大学是一个多产权综合组织；从契约理论来讲，大学是一系列内外契约关系联合体；从利益相关者理论来讲，大学是一个典型的多利益相关者组织。因此，我们从新制度经济学视域建构现代大学制度，以新制度经济学的交易费用理论、产权理论、契约理论和利益相关者理论为基础，针对我国大学制度内外治理结构上存在大学委托代理关系、利益相关者责权关系等方面的缺失，提出了我国现代大学制度建构的主要目标。

从根本来讲，建设具有中国特色的现代大学制度就是要在我国现有的大学制度体系中融入新的制度要素，以更好地解决我国现代大学发展的现实难题。由于我国既有大学在体制上存在一系列内外制度问题，切实解决好这些突出的制度性问题是建设有中国特色现代大学制度的根本目标。因此，具有中国特色现代大学制度构建的目标，就是要在权力和引导、维系和规范、激励和保障、协调和整合方面实现产权主体关系明晰、治理主体权责清楚、制度体系规则科学和制度运行机制完备的中国特色现代大学制度。

(一)实现大学产权主体关系明晰

从新制度经济学产权理论来讲,大学是一个多产权综合组织,即大学是一个包含诸多产权主体的共同体,它们都享有产权所带来的相应权利,这就决定了大学制度创新不能缺少这些产权主体的参与。从新制度经济学的契约关系理论来讲,大学是一系列契约关系的联合体,即大学作为高等教育组织,存在着交易和交易成本,需要用契约来规范各方权利和义务,这些契约关系分为大学制度的内部契约关系和外部契约关系。基于此,从新制度经济学视域建构现代大学制度,需要依据产权理论和契约理论明晰我国现代大学制度的产权关系。

正是由于大学产权主体关系不明,尤其是大学的法人地位没有完全确立,所以,大学的办学自主权未充分落实,大学的发展缺乏应有的活力,整个高等教育的发展效率受到很大影响。主要表现在以下几个方面:一是政府以外的投资者如企业、捐资者等对大学的发展前景缺乏有效预期,其投资信心受到很大影响,大学的发展不得不更多地依赖政府的支持;而政府也会因财力不足、监管乏术等问题极力减少对大学的投入。二是政府对大学的监管更多地依赖行政手段,经济的、法律的手段短缺而乏力,对大学缺乏应有的激励,大学自身动力不足,资源使用效率低下,大学与政府的摩擦和争吵时有发生。三是由于大学自身缺乏应有的自主权,作为用人单位和学生及家长等消费者对大学不能很好地满足其消费需求产生诸多不满,因教育质量不高造成的就业率低下几近成为社会问题,等等。

因此,构建中国特色现代大学制度首先要建立大学法人制度,明确界定大学产权,明晰产权主体之间的权力关系,建立完整的大学产权制度体系。而在此过程中,政府要始终发挥关键的指导和推动作用,因为政府可以有效地限制、规范人们的竞争行为,节约产权界定的成本,并保证产权界定的稳定性。这就要求政府自身要加强改革,转变职能,把对大学资产的直接控制转化到产权制度的建设上,以使大学的权利主体之间的关系通过法律法规予以规范,使大学与政府以及其他产权主体的交易成本减至最低。

(二)实现大学治理主体权责清楚

依据新制度经济学利益相关者理论分析,大学是一种典型的利益相关者组织,即作为利益相关者的大学治理主体呈现多样性。理顺我国现代大学治理主体之间的责、权、利益关系应是我国现代大学制度构建的重要目标之一。长期以来,由于我国大学制度内外关系复杂多变,大学各利益相关者权利主体不明、责权利不清,从而导致我国大学的内外部治理结构不完善,大学治理存在诸多弊端。

就大学外部而言,政府对大学办学行为干预过多,大学办学自主权一直得不到真正落实,反复出现的“一统就死,一放就乱”的现象,导致我国大学权力结构变革长期处于“简政放权—权力失控—权力集中”的不良循环之中。就大学内部而言,大学内部运行机制的不完善常常导致决策和执行的矛盾与摩擦,行政权力与学术权力的严重失衡。就行政权力和学术权力而言,一方面,大学内部行政权力泛化,行政权力干预学术权力的现象极为普遍。另一方面,我国大学内部学术权力运行规则缺乏,常常出现行政权力替代学术权力,甚至包办学术事务管理,导致学术特权的产生等一系列问题。

因此,建构中国特色现代大学制度的目标就是要彻底解决上述问题,在全面理解和把握大学作为独立法人实体的本质内涵的基础上,明确大学的举办者、管理者、办学者以及内部各利益相关者的权力和责任。具体而言,就是要解决政府及相关部门如何把更多的行政权力交给大学并能对大学实现有效约束的问题,要解决大学内部决策权和执行权的划分、行政权力和学术权力的制衡以及不同的利益群体之间的利益均衡等问题。

总之,建构和完善中国特色现代大学制度,就要从宏观和微观层面对大学各方面的权力、责任和利益进行科学调整,建立稳定和谐的分层分权的治理结构,实现大学治理主体责权关系明确,办学主体之间相互配合、相互协调,大学利益相关者利益均衡、和谐,促进大学的健康、稳定发展。

(三)实现大学制度体系规则科学

新制度经济学认为,制度变迁的主体主要包括组织、个人和国家三个层面。根据制度变迁过程中主体和变迁方式的差异,制度变迁分为诱致性制度变迁和强制性制度变迁。新制度经济学制度变迁理论为我国现代大学制度规则科学提供了理论依据。中国特色现代大学制度体系是大学管理与运行的基本规则,它的构建应能够规范、约束和管理大学秩序,平衡好利益主体的关系,确保大学发展的和谐与稳定。这就要求大学制度的各项规则要具有充分的科学性。为此,需要从如下方面予以考虑:

第一,现代大学制度要建立在深厚的法理基础之上。在新制度经济学视域下,现代大学制度的构建应该充分吸收新制度经济学制度变迁理论、产权理论、契约理论、利益相关者理论等有关理论思想的基础上,审视和完善我国现有的高等教育法规,规范和界定我国现代大学制度建设的基本原则和基本架构,使其具有坚实、科学的法理依据。

第二,现代大学制度构建要遵循国家方针政策。完善中国特色现代大学制度是新时期我国社会经济发展的重要战略和高等教育坚持内涵发展的必然选择,也是我国高等学校改革和发展的内在要求。《中华人民共和国国民经济和社会发展第十二个五年规划纲要》、《纲要》、《关于全面提高高等教育质量的若干意见》等国家大政方针,都对完善中国特色现代大学制度、优化高校内部治理结构作出了明确部署。这些方针政策为我国当前建设具有中国特色的现代大学制度提供了重要科学指导和思路。因此,在构建中国特色现代大学制度过程中必须认真遵循。

第三,现代大学制度构建要尊重教育发展规律。从高等教育的发展规律看,主要体现在其人才培养、科技创新、社会服务、文化承创上。在人才培养方面,我国现代大学制度构建既要遵循大学固有的教育教学使命,又要充分体现新时期我国大学的创新人才培养;在科技创新方面,我国现代大学制度构建既要遵循探究高深学问的传统科学研究使命,又要在新形势下充分体现创新驱动战略下大学科学研究的创新导向性;在社会服务方面,我国现代大学制度构建要立足于面向社会经济现实需要,符合科学技术转化为现实生产力的转化规律,才有利于利用大学的人才和知识优势解决社会经济发展过程中的热点难点问题;在文化承创方面,既要遵循大学传统的文化传承职能,又要在此基础上突出文化创新,将文化传承和文化创新有机结合。

第四,现代大学制度构建要遵循系统封闭原理。封闭原理源于自动控制理论的闭环反馈控制原理论,是现代管理理论的重要原理。它主要是指管理活动过程本身是各因素、各环节相互制约、相互影响的链式循环过程,不管是决策活动还是信息活动,都必须构成一个连续封闭的回路。封闭原理同样适用于大学管理系统,大学系统内的管理手段,只有构成一个连续封闭的回路,才能形成有效的管理运行。当前我国现代大学内部治理结构安排也应该遵循这一原理。一般来讲,大学内部治理结构应包括决策机构,执行机构、监督机构和反馈机构四大部分。我国现代大学制度构建要按照该原理建立完备的组织机构和运行机制，使大学成为组织完整运转高效的自适应系统。

(四)实现大学权力运行机制完备

如前所述，在大学的“三元逻辑”下，大学中的行政权力、经济权力和学术权力对大学的影响是决定性的，“三元动态制衡”逻辑为我国建构完备的现代大学的权力运行机制提供了重要的思想基础。“三元动态制衡”原则认为，只有遵循大学制度的“制衡”逻辑，才能构建起结构紧密又动态变化的规则体系，才能实现大学规则体系的整体结构功能的优化。“制衡”逻辑是现代大学制度的逻辑归属，是大学制度由传统向现代转型的必然要求。“制衡”逻辑最重要的是科学合理的制衡机制的构建，制衡机制是制衡逻辑的运行方式。现代大学运行机制的核心是大学的权力运行，大学权力运行机制是否完备的关键是其行政权力、经济权力和学术权力的动态制衡状况。所谓大学权力的制衡机制，就是指分别以政府主管部门、大学管理阶层及其教职员工以及社区、社会团体、家长和其他社会个体等为依托的行政权力、经济权力和学术权力在各方面形成的相互联系、相互制约的一种机制，它直接或间接地作用于现代大学的各项活动。在现代大学制度中，行政权力、经济权力和学术权力是三种最主要的权力要素，所以权力制衡主要是这三者之间的相互制衡。在我国现代大学制度的权力制衡和利益制衡中，需要处理好经济权力、经济利益和学术权力、学术利益之间关系，实现力量制衡。与此同时，还要处理好其他权力和利益要素之间的关系，真正实现现代大学制度的多元化和多元制衡。这就要求我们在思考大学问题的时候，必须坚持系统性、整体性的观念和方法，积极构建了一个系统、完整、开放的制度体系。

构建中国特色现代大学制度，要通过完善大学的制度体系，使大学从传统的人治模式走向现代法治模式。要通过一定方式，明确大学办学宗旨、办学特色、教育理念和历史传统，准确定位大学与政府管理部门和社会之间的关系；明确学校经费的来源渠道、财产性质、使用原则、管理制度、接受捐赠的办法和规则；明确学校举办者对学校的管理和考核方式、标准；明确学校负责人的产生和任命机制、组织机构的设定原则和方法，举办者的投入与保障机制等；构建中国特色现代大学制度，还必须完善大学的领导机制、决策机制、执行机制、监督机制和民主管理机制，以充分体现党委领导下的校长负责制原则，依法落实和明确党委、校长各自的职责和权限，明确党委会、校长办公会的议事规则，规范学校重大事项的决策程序,健全学术委员会制度,探索教授治学的有效组织形式及其运行机制,创新民主管理和社会监督的机制。通过不断完善大学内外部治理结构从“自上而下”的行政管理模式走向“上下互动”的善治,使现代大学管理真正走向民主化、科学化、规范化和制度化。

在大学运行的诸多权力中,决策权是最重要、最关键的权力。在建设中国特色现代大学制度中,要尽力完善大学现有的决策模式,依据大学发展内在逻辑,推进现代大学决策科学化和民主化。在决策体系中明确规定党委会决策的事项,正确处理党政关系;应该从体制上确立学术权力在学校决策管理中的地位,赋予学术权力在治理中应有的权力,并加以制度化和规范化;要发挥学术委员会等学术组织参与学术事务决策的作用;要鼓励其他利益相关团体采取不同形式参与大学决策活动,从而实现大学决策的科学化。

第二节　中国特色现代大学制度的建构原则

“三元动态制衡”理论为中国特色现代大学制度建构提供了必要的逻辑基础。基于此,建构中国特色现代大学制度需要遵循正确的政治方向、满足全面的功能要求和体现先进的价值追求等原则。

一、坚定正确的政治方向

(一)坚持党的领导

中国特色现代大学运行机制应坚持党领导大学改革的原则,这是由我国特殊的国体和政体决定的。构建具有社会主义特色的现代大学与外部关系的运行机制,必须准确把握现代大学与外部关系运行机制的主要特征,清楚界定社会主义条件下的现代大学制度外部机制的内涵,遵循构建现代大学与外部关系运行机制的原则,只有这样,才能更好地适应中国国情和时代要求,实现走向世界过程中的中国现代大学制度的创新和发展。“坚持党的领导是坚持四项基本原则的核心，是中国特色社会主义道路的首要内容。”①中国共产党是我国社会主义事业的领导者，也是我国教育事业的领导者，构建现代大学制度的外部关系必须把坚持和维护党的领导放在首位。现代大学制度改革和构建只能是不断加强和维护党的领导的过程，而绝对不能削弱或者弱化党的领导，这是维护我国教育事业始终保持社会主义方向的重大原则，任何反对或者提出取消党的领导的观点都是错误的。

中国特色现代大学内部治理结构需要坚持“党委领导下的校长负责制”原则。党委领导下的校长负责制是新中国成立后，特别是改革开放以来我国大学管理体制的历史选择，是我国大学落实国家教育方针的根本保证，也是我国高等教育制度的重要特征。坚持党委领导下的校长负责制也是当前我国现代大学制度建设的基本原则，在我国现代大学内部治理结构不断完善的过程中，应毫不动摇地坚持这项基本原则。从现代大学制度的政治逻辑看，坚持“党委领导下的校长负责制”是中国特色现代大学内部治理结构建设中现代大学制度政治逻辑的具体体现。1990 年中央政府发表的《关于加强高等学校党的建设的通知》、1996 年的《中国共产党普通高等学校基层组织工作条例》及 1998 年的《高等教育法》都明确提出了“高等学校实行党委领导下的校长负责制”。我国大学管理坚持党委领导，这是由我国的国情决定的，是国家社会政治稳定发展的历史诉求。大学治理坚持党委领导，有利于大学坚持社会主义发展方向，有利于高素质创新人才培养，同时更有利于理顺大学内部治理结构。目前我国正处于现代大学制度建设进程中内部治理结构不断完善的关键期，在国内外复杂多变的环境中，在高等教育大众化和国际化纵深发展的条件下，党委领导的客观条件和目标定位上都发生了深刻变化。因此，在现代大学内部治理结构建设中，需要不断加强党的执政能力建设，完善领导体制，坚持党委领导下的校长负责制。坚持党委领导，就必须准确把握党委领导在现代大学内部治理结构中的核心地位和作用，它是增强党委领导下校长负责制的第一要务，也是完善我国当前现代大学内部治理结构的根本要求。对于大学来说，党委领导不仅体现在思想政治上的领导，更体现在大学管理体制改革发展稳定全局上的领导，主要表现在把握大学思想政治的领导权，对大学重大问题和事务的决策权，对大学重

---

① 吴敏：《什么是党的领导 怎样坚持党的领导——中国特色社会主义理论体系的科学回答》，《理论探索》2008 年第 4 期。

大决议执行情况的监督权。因此,校党委负有对大学发展的战略性、全局性、根本性问题作出决策的重大职责。

（二）坚持依法治校

所谓依法治校,就是依法管理大学,具体是指政府和高等院校在处理彼此的关系和高校内部的关系时要依据国家的法律、法规以及学校依法制定的规章制度。依法管理大学既是我国社会制度的具体要求,也是构建现代大学制度应该坚持的核心原则。对高等院校内外部各项事务进行有序的法制管理不仅是现代法治社会发展的需要,更是"贯彻党的十七大和《纲要》精神,推进依法治国基本方略的必然要求,是教育事业深化改革、加快发展、推进教育法制建设的重要内容"①。根据法的合理性与规范性来制约大学管理和管理大学的随意性与无序性,反映了管理进步的价值走向,是大学管理和管理大学走向科学化、规范化、民主化的重要标志。随着高等教育规模的扩大,高校管理越来越复杂化。大学内部规章制度不健全,甚至有些规章制度与现行法律存在不同程度的冲突;尚未形成大学管理权责明确体系和制度;大学管理的正当程序未得到应有的重视;大学执法监督机制不完善等。为了预防和处理各种矛盾,协调各种利益关系,保障高校的科学发展、和谐发展,就要求在构建现代大学制度的过程中坚持多路径推进依法办学,争取做到"以法治理念为基础,以制度建设为前提,以组织建设为依托,以有效监督为保证,以司法救济为补充,实现高校科学管理、和谐发展"②。同时,依法办学又是建立现代大学制度必须坚持的原则,通过实施依法办学来推进现代大学制度的建设和完善。现代大学"树立法治观念,弘扬法治精神,以法律为准绳,在法治的轨道上开展学校的教学、科研、管理等一切活动"③也是办好让党和国家放心、让人民满意大学的根本途径。

（三）坚持民主管理

现代大学制度建设中需要在大学内部治理结构安排上充分体现民主管理原则。民主管理主要是针对绝对服从权威的管理原则而言的,即管理者在"民主、公平、公开"的原则下,有效地传播管理理念,协调各组织的各种行为,从而

① 王连喜:《全力推进依法治校,办好国家开放大学》,《天津电大学报》2011 年第 4 期。

② 王学春:《高校依法治校理论研究》,《国家教育行政学院学报》2010 年第 5 期。

③ 王连喜:《全力推进依法治校,办好国家开放大学》,《天津电大学报》2011 年第 4 期。

实现管理目的的一种管理制度安排原则。因此,民主是实现科学管理的必要条件,也是现代政治的内核。大学内部治理不实施民主管理,大学的独立和健康发展就无从谈起。当前我国大学内部民主管理形同虚设问题比较严重,许多大学内部存在强烈的官本位意识和行政化倾向,民主意识淡薄。对此,在当前具有中国特色现代大学内部治理结构安排中,充分体现民主管理原则,保障大学内部各利益相关者充分分享决策和共享管理,对完善现代大学内部治理结构具有重要意义。

在当代大学内部治理发展趋势中,联合参与或多元参与成为西方现代大学制度建设中坚持的基本原则,并进一步拓展了参与渠道。从西方国家大学内部治理的参与机制看,主要有以下几类:在大学议会制决策机构或执行机构中吸纳部分非专职人员或校外代表;邀请外界利益相关者参加决策和执行议会并听取意见;通过透明校务信息公开,大学内部治理过程以开放性的姿态接纳外界监督,听取外界建议。通过这些参与途径提高了大学内部治理结构的民主化程度,决策更加科学化。多元参与并非削弱大学内部治理行政和学术的专职判断,相反,它能够有效地弥补专职判断的不足。由于大学内部治理过程中的多元参与能够有效地提供合法性支持,参与式民主能够为大学内部治理提供合法性价值认同,从而确保大学内部治理结构得到广泛认同,并增强治理共同体的归属感。另外,多元参与也能够使各利益相关者在大学内部治理中充分表达自己利益和价值观诉求,从而确保决策过程中自身价值和权益免受忽视,使大学内部治理事务安排针对性更强。通过多元参与能够从不同角度为专职系统内部人员提供相关信息,为大学治理中各方面复杂问题的解决提供有效途径,并使大学内部治理结构运行机制更加透明和富有回应性。从治理观念上看,代议民主是成功治理不可或缺的潜在要素,“治理”本质上扩大了代议民主的范围,“将集中的、固定的代表机构(如城市大会、大学议会)与分散的、临时的代表机制(如针对某一事务的各种临时委员会、听证会、集体协商等)结合起来”[①]。无论是集中的还是分散的代表机制,都有利于治理结构的民主监督,防范权力滥用。

民主监督是现代大学与外部运行机制构建与实施的重要原则,它既是保障

---

① 湛中乐、苏宇:《中国高等学校内部治理结构:基本原则与关键制度》,《华中师范大学学报》(人文社会科学版)2011 年第 5 期。

外部要素监督大学管理事务的重要条件，也是保障大学内部师生员工管理大学事务权利的充分体现。现代大学制度在充分保障大学自主管理自身事务的基础上，也必须创造充分的条件和环境来保障大学内外部相关利益者能够充分地监督大学的运行。这既是保障大学充分行使自主管理权利的具体体现，也是保障大学的利益相关者权利的具体体现。民主监督对于确保高校政治权力、行政权力和学术权力等与内外部要素对接的正常行使，防止大学行政管理部门和个人滥用权力，保障大学利益相关者的权益等方面发挥了重大作用。在构建现代大学制度建设的过程中，坚持民主监督原则既是贯彻落实依法办校、依法治校方针的根本要求，又是确保维护大学相关利益者合法权益的重要手段，同时也是激励广大公民和利益相关者关心学校改革与发展的主要动力。只有在高校的各项事务中深入贯彻以“平等参与”、“共同决策”、“有效监督”为核心的民主监督原则，才能促进高校自身的发展，才能凝聚人心，保证我国高等教育事业取得长足的发展与进步。[①]

总之，多元平等参与、共同决策、有效监督，是符合现代大学制度的客观规律的。民主管理是我国建设现代大学内部治理结构安排的重要环节，也是我国大学改革和发展过程中的核心动力。只有在大学内部的各项事务中充分体现民主管理理念，建设共同参与决策、有效执行、加强民主监督的治理结构，才能推动我国现代大学制度建设，为我国高等教育强国建设提供有力保障。

二、满足全面的功能需求

(一)有利于保持学术自觉，激发学术活力

作为学术的殿堂，大学是教师和学生自由探究高深学问、追求真理的场所。学术自由作为基本精神最早可追溯到古希腊罗马的智者派倡导的“自由探究真理、自由发表言论”的思想；作为大学的一项基本原则，学术自由则可追溯到欧洲中世纪大学；而具有划时代意义的是，19 世纪初德国洪堡大学改革则使“学术自由”走向“学术自觉”。面对如何处理大学与国家关系这一问题，德国柏林大学的创办突出表达了洪堡等西方学者的学术自由思想，进一步澄清了大学与

① 何晓芳、周秀华：《现代大学制度框架下高等学校民主管理的理念与机制研究》，《黑龙江高教研究》2010 年第 9 期。

国家之间的关系和早期的学术自由问题,解决了大学学术与国家的关系,成为新大学创办者的自觉行为。当时柏林大学办学理念可集中表述为:大学及其学术应该是自由的,以学术自由的原则来规范国家的控制,最终又与国家长远利益相统一。另外,在大学探究真理与人类发展、国家社会进步之间的关系上,洪堡等创办者指出:“人类的整个发展直接取决于科学的发展,谁阻碍科学的发展,谁就阻碍了人类的发展;要拯救德意志民族,就必须将教学与研究结合起来。”①洪堡在1810年的备忘录上曾明确指出:“国家绝不应指望大学同政府的眼前利益直接地联系起来;大学若能完成他们的真正使命,则不仅能为政府眼前的任务服务,还会使大学在学术上不断地提高,并且使人力物力得以发挥更大的功用,其成效是远非政府的近前部署所能意料的”②。

基于创办者的思想追求,柏林大学的学术自由集中体现在:在大学内部,教师拥有教学和研究的自由,学生拥有学习的自由。从柏林大学的创办可以看出,当大学认识到要以追求真理为其本职使命时,当知识传授不再是大学的唯一功能,而以探究真理、创造新知识的科学研究成为大学的另一功能时,学术自由才会变成大学自觉行动。因此,对学术自由的自觉追求就成为任何一所以探求真知为己任的现代大学的共同标志和原则。因此,可以说,中世纪大学的产生奠定了学术自由的基础,柏林大学的创办则标志着学术自由开始走向自觉,学术自由对于大学的根本价值得到了具体体现。

然而,在大学的发展过程中,学术自觉受到越来越大的冲击,国家对大学的控制,功利主义哲学的兴起,教育的民主化、大众化和世俗化,大学中教学与科研割裂等,导致大学学术自觉受到了严重压抑甚至扭曲。如果一个大学缺乏学术自觉或被严重压制,大学的教学和研究学术活动就不可能真正有效,大学的生命就会枯萎,大学就会失去灵魂。相反,如果大学能够守护应有的学术自觉,就能够激发学者们追求真理的灵感和信心,促进大学学术繁荣发展,从而有利于创新人才培养。基于大学发展的学术逻辑,现代大学内部治理安排中,必须保护学术自觉,增强学术自由意识,这也是大学由追求真理、探究高深学问的使命决定的。正如哈佛大学原校长德里克·博克所指出的:“学术自由是维持大学活力的源泉。有助于发挥人的思维和想象力”,“为了保证知识的准确和正

---

① [德]彼得·贝格拉:《威廉洪堡传》,袁杰译,商务印书馆1994年版,第70页。

② [德]弗·鲍尔生:《德国教育史》,腾大春等译,人民教育出版社1986年版,第125—126页。

确,学者的活动必须只服从真理的标准,而不受任何外界压力,如教会、国家、经济利益的影响”。[①]

因此,学术自觉是现代大学治理结构安排必须体现的最基本理念和原则,同时也是大学内部治理的根本目标。我们在建设具有中国特色现代大学内部治理结构的过程中,必须致力于保护学术自觉,努力促进大学精神价值回归到学术自觉上来,立足于激发学术自觉,形成学术自律,为规范学术创造良好的治理环境。在现代大学内部治理结构安排中,首先要处理好大学与社会、学术、政治、市场之间的关系,大学既要与现实社会紧密联系,又必须与其保持一定的张力和距离,担当起社会的良知和历史文化精神的守护者。如果不与现实保持必要距离,就会束缚学术探究的空间,从而降低大学的学术自由,大学将会失去活力。学术自觉也并不是要与社会隔离,而是要确保教师和学生专心治学求学。也就是说,“大学不能遗世独立,但却应该有它的独立与自主;大学不能自外于人群,更不能随外界政治风向或社会风尚而盲转,乱转。大学应该是‘时代之表征’,它应该反映一个时代之精神,但大学也应该是风向的定针,有所守,有所执著,以烛照社会之方向”。[②]

值得注意的是,我们通常所谈的学术自由,抑或学术自由或自觉,都共生于学术活动之中。也就是说,学术自由并非绝对的,而是有限的。作为学术自觉的约束,学术自觉的合理限度对激发学术活力,促进大学学术繁荣发展具有重要的保障、监督、预警和引导等作用,它一方面是对学术自觉的限制,另一方面也为学术自觉的实现提供良好的秩序和可能的空间。因此,我国现代大学制度建设应是有限性的学术自觉、学术自由。

(二)有利于大学教育目标实现,提高人才培养质量

人才培养是大学的重要职能和中心任务。在构建中国特色现代大学制度过程中,还要根据我国高等教育改革和发展战略,依据大学办学定位和功能定位,确保我国现代大学制度能够有利于教育目标实现,大力提高人才培养质量。首先,建构中国特色现代大学制度应切实把人才培养作为大学核心工作,把提高人才培养质量作为一项重要价值追求。长期以来,我国大学教育遵循马克思

---

① 德里克·博克:《走出象牙塔——现代大学的社会责任》,浙江教育出版社2001年版,第45页。

② 金耀基:《大学之理念》,生活.读书.新知三联书店2001年版,第24—25页。

主义关于人的全面发展的理论，确立了大学工作的核心是通过教育促进学生全面发展。1998 年颁布的《纲要》再次把人才培养提高到大学工作中心。这就要求中国特色的现代大学制度构建“必须确保大学能够充分履行其核心职能，积极为公民提供公平的接受高等教育的机会，为其中的优秀学生提供专业学习和训练场所”。[①] 其次，通过大力提升大学科学研究质量，带动人才培养质量提升。技术发明和科学研究是大学的重要功能，但这一功能不能脱离人才培养而独立存在。事实上，即使在一些国际知名的研究型大学中，人才培养也得到了充分重视。这就要求我们在构建中国特色现代大学制度过程中，要重新审视人才培养与科学研究的互动关系，确立以提高人才培养质量为基点进行科学研究的发展思路。

(三)有利于促进社会进步，增强社会服务能力

社会服务是大学核心职能之一，也是在大学走向社会中心之后的生存要素。构建中国特色现代大学制度的价值之一，就是要保证大学能够有利于促进社会进步，增强其社会服务能力。这样才能促进我国现代大学与社会之间的协调发展，充分实现中国特色现代大学制度建设对推动大学健康发展的价值和作用。

基于此，在构建中国特色现代大学制度过程中，要确保大学制度变革能够有效地保障大学社会服务能力的增强。首先，要通过人才培养和科学研究质量的提升增强社会服务能力。大学是知识创造的中心，是社会创新的引领者。现代大学具有完备的知识创造体系，能为社会发展提供智力支持。如果大学把自己所创造的知识封闭在自身之内，必然会被社会边缘化，成为与社会发展毫无关系的“象牙塔”。当代社会经济的发展必然需要大学的支持，而大学自身的发展也不能离开社会的支持，二者在相互支持中共同发展。“大学应不断满足社会的需要”[②]，应通过大学自己的产品来满足社会的需要。大学的产品包括知识产品、精神产品和人才资源产品。知识产品是大学在追求真理的过程中发现和创造的产品。这些产品对经济社会发展具有推动作用。在知识经济时代，高新

---

① 张陈、崔延强：《人才培养 科学研究 服务社会——现代大学的基本功能》，《人民日报》2010 年 12 月 31 日。

② ［美］弗莱克斯纳：《现代大学论：英美德大学研究》，徐辉、陈晓菲译，浙江教育出版社 2001 年版，第 3 页。

技术的多寡对一国的经济发展具有重要的意义,对一国的综合国力、国际地位都具有重要的影响,甚至是决定性的影响。虽然能够创造知识产品的组织并非只有大学,但是大学在知识产品创造过程中具有天然的优势。大学拥有雄厚的科研力量和庞大的人才资源,因此大学是知识产品提供的主体。精神产品是大学在自身发展中所形成的道德观念、价值观念、求真求实的精神、实事求是的态度和方法。大学所具有的这些精神产品对规范和引领社会文化的进步、社会精神风貌的提升,以及塑造社会共同理想和形成社会核心价值体系具有重要作用。人才资源产品是大学所培养的学生。并非所有正常的劳动者都是人才资源,只有接受过一定程度的教育并具有相应的劳动技术的人,才能称为人才资源。人才资源是现代经济社会发展的主要动力和决定性因素。人才资源一般以受教育程度来衡量。大学则是培养人才资源的最主要的组织。潜在的人才资源在大学内进行几年的学习,逐渐形成自己的人生观、价值观和较为完整的知识结构体系,他们很容易成为经济社会发展的高级人才。因此,对于大学而言,社会服务和社会批评是同一功能的不同方面。在实践中,应将二者结合起来,以更好地发挥大学服务社会、引领社会的功能。

此外,大学需要建立一个有效服务于社会需求的运行机制。一个能够有效服务于社会需求的大学运行机制是其适切性价值的重要体现。在这一运行机制中,大学的教学和科研工作应该具备与社会联系的有效途径,从而能够直接将社会需求表达出来。通过反映社会需要的途径将社会现实需要直接传递给大学,进而成为大学决策层思考问题的核心。在联系社会的途径中,积极探索董事会制度是比较适宜的,因为这种董事会是将社会各种利益相关者的利益充分表达的渠道,并能够直接带到大学决策层,从而使大学具体工作方案设计与社会需要相吻合。在中国特色现代大学制度中,还应该有社会力量参与大学治理机制,否则将难以构建现代大学制度。也就是说,只有社会参与大学治理,才能将社会真实需要融入到大学办学过程中,才能引起大学对社会需要的关注。因此,我们认为,只有在建立一种大学管理者、学者和社会各界广泛合作和交流平台基础上,才能促进大学治理理念的转变,才能促进大学办学方向从封闭走向开放。

(四)有利于文化承创,增强社会文化引领能力

文化传承创新是传统大学的根本职能,而时代的发展赋予大学以新的文化

使命，它不仅具有文化传承职能，也承载着文化创新功能，因此，文化承创已成为现代大学的重要功能。胡锦涛总书记在清华大学百年校庆重要讲话中就曾指出："全面提高高等教育质量，必须大力推进文化传承创新。"首次从国家战略高度提出将文化传承与创新作为现代大学的重要功能。

文化传承与创新是大学本质属性。文化属性作为大学的一项本质属性，是大学赖以生存和发展的根本所在。大学自身就是一个具有传承、创新和引领人类文化功能的文化组织。因此，文化功能是大学的基本功能。大学作为最高层次的教育机构，与其他社会组织相比，有其更加科学民主的组织制度和学术自由的环境氛围，聚集了不同学科领域的专家学者和思想活跃的青年学生，它不仅是知识传承的场所，更是文化创新的中心，是先进文化特别是创新文化的主要发源地，对社会文化的进步发挥着重要的引领和促进作用。因此，现代大学通过新思想和新文化的创新，为人类社会的发展起到了巨大的推动作用。

文化传承与创新是转型社会发展的客观诉求。在人类发展的历史长河中，社会的每一次转型和进步，都伴随着相应的文化变革和创新。历史告诉我们，任何一个社会的繁荣和发展都离不开文化创新的推动和引领。大学作为新思想、新文化的发源地，对社会文化的发展起着辐射、影响、引导的作用。当前，我国正处在经济社会发展的关键时期，各种思想文化的交流和交融更加频繁，文化在世界综合国力竞争中的地位日益突出，因此，迫切需要增强国家文化软实力和文化国际影响力。大学作为、探求真理的场所，培育人才的基地，担负着引领社会价值观和社会行为规范的重大使命，对人的素质提高、社会文化的发展、国家和民族的发展以及人类文明进步等都具有不可替代的重大影响。大学应自觉地处在社会改革和文明进步的前沿。这是因为，大学是人类社会的文化中心，是推动人类文明进步的重要力量。随着大学在现代社会中地位的不断提升，大学文化的辐射力也越来越凸显，大学的文化功能也日显重要。对此，大学要勇于担负起国家和社会赋予的历史责任，大力推进文化建设，推动并引领社会文化的良性发展。因此，在完善现代大学制度的过程中，我们必须准确把握文化与大学制度的互动关系，正确认识当前大学制度和文化发展的问题，以文化传承与创新为切入点，引领并实现现代大学制度的创新。

三、体现先进的价值追求

(一)坚持"以人为本"

"以人为本"的价值理念主要是强调人的自由和全面发展,强调哲学重建的根本途径是人的质性回归。我国政府提出的"以人为本"的执政理念,实际上是整合了西方现代社会发展理论和我国传统文化中的人本主义思想,并丰富和发展了马克思主义的人的全面发展理论。也就是说,"以人为本"实际上奠定了从认知主体向生命主体的思想转变,顺应了价值体系重构的时代要求。我国近现代以来,蔡元培等一批著名学者就在继承中国传统文化的基础上,积极汲取西方自由、民主等价值理念,赋予了当时大学现代大学制度的主导理念,就是对人的充分尊重,特别是对人独立精神和思想自由的充分尊重,也就是"以人为本"。但在我国大学制度的坎坷发展过程中,"以人为本"等的优良传统因各种原因而未能发扬光大,从而导致实际上的割裂和断代。特别是在当代市场经济条件下,由于政治、经济、历史、社会等方面的因素,工具价值取向在我国大学制度上占据了主导。从现代大学制度所规导的对象以及我国当前的特殊社会历史发展阶段出发,建立中国特色现代大学制度应充分体现"以人为本"的价值取向,充分表达人的个性,关照人的需求,尊重人的尊严,发挥人的潜能,全方位、深层次地实行人本化治理。

(二)坚持效率公平兼顾

长期以来,大学管理运行效率低下是我国大学制度存在最突出的问题。同时,效率与公平时常会发生冲突。对此,我们在建构中国特色现代大学制度过程中,一方面要坚持效率优先原则,另一方面要兼顾公平,也就是在效率与公平中寻找均衡点。

第一,坚持效率优先。效率作为一个经济学术语,主要是指"所消耗的劳动量与所获得的劳动效率的比率"。实际上,效率就是资源配置和运用的状态,是一种积极性、创新精神和生产率的反应。组织管理的核心就是要确保如何在提高组织最大效率的同时,保证组织的公平。目前,因我国大学制度不健全而造成的大学管理和运行效率低下主要表现在管理成本高、资源配置不合理、机构臃肿、组织凝聚力弱、责任体系缺失等方面。在管理过程中,效率一般是指"在资源压力下,用尽量少的投入获得尽可能多的产出"。"对于治理而言,讲求效率，要注意避免传统治理中无止境的委员会和会议带来的困境和迟缓”。[1] 美国学者切斯特（Schuster）在对美国大学治理实践的相关研究中就批评了美国早期大学治理结构的效率性的缺失。其主要原因是，早期的美国高校主要采用了英国的学院式治理模式，在这种治理模式中，学院教师构成各种委员会广泛参与学校决策，而行政人员大多由教师兼任，协商和沟通文化是大学治理的主流文化特征，科层体制并未得到很好的发展。学校大部分决策事务都要通过委员会成员的充分讨论，从而达成一致意见。然而，随着大学规模的不断扩大，学校事务管理日趋复杂化，学院式治理模式日渐难以适应决策的实际需要，在这种情况下，实施基于职权分化、责权明晰的治理结构更能有效地对学校事务决策快速作出反应。随着大学外部生态环境的变化和大学自身的逻辑发展，现代大学治理结构安排更应该高度重视效率原则，因此，效率已成为现代大学内部治理结构“善治”的一项核心指标。在强调大学内部治理结构安排的效率原则基础上，目的是通过治理结构的设计来提高治理结构运作的整体效率。在影响治理结构效率的要素方面，大学内部治理机构的规模会直接影响治理效率，比如拥有 50 人规模的治理机构作决策花费的时间肯定要比仅有 20 人规模的治理机构多，这就引发了“如何通过改变大学内部治理结构的规模来提高治理效率”的课题。在大学内部治理过程中，人的因素也会影响到治理效率，如果治理机构的核心人员构成都具备较高的专业素养和治理能力，那么决策的效率就会大幅提高；如果决策参与者都能够对自己在决策过程中的角色和任务有准确认识，这样就省去了告诉人们决策事宜的时间，从而能够加快决策过程。另外，治理机构的组织支持也会提高决策的效率，如果缺乏组织支持，那么准备会议材料、做好会议记录等一些基本工作就会受阻，从而降低决策效率。因此，构建中国特色现代大学制度，必须坚持效率优先原则，提高大学管理和运行效率，这也成为评价现代大学制度建设成效的重要标准。在中国特色现代大学制度建设中，效率优先必然要作为我国大学治理结构安排应遵循的基本原则。

第二，兼顾公平。效率与公平既是当代社会的重要关注点，也是当代社会追求的核心价值目标。作为社会变革的一个重要组成部分，建立科学的中国特

① 牛换霞：《我国公立大学内部治理结构研究》，汕头：汕头大学 2008 年硕士学位论文，第 31 页。

色现代大学制度体系同样需要在坚持效率优先的同时，兼顾公平，尽可能实现二者在一定程度上的平衡。一般意义上讲，公平是公正而不偏袒，是一种利益评价；但同时它也被认为是一种应有的社会状况，反映社会生活中人们的权利和义务、作用和地位、行为和报酬之间的某种相适应的关系。因此，考察一种公平形式是否可取，关键是要衡量其是否有利于调动人们的积极性，有利于组织高效、稳定地发展。效率与兼顾公平，是一个组织可持续发展的必然之路。对于大学组织来说，在不同国家、不同学校、不同时期，需要不同的权力耦合结构，以平衡公平与效率二者间的关系。然而，如何能够既公平又有效率地实现大学的自治与责任之间的有效平衡，是当前我国现代大学制度建设应该解决的重要问题。从现代大学制度视域下，关键是要解决政府应该如何调控大学发展，社会如何要求大学履行服务职能，而又不对大学存在与发展的公平性产生不利的影响。在这方面，政府可通过有关法律、拨款、评估以及行政手段来宏观引导大学发展，为大学自身发展提供制度保证，从而确保大学自治权得以实现，在讲求效率中满足公平的需要。在社会参与方面，要准确把握大学与市场二者间的关系，深刻认识社会短期利益与大学终极任务之间的冲突，解决好大学基本理念、使命、目标和性质同政府、社会力量对大学效率要求的协调，保持学校的独立和本质，这也是在构建中国特色现代大学制度中平衡效率与公平间关系的重要问题。因此，中国特色现代大学制度建设中，必须能够确保大学治理结构始终关注公平与效率的有机平衡问题，通过不同利益相关者的权力制衡有效解决效率与公平二者间的冲突；大学治理结构必须重视配置和使用权力，确保公平与效率的实现。

（三）维护学校和投资者利益

大学发展是外部环境因素和内在自身发展逻辑共同作用的结果，建立中国特色现代大学制度关键是要追求有利于大学自身发展，不断拓展大学生存空间的价值选择。对此，关键是要完善适合大学自我发展的内外激励约束机制。这是因为，要实现大学内部组织结构与权力结构的不断优化，建立起与之相适应的运行机制，现代大学制度改革就应彻底革除影响我国大学自身发展的不适应因素，建立一套能够有效促进大学自我发展、自我约束的组织制度和运行机制，这也是我国现代大学制度建设的核心内容和直接动因。基于新制度经济学中的委托—代理理论，针对中国特色现代大学内部委托代理系的特殊性，构建适合中国现代大学自我发展的激励约束机制，是中国特色现代大学制度创新的必然要求。建立健全我国现代大学法人制度和学校产权制度，通过相关法律规定政府与大学在发展高等教育中的责权利关系，依据制度引导与规范大学行为，使政策导向和教育要求体现在各种制度规范中，这样才能够体现中国特色现代大学制度规范的约束作用，并能够发挥促进大学自身发展的制度规范的导向激励作用。

自主管理是指大学能够按照大学发展的规律和社会发展的需要状况，独立自主地协调各种办学资源，充分利用社会环境提供的条件，自主地安排各种办学活动，从而实现大学自身的办学目标和满足社会发展的需要，而在这个过程中，大学对大学内外事务的管理不受社会、政府和外部权威人士的控制和干涉。但是这需要大学严格遵守法律和法规的要求，不能做出任何有损于法律和法规的事情，也就是我们所说的依法管理大学的原则。大学自主管理不仅是大学处理与外部关系的基本原则，也是衡量现代大学制度运行机制的关键指标。在计划经济体制下，大学被视为政府的分支机构和附属物，大学的所有重要事项都接受上级主管部门的管理，大学管理人员的作用仅限于将上级指令付诸实施，大学既没有需要也没有必要考虑自主管理的问题。而在社会主义市场经济体制逐步确立的条件和环境下，外部控制大学管理的模式越来越不适应整个社会的发展需要，最直接的结果就是大学的办学活力不断下降，办学功能和社会价值难以实现，在这种情况下，政府和社会管理大学的模式不断发生变革，政府和社会由控制管理大学的模式逐步向以大学自主管理为主的模式转变。在这个过程中，政府和社会作为大学的投资者、所有者，已经不再直接管理大学，而把大学管理的权力逐步移交给大学的管理机构和管理人员，政府和社会仅仅是对大学做宏观上的指导、监控和协调。因此，大学也应逐步适应和熟悉这种管理模式的转变，根据外部环境的需要，在坚持依法办学的基础上，自主管理大学自身的事务，正确处理自身的发展和满足社会需要之间的平衡，不断从外部环境中获得发展的资源，不断提升自身服务外部环境的能力。

第三节　中国特色现代大学制度的建构任务和思路

一、建构完整明晰的委托—代理关系

新制度经济学委托—代理理论告诉我们,"任何一种涉及非对称信息的交易,且参加交易的一方的行为影响到另一方利益的关系,都构成委托代理关系。委托—代理关系'存在于一切组织,一切合作性活动中',因此高等教育中也存在委托—代理问题"①。由于大学不是纯粹的营利性组织,即使是非公立大学也接受政府的拨款和投资,因此,我们说,现代大学,无论是公立的或者是非公立的,都存在着政府、大学、个人的委托代理关系。建设中国特色现代大学制度必须明确大学各利益相关主体及其权益关系,并建立完整、清晰、闭合的委托代理关系。

(一)确定大学利益相关者主体

从利益相关者理论看,大学是多元利益相关者共同构成和控制的社会组织。各个不同利益相关者在大学存在着各自的利益诉求,并且通过不同途径和方式对大学发展产生影响。这些利益相关者之间相互影响、相互牵制,形成了大学的利益结构体系。大学的利益相关者可以分为核心利益相关者、重要利益相关者、间接利益相关者和边缘利益相关者四个层次。"核心利益相关者,即第一层次利益相关者,主要包括大学教师、学生和管理人员。第二层次即重要利益相关者,主要包括校友和投资者。第三层次是间接利益相关者,主要包括与大学有着契约关系的当事人。第四层次是边缘利益相关者,主要包括当地社区和社会公众等。"②

(二)维护大学利益相关者的权益

从大学利益相关者权益关系看,一方面存在着"自上而下"的支配关系,另一方面存在着"自下而上"的受动关系。各利益相关者在整个大学利益关系中

---

① 邓克俭:《我国公立高校委托代理关系的问题及对策——从政府与学校领导的视角分析》,湖南大学2008年硕士学位论文,第13页。

② 李福华:《利益相关者理论与大学管理体制创新》,《教育研究》2007年第7期。

分为上、中、下三个层次。上层利益相关者主要包括政府和社会力量，他们享有较高的权力，对大学具有较强的操控力。下层利益相关者主要包括大学师生，他们在整个大学利益关系结构中基本上处于受动的隶属地位。教师和学生对大学发展的影响主要是依据大学基层组织学术权力，采取“自下而上”的方式对中、上层级利益相关者予以影响。中层利益相关者主要指大学校长集团，他们是大学行政人员首领，相对于上层级来说，他们处于被动、受控制的下级权益地位；相对于师生来说，又处于享有一定控制和支配权力的上层级权益地位。总之，不同层次利益相关者之间复杂的权益关系，构成了我国现代大学制度中利益结构体系的核心内容。

不同利益相关者的关系结构决定了大学治理结构。中国特色现代大学制度的基本治理结构主要是要构建一个各利益相关者之间的相互权益平衡的运行机制，使各方力量在一个协商机制下能够充分表达自己的权益。对于大学教师群体来说，他们的主要利益诉求是具有良好工作和学术环境，获得更多的工作权益和报酬，并得到学校和社会的认可。对于大学行政管理人员来说，他们是大学运行的“委托代理人”，其最大权益诉求是从外部利益相关者中获得更多政策、物力和财力支持，最大程度地提升大学竞争力。对于学生群体来说，获得良好的教育机会是其核心利益诉求。政府作为外部核心利益相关者，其核心诉求是希望大学承担更多的社会责任，充分发挥大学多重功能，提高服务社会能力。用人单位的核心利益诉求是希望从大学获得高素质人才。校友作为我国现代大学重要利益相关群体，其核心利益诉求是提高母校的社会声誉，进而提升自身的社会地位。社会捐赠者则希望通过慈善捐助来提升自己的知名度。科研项目资助者的利益诉求主要是获得高质量的科研成果和解决企业发展所需的技术难题。学生家长核心利益诉求是希望大学为下一代提供良好接受教育的机会。总之，由于我国现代大学各利益相关者主体的权益需求不同，协调这些利益相关者的权益诉求，实现大学组织的最终价值目标，已成为我国现代大学有效运行和可持续发展的关键，也是构建中国特色现代大学制度利益相关者治理结构的核心。

（三）建立完整、明晰、闭合的委托代理关系

从一般意义上讲，委托—代理关系主要是投资主体为提高投资经营效益，以契约委托他人经营的一种托管形式。在一种闭合的委托—代理关系体系中，

主要包括委托人、被委托人、委托职责和权益、委托经营目标等要素。以公立大学为例。我国现代大学由政府创办，同时又提供了公众所需的教育服务，它所涉及的大学与政府、个人之间的复杂契约关系，可以通过委托代理相关思想予以构建。这种委托—代理关系主要包括以下四个方面：个人与政府之间构成了第一层委托代理关系；政府与学校领导者之间构成了第二层委托代理关系；学校内部的管理者与被管理者之间，如校长与教职员工之间，校管理层与院系管理层之间，院系管理层与各教研室之间构成了第三层委托代理关系；学校教育服务消费者与学校教育服务提供者之间构成了第四层委托代理关系。[①]

然而，正如国有企业一样，由于各种原因的影响，围绕我国公立大学的四层委托代理关系一直处于模糊不清的状态，主要体现在责任不明确，权力不清楚，各种利益相关者的利益一直得不到最有效的保障，无论是内部还是外部，诸多利益相关者对大学目前的状态存在诸多不满和斥责，可谓“信任危机”四伏。因此，构建中国特色的现代大学制度的主要任务之一就是要在大学内外建立完整明确闭合的委托代理关系。而其中最重要和最关键的是处理好两个方面的关系：一是以政府为主要投资者和中间代理人的外部利益相关者与大学之间的关系；二是处理好内部以教师、学生为主体的核心利益相关者与大学管理者之间的关系。

就外部而言，我国不断强调要理顺政府与大学之间的关系，不断强调扩大大学办学自主权，但政府对大学统筹管理过于严格的问题始终没有得到根本解决，一直在“一管就死，一放就乱”的怪圈中不能自拔，使高校始终无法摆脱政府从属机构的困境。究其原因，主要就是因为政府等外部利益相关者的委托代理人不明确而致。虽然《高等教育法》明确规定了“国家举办的高等学校实行中国共产党高等学校基层委员会领导下的校长负责制”和“校长为高等学校的法定代表人”，但是，这种规定依然没有解决谁是政府的委托代理人的问题。政府需要通过大学实现自己的办学目标，但相对于政府来讲，大学又是“独立法人”，如果政府把所有权力都下放给学校，就会出现政府等外部利益相关者尤其是所有者权力缺位问题，导致大学存在严重的“内部人控制”。因此，在现实情况下，政府并未对大学管理集团建立充分的信任，大学的权利常常受到严重约束和限

---

① 邓克俭：《我国公立高校委托代理关系的问题及对策——从政府与学校领导的视角分析》，湖南大学2008年硕士学位论文，第3页。

制,再加上大学有时通常会因过度追求纯学术权益而背离政府需要,政府对大学的管理一刻也没有放松。因此,政府与大学之间建立怎样的关系,已成为当前我国现代大学制度构建的一个重要难题。为此,在中国特色现代大学制度构建过程中,必须首先明确政府等外部利益相关者的代理人,并构建一种新型组织模式,确立政府与大学之间完整明晰闭合的委托代理关系,使之既能够承负政府等权利主体的委托,实现其办学目标,又能确保大学享有充分的自主权,主动面向社会和市场,建立和健全自我约束的良性运行机制。

就内部而言,无论是学校管理层,还是教职员工以及学生,都可称为"大学人",他们是大学发展的源动力,其价值取向和利益追求既有共同之处也有所矛盾。他们共同的价值取向和利益追求可以委托相同的组织或个人来代理,而对立和矛盾的价值和利益诉求则需要委托不同的组织或个人通过协商方式予以解决。因此,在大学内部需要明确多个代理人实现不同利益群体的委托。坚守大学自治,持续提高和稳定自身社会地位和经济收入是"大学人"的共同愿望和利益追求,"大学人"常常把这些诉求寄托于以校长为代表的管理集团身上。以教授为核心主体的教师群体,坚持大学本然精神和保持学术自由是他们的价值诉求,他们则倾向于排斥行政权力干扰,希望"学术权威"能在这些方面发挥更大的作用。在涉及自己切身利益的问题上,广大教职工总是希望有更多的知情权和话语权。然而,在现行大学制度下,虽然不断强调大学要依法办学、民主管理,但大学管理集团在处理内部事务时的官僚作风并未真正转变,官本位思想依然根深蒂固;虽然各高校都成立了学术委员会,但无论是学术委员会组织构成还是其运行方式,都带有强烈的行政色彩,学术权力常常被行政权力挤压、绑架甚至取代,学术组织行政化倾向显而易见;虽然大部分大学都成立了教职工代表大会制度,但教职工代表大会的运转并不能完全确保教职工的知情权和参与权,教职工的合法权益和切身利益也时常面临侵害。这些不良现象突出表明,原本应建立的委托代理关系并没有真正建立,委托人与代理人之间并没有建立具有较强约束力的完整、明晰、闭合的关系。因此,通过改进大学内部现行的治理制度,构建完整、明晰、闭合的内部委托代理关系成为必要。

二、完善大学法人治理结构

新制度经济学现代产权理论表明,产权模糊一般与外部效应和不确定性密切相关。如果产权归属不清晰,则意味着无人对该项财产的价值具有排他性的所有权;如果产权的归属是清晰的,但产权保护是低效,即法律制度难以充分界定当事人的所有行为边界。在产权模糊的条件下,市场机制必然是扭曲的或者不能有效地调节资源配置,从而导致"市场失灵"现象。上述理论用于解释传统大学制度的弊端和现代大学制度的合理性方面具有价值。因此,从新制度经济学的相关理论看,委托代理理论以及产权理论相关思想为推进我国现代大学制度法人治理结构的不断完善提供了深厚的理论基础。

治理是指各种公共或私人机构管理其共同事务的诸多方式的总和。从大学法人治理结构的内涵看,主要是指将大学由单纯的政府投资转向为广泛吸纳社会多渠道投资办学的大学发展模式,其本质是合同关系,即以合约方式规范大学各利益相关者的关系,从而实现治理他们之间的交易。法人治理结构基本功能是配置大学责、权、利,并以此构建大学内部管理体制和内部学术体制有机联系、协调运行的制度框架体系,从而正确处理大学与政府、社会和个人之间的关系。因此,大学法人治理结构是在一定的财产权制度基础上,为实现大学发展目标,就大学外部和内部治理的组织结构设置及其相互之间权力配置、制衡与激励等所进行的制度安排和机制安排,这是建立现代大学制度的关键。

(一)明晰大学法人产权关系

大学产权关系主要是指大学的产权主体之间,在大学财产的占有、支配、使用、收益、处置中发生的各种关系的总和。大学产权关系的主要功能是降低经济活动中的交易费用,提高资源配置效率。现代大学制度的法人产权关系具有其明显特征:第一,大学法人产权关系确立后,大学最终归属于投资方,但大学资产的唯一占有主体是法人。国家作为公立大学的出资者和举办者,当然拥有大学财产所有权,但这种财产所有权是财产的终极所有权,主要表现为国家依法享有大学社会收益、大学法规制定和大学财产最终处置权。投资人可以通过董事会决议方式施加约束,具体运作属于大学法人权利范围。第二,大学法人地位受法律保护,法人资产神圣不可侵犯。也就是说,不仅其他财产占有者和政府部门不得侵犯法人财产权,而且任何私人股东也不能通过非正当手段干预法人行使法人产权。第三,大学法人产权是大学作为法人依法享有的独立占有、支配和使用法人资产的权利,它包括使用权、收益权和转让权。

明晰大学法人产权是不断完善大学治理结构的基本依据。大学投资者和举办者的权利主要体现在所有者权利以及在该权利上的管理，具体表现在财产所有、收益和治理结构的权力分配等方面。1998 年，《高等教育法》的颁布，明确规定了“高等学校自批准设立之日起取得法人资格。高等学校的校长为高等学校的法定代表人”，“高等学校对举办者提供的财产、国家财政性资助、受捐赠财产依法自主管理和使用”。一方面，体现了国家法律对大学法人资格和和法人权利的尊重，政府、社会以及大学本身的法人意识逐步得以确立和强化，另一方面，由于《高等教育法》并没对大学的诸如资产收益权和处置权作出明确规定以及该法中存在的法理悖论和缺陷，再加上一些人员法律意识的淡漠，在现实中侵害学校法人财产权利的现象时有发生，大学法人产权的落实遇到严重挑战。因此，有必要通过对有关法律法规的修改和完善进一步明确大学的法人产权关系，建立高等学校法人制度，为完善中国特色的大学法人治理结构提供法律支撑。

当前我国公立大学都进行了企业法人资格登记，这表明我国的大学法人产权制度的建立已经步入正轨，这是建立以法人财产权利为根本前提的现代大学制度核心内容，任何离开了大学法人财产权利的大学制度，都是毫无实际意义的。但是，必须特别指出的是，由于多种因素的限制，人们对大学法人制度建立的重要性仍然认识不足，在理论和实践上还存在许多问题，因此，理顺大学法人财产关系，建立大学法人制度依然任重道远。

（二）要扩大和落实好大学办学自主权

现代大学治理的核心是大学自治、学术自由、教授治学，而大学的办学自主权又是学术自由、教授治学的基本保障。因此，如何理解现代大学自治权，如何划界现代大学内部自治权限，是现代大学内部治理机理建设创新的重要环节。作一简单历史考查，不难发现，大学内部自治权在高等教育发展史上有着深厚的历史渊源，早在中世纪就已存在，而对中世纪大学来说，大学自治权就是把大学作为一个法人。也就是说，大学是作为一个整体与其之外的社会要素发生关系，如国家、政府或某种外部势力。大学有权自己制定具有法律效力的大学章程，有权管理内部职员，保证其内部成员的地位是平等的，即教师与教师之间、学生与学生之间、教师与学生之间的地位完全平等。随着时代和大学自身的双重逻辑发展，现代大学自治制度也发生了重大变革，其内涵得到了不断更新和丰富。英国教育家阿什比将现代大学自治权归结为六个方面：“一是在学校管理中抵制非学术干预的自由；二是学校自主分配经费的自由；三是聘用教职员并决定其工作条件的自由；四是招生的自由；五是课程设置的自由；六是决定考试标准方式的自由。"①美国卡内基高等教育委员会的一份报告对大学自治权力范围的界定更加广泛，主要包括："一是制订资金使用于特殊目的；二是支出费用仅受审计上的监督；三是决定大学雇员的分配、工作负担、薪资升迁；四是选择教师、行政人员及学生；五是建立有关等级学位授予、开设课程及发展计划上的学术政策；六是形成有关学术自由、成长比例以及研究和服务活动的行政政策等。"②从国外现代大学内部治理结构的共同特点看，大学拥有较大的办学自主权，在大学招生数量、招生方式、学科专业设置、国家教育经费的支配以及毕业生就业安排等许多方面都表现出高度自治。

我国大学办学自治权问题早在20世纪80年代就已经提出，并在1998年的《高等教育法》中从国家法律层面对大学法人地位作出明确规定，并对大学办学自主权作了详细界定，但目前我国大学的自主权问题依然没有太大的改观，大学自主权没有得到真正落实。因此，在完善有中国特色的现代大学内部治理结构的进程中，需要进一步扩大和落实现代大学内部自治权限，消除大学"行政化"积弊，提高大学自主创新能力。温家宝曾指出："一所好的大学，在于有自己独特的灵魂，这就是独立的思考、自由的表达。千人一面、千篇一律，不可能出世界一流大学。大学必须有办学自主权。"③这一切也直接推动了教育行政部门落实大学自治权与高等教育界人士对办学自主权的诉求。

从我国大学发展的实际需要看，除了《高等教育法》规定的大学权力需要落实外，还应从以下几个方面扩大大学办学自主权：

1. 扩大大学组织、人事自治权

从我国现实情况看，建立现代大学内部治理结构首先要确保组织和人事自治权，即大学可以在维护中国共产党基层组织基本功能的前提下，在遵循相关的法律下，自行决定其内部组织机构、岗位设置和人员聘任。然而，长期以来，大学被当作政府的附庸，政府关于机构、人员方面的大部分权力常常延伸到大学内部的角角落落。以机构为例，虽然政府以限制大学任意设置管理机构为理

① 宣勇：《大学必须有怎样的办学自主权》，《教育发展研究》2010年第7期。

② 宣勇：《大学必须有怎样的办学自主权》，《教育发展研究》2010年第7期。

③ 宣勇：《大学必须有怎样的办学自主权》，《教育发展研究》2010年第7期。

由规定大学的管理机构不能超过多少个，但其结果不仅没能真正抑制大学内部机构数量的膨胀，还使得内部机构的精简改革因其“规定”而缺乏动力。大学因其内部机构设置的雷同而导致大学的同质化现象。在人事管理方面，不仅有僵化的“事业编制”对学校岗位设置数量的行政约束，大学人员长期被政府以干部身份实行“准公务员”制管理，他们的岗位聘任、职称评审、职务晋升、薪酬标准甚至年度考核都要被格式化规定。这些规定不仅未能有效地防止大学可能出现的“内部人控制”问题，而且极大地限制和阻碍了大学主动适应国家建设和社会发展的需要，加快自身发展的积极性和主动性。同时，政府部门也因过度地掌控权力平添了许多工作任务，导致政府部门机构臃肿重叠，因此，必须采取切实措施，在保证党和国家基本策略方针在大学得以贯彻执行的前提下，把大量的组织机构和人事管理方面的权力彻底下放给学校，使大学能够真正成为在国家法律法规的约束下，自主设计内部结构，自主决定人事安排的独立组织，以更好服务国家建设和社会发展。

2. 扩大大学财务自治权

大学财务自治权主要是指大学在内部经费筹措、分配和使用上拥有的自主权，包括自行决定公共和私人基金的校内分配、收入渠道多样化、资金储备、向资本市场借贷等。大学财务自治权是大学自主权的重要方面，也是其他自治权实施的基础和前提，拥有自治权就应该具有大学自我管理经费支配和使用的权利。传统上，我国大学财政自治权通常因为政府把大学作为职能部门进行管理和控制而对大学内部财政事务进行不同程度的干预，大学在财务的自治权上受到极大限制。从国外经验看，英国大学享有无可争议的对经常性拨款的支配权；美国大学，尤其是私立大学在经费分配和使用方面拥有完全的自主权力。在学费和学生行政管理费方面，大多数欧洲国家都由大学自身予以收取和支配。学校有权自行支配国家下达的经费和其他来源的收入。法国自治后的大学可以自行支配全部预算经费。德国大学现在可对经费实行包干，并自主进行科研人员的聘用。基于大学自身内在特殊发展规律、组织特性以及世界各国的发展趋势，在现代大学内部治理制度建设中，国家应通过积极借鉴国外成功经验，进一步扩大大学财务自治权。我国政府行政部门应转变职能，改变对大学财务的完全控制权，将财务自治权归还给大学。就目前情况看，为扩大大学内部财政自治权，我国现代大学公共资助体制可借鉴西方国家“分类拨款”（block grants)方式而非“明细支出预算”方式,按照教学、经常性财政开支和研究活动分类进行财政拨款。在这种资助模式下,大学负责根据自身各项需求进行内部分配。据统计,欧洲有26个国家已实行大学“分类拨款”模式,大学更加自主地进行内部分配。为了控制大学转移优先发展项目资金(如教师工资、科研和教学等),政府对大学的“分类拨款”要受制于广域分类,即在大学对“分类拨款”的分配上,应以“经费计算基准”(包括投入相关指标,如入学新生数量)、“绩效为本指标”(如授予学位数量)或“目标资助”或三者结合为导向。同时,也可以采用“基于产出指标”(output - based criteria)公共资助模式。大学科研资助方面,可以成立中介资助机构,采取竞争机制向大学分配科研经费。

在确定大学学生费用财务权力的模式选择上,我国现代大学内部治理制度建设中,可尝试采用如下模式:第一种是大学自主规定学生费用水平,也可进一步完善“政府确定最高标准下大学可以自行决定学费水平”的模式;第二种模式是“层级合作模式”,即不同机构对不同学生群体确定学费水平,如国际学生学费标准可由政府与学校共同协定,国内学生学费标准可由学校自主决定。

大学借款和市场盈利能力也是考量大学财政自治的重要指标。长期以来,我国国家管理体制决定了大学可以从银行借款,但并不允许大学投资股市。在国外,大多数国家政府对这方面的财政权实行了一定程度的监控。在当前条件下,为促进学校良性发展,最重要的是扩大大学自身筹款能力,积极吸纳国内外慈善捐助和产业资助,建立多元可持续性融资体制,但在允许大学借款中,政府应对借款数额和借款银行有一定限制。根据公立大学和民办大学性质的差异,国家应建立健全大学参与股市的监控机制,可根据学校性质的不同实行不同的监管机制,但在大学科技成果转化过程中应适当鼓励各类大学投资入股创建新公司,促进大学学术创业,为社会经济发展提供知识和技术支撑。

3.扩大学术自治权

学术事务是大学的核心工作,学术自治权也是现代大学制度的核心权力,如何确定大学学术自治权限已是一个长期存在的敏感性问题。现代大学制度创新更加强调大学学术自治权,为大学发展自身战略和组织机构提供自主空间,特别应使其更加灵活地确定自己的内部管理结构、预算、财务安排和人力资源政策以及选择教师和学生、教学与研究方案等。在学位项目设置权上,学校设置新学位项目几乎都需经由相关部门审批。在欧洲国家,主要存在如下几种审批模式:“第一种是大学可以任意在法律规定的学位项目范围内选取,对于那些法律未规定的学位项目审批,须经过国家资格认定机构和相关部门的严格审批;第二种是根据不同学位类别有不同的程序要求,由国家高等教育委员会官方审批;第三种是大学能够独立设置各类学位项目。”[①]借鉴国外经验,大学应能够根据自身发展特点、状况和发展战略规划自由发展自己的学术活动;进一步扩大学位项目设置权,在国家宏观框架指导下,赋予大学更高的自主增删学位项目的权力,具体学位课程应由大学自主设置,以适应社会经济和行业发展所需。

学生的选择决定权也是大学内部自治权的重要体现。所谓学生选择决定权,主要是指大学选择入校学生时拥有自主决定方式和程序的权利,这一权利也是大学进行人才培养活动的基础。大学的学生选择权是认识大学自主权的一个重要维度,对此,国家应将学生的招收与选择权赋予大学。学生招生方面的学术自治主要体现在以下方面:“大学能否决定学生整体数量;大学能否决定每学科领域学生数量;大学能否控制学生入学机制等。目前在欧洲就学生数量决定权存在三种模式:第一类是由大学自主决定;第二类是由公共当局决定;第三类由是大学与公共当局联合决定。”[②]我国已经在一些招生条件比较完善的大学开展自主招生,大学可以自由决定每学科或专业学生数量。在这方面,大学自主招生既要确保招收到精英学生,同时更要确保这种精英选择的过程采用公正、公平的选拔程序。对此,大学应建立自主招生的内部约束机制,确立明确统一的基本标准、透明开放的招生程序;建立更为有效的招生问责机制,合理化招生过程中的组织结构和权力网络。

(三)完善大学内部治理系统

根据利益相关者理论和契约理论的观点,大学是多元利益相关者共同控制的组织,不同的利益相关者在大学有着不同的利益诉求,并且通过不同的途径、方式对大学产生影响。它们之间相互影响、相互制约,从而形成了大学不同层级、不同群体的利益结构。大学的治理主体就是参与内部治理的相关群体,即与大学发展共存亡的个体或群体,其利益与大学整体利益密切相关。在我国现

---

① 徐辉、武学超:《试析欧洲现代大学自治制度及启示》,《西南大学学报》(社会科学版)2011年第5期。

② 同上。

代大学内部通常指党委、行政组织、教师群体、服务人员、学生群体等利益相关者。其中,党委是大学内部治理和学校发展的领导核心,决定着学校基本办学性质、办学方向和办学定位目标,并决定着大学整体发展状况;校长及其行政人员组织负责统筹执行、协调大学整体发展的具体工作;教授以及教师群体是学校提升办学质量的根本保障,是学校发展的重要内容。大学党委以及行政管理系统的核心目标是确立学校总体发展战略目标,创造有利于学校发展的良好环境和氛围,为教授和教师群体提供充分的发展平台。教授和教师群体则重点关注于学科建设等学术相关问题。学生和家长也是现代大学内部治理不可或缺的要素,他们的满意程度直接体现了学校发展的社会适应性和社会贡献度,一所大学办学效果最主要来源于学生的反馈平台,学生是最主要的推动载体和体现平台之一,要让学生以及家长在传统高校内部治理结构中的"被动身份"得到释放,使他们的意见和建议成为大学不断完善内部治理结构、加强和改进教学的"常规渠道"。[①] 通过制度契约安排来确定其相互关系,从而明确上述各利益相关者在大学内部治理中的角色,就是大学内部治理的主要任务。因此,大学的内部治理结构就是指大学的决策系统、执行系统、监督系统、反馈系统及其权利关系和运行机制的建构。

《纲要》提出了建立中国特色的现代大学制度的战略任务,其中重点是要完善大学内部治理结构、深化校内管理体制改革。《纲要》还在第四十条集中强调了"完善大学内部治理结构"的主要任务:"公办高等学校要坚持和完善党委领导下的校长负责制。健全议事规则与决策程序,依法落实党委、校长职权。完善大学校长选拔任用办法。充分发挥学术委员会在学科建设、学术评价、学术发展中的重要作用。探索教授治学的有效途径,充分发挥教授在教学、学术研究和学校管理中的作用。加强教职工代表大会、学生代表大会建设,发挥群众团体的作用。"[②]这一表述体现了我国现代大学内部治理结构的基本特征。因此,完善我国大学的法人治理结构就应该抓住治理系统建构这个关键环节,以弥补我国大学治理的制度缺陷。

---

① 李文冰:《主体扩容与杠杆效应:创新高校治理结构探讨》,《当代教育科学》2010 年第 15 期。

② 教育部:《国家中长期教育改革和发展规划纲要(2010—2020 年)》,见 http://www.moe.edu.cn/publicfiles/business/htmlfiles/moe/moe_838/201008/93704.html。

1. 以理顺政府与大学之间的关系为重点完善大学决策系统，强化大学的自主决策功能

就大学的决策系统而言，《高等教育法》明确规定了党委在大学治理中的决策功能，这在“高等学校实现党委领导下的校长负责制”中得以证明，然而党委的决策权力却由于政府与大学之间长期存在的权责不清而备受限制；也由于《高等教育法》规定的“校长为高等学校的法人代表”而时常受到质疑甚至抵触。政府与大学之间的关系，一直是我国高等教育发展所面临的一个重要而困难的问题。根据制度经济学理论所倡导的公司治理理念，大学治理一般是指旨在回应“冲突和多元利益”要求的大学决策权结构安排问题，是指体现大学内部各利益相关者之间委托代理关系特点的决策系统，同时也是探讨需要建立何种治理机制以确保在“冲突和多元利益”状况下对现代大学进行治理。因此，现代大学内部治理的实质就是要建构一种能够应对“冲突和多元利益”需要的决策权结构，并有能力吸纳各种利益相关者的资源，将大学的决策控制权合理地分布于不同的治理主体。该决策系统应能够有效体现大学作为独立法人的地位以及各利益相关者的组织属性，能够囊括现代大学通过委托代理关系而与产权主体形成契约治理模式。

在这种理论影响下，国外现代大学内部治理决策系统比较完善。“在欧洲大学体系中，几乎所有国家对大学决策团体的基本框架都有相关法律明确规定，大学可在这些基本框架下自主实施。欧洲目前大致有两种内部治理结构，即双元制和单轨制。大多数国家的大学实行双元制，即包括董事会（board）或委员会（council）和评议会（senate）”。[①] 从国外发展经验看，科学合理的领导决策系统是发达国家现代大学内部治理制度中的一个共同趋势，突出表现为决策机构委员会化，即学校重大问题和决策均由委员会最终决定，校长负责日常全面工作。

现代大学是一个典型的利益相关者的组织，政府、校长、学校行政管理人员、教师、职工、学生、家长、校友、企业、社区、社会公众，都与大学存在着一定的利益关系，这些利益相关者应该参与到大学决策系统中，对此，大学的各项决策应该考虑相关主体的利益，鼓励市场适度介入和社会广泛参与，治理结构中的

---

① 徐辉、武学超：《试析欧洲现代大学自治制度及启示》，《西南大学学报》（社会科学版）2011 年第 5 期。

各种要素应在互动中寻求平衡。为此,我国应在利益相关者治理理论的指导下,不断健全大学相关利益主体参与大学治理决策系统。就我国公立大学而言,完善决策系统的关键是要解决如何维护政府作为主要投资人的权益问题。按照委托代理的基本理论,对于政府来说,要解决如何通过合理授权实现政府对大学决策权的委托问题。我国《高等教育法》明确规定了政府赋予大学办学自主权,但仍不完善,事实上大学处于半自主状态,许多权力仍由政府牢牢控制着,如在国家法律法规约束下的规章制度的制定权、大学财产的处置权、大学人事的选聘权、大学办学规模、专业设置、招生计划的确定权等,大学依然不能自主。因此,通过组织创新完善大学决策系统成为一种现实需求。而制度创新的基本目标就是要使大学的决策系统和执行系统适度分开,以保证决策的权威性和有效性。实际上,政府委托给大学权力的多少和大小,不仅取决于政府在大学治理上的开放和民主程度,更取决于什么样的大学决策系统才能消化吸收权利以及如何有效地维护政府的权益。但是,在这里必须特别强调的是,无论如何进行组织创新,学校党委在决策系统中的核心地位不能有丝毫的动摇,党委在大学决策中的领导权力必须得到确保,这是大学的政治逻辑所决定的。

2. 以理顺党委与行政、行政与学术之间的关系为重点,完善大学执行系统,提高系统的执行力

从公共政策学角度讲,一般而言,决策作出并被采纳后,就开始决策执行,也就是决策的具体实施。决策执行就是将合法化但仍处于观念形态的政策方案转变为现实形态的运行过程。对于大学来讲,一项决策的实施或是相关治理权力的执行,需要有一整套执行系统。《高等教育法》明确规定"高等学校的校长全面负责本学校的教学、科学研究和其他行政管理工作",校长可谓执行系统的首要负责人。但是在现行模式下,由于上级党委和政府掌控着大学的相当一部分决策权,相对于上级党委和政府而言,党委及其领导下的基层组织也同样是大学执行系统的重要构成,从这点出发,学校党委和校行政是一体的。因此,"内部人控制"的现象是不可避免的,这也是政府对大学缺乏应有信任、大学自主权始终得不到落实的重要原因之一。因此,在大学治理的实践中,因权责不明确、不对应而引发的党委与行政、行政与学术、管理集团与教职工群体之间的矛盾常常无法得到有效解决,大学管理集团的执行力总显得力不从心,执行效果不尽如人意。所以,构建现代大学制度就必须在外部解决好政府与大学、大

学与社会关系的同时，内部要解决好党委与行政、行政与学术、管理集团与教职工的关系问题，要通过完善机构设置、明确划分各自权责，促使组织机构的功能优化，完善内部治理结构。

首先，要进一步明确党委与行政的关系。从世界各国大学发展的实际情况看，大学校长是大学执行系统的首要代表，应对大学决策系统的决策担负首席执行者的角色。因此，大学执行系统的建构必须明确大学校长的地位、作用、责任和权力问题。就我国来讲，《高等教育法》明确规定，"国家举办的高等学校实行中国共产党高等学校基层委员会领导下的校长负责制"，"高等学校的校长全面负责本学校的教学、科学研究和其他行政管理工作"，这就意味着校长是大学执行系统的首要负责人，也是党委领导下的一名成员，他既要对执行大学决策系统的决定负总责，又要服从党委的集体领导。从这点出发，我国大学校长的权利和责任首先要通过如何明确大学校长与大学党委之间的关系来确定。从《高等教育法》规定的党委和校长的职权来看，在政治逻辑上，党委要"按照中国共产党章程和有关规定，统一领导学校工作"，"执行中国共产党的路线、方针、政策，坚持社会主义办学方向，领导学校的思想政治工作和德育工作"，校长需要服从党的政治领导，并且在治校理政的过程中要始终贯彻党的政治主张，无论校长是否是党员；在经济逻辑上，党委要"讨论决定学校内部组织机构的设置和内部组织机构负责人的人选，讨论决定学校的改革、发展和基本管理制度等重大事项"，可以在一定程度上理解为党委是公立大学投资者的委托代理人，校长是要首先对党委负责、执行党委决定的；在学术逻辑上，"高等学校的校长全面负责本学校的教学、科学研究和其他行政管理工作"，党委要"支持校长独立负责地行使职权"，大学的学术事务也必须得到党委的有力支持。但是，需要明确指出的是，由于国家政体的特性，《高等教育法》并没有明确规定党委是大学的委托代理人，再加之"高等学校的校长为高等学校的法定代表人"的规定，从而使得我国公立大学的制度设计存在严重的缺陷和自相矛盾的嫌疑。因此，很有必要通过修改完善《高等教育法》的有关规定，对大学党委作为政府主要委托代理人的资格进行、确认，把目前仍由政府掌握的大学法人权力交付给以党委为核心的大学决策组织，更进一步地理顺大学党委与行政的关系，强化和完善党委领导下的校长负责制。

其次，必须处理好大学管理集团和学术组织之间的关系。根据大学的逻辑理论,学术逻辑是大学的本质逻辑,学术性就是大学组织生存与发展的边界。与大学产生的源头比照,现代大学虽历经世事沧桑,许多方面已发生了深刻变化,却依然没有改变自己追求“高深学问”的初衷和组织本色。“追求科学和学术的工作永远属于大学”①,“学术”一直是大学发展从古至今的“中心”概念。所以,在大学执行系统的建构中,不仅学术组织不可缺少,而且要努力厘清大学管理集团和学术组织的权责界限,妥善处理好二者之间的关系,以确保学术自由这一大学制度基本目标的实现。《高等教育法》规定:“高等学校设立学术委员会,审议学科、专业的设置,教学、科学研究计划方案,评定教学、科学研究成果等有关学术事项”。

2014 年 1 月,《高等学校学术委员会规程》出台,对高等学校设置学术委员会的总体原则、组成规则、职责权限和运行制度作出了明确规定,这充分体现了学术组织在大学治理中的地位和作用,无疑会对学术组织的运行产生积极的影响。但令人遗憾的是,新出台的《规程》基本是各高校现行学术组织制度的实践总结,并没有弥补高等学校学术制度的明显缺陷。正如首都师范大学劳凯声教授所强调的那样:“《规程》的出台,目前还只是体现在纸面上,真正变为大学管理的行为规范,还有一系列工作。落实自主的管理学术的权利,还需要避免来自多个方面的干扰”。“长期以来,高校已经形成了相对的管理集权,在高校的运行过程中,学术与管理之间产生了一定的矛盾与冲突。如何避免来自内部的管理方面的干扰,是落实好《规程》的重要方面”。事实上,虽然《规程》明确了学术委员会人员的组成和产生规则,界定了学校领导和部门负责人的比例,强调向教师和基层学术组织倾斜,但《规程》并没有对学校领导和部门负责人的行政权力的回避作出明确规定,也没有对学术与管理产生尖锐矛盾时解决矛盾的基本规则做出规定,同时,《规程》虽然也要求“高等学校应当结合实际,依据本规程,制订学术委员会章程或者通过学校章程,具体明确学术委员会组成、职责,以及委员的产生程序、增补办法,会议制度和议事规则及其他本规程未尽事宜”,但仍然未对学术委员会与党委会、学术委员会与学校管理组织(如校务委员会或校长办公会)之间的关系作出明确界定。可以预见,大学治理中一直存在的学术和行政之间权责不清的问题依然不能得到很好的解决。因此,大学执

---

① [美]亚伯拉罕·弗莱克斯纳:《现代大学论——美英德大学研究》,徐辉、陈晓菲译,浙江教育出版社 2001 年版,第 22 页。

行系统的完善依然任重而道远。

3. 以强化拓展内部监察审计功能为重点，完善和优化监督系统，增强系统的监督效果

监督机制是一种社会制约机制，其核心是对权力的监督。建立和完善现代大学内部治理的决策权、执行权、监督权相互制约、相互协调的运行机制，是进一步完善现代大学内部权力结构、规范权力运行、防治权力滥用的客观需要。内部监督机制是确保现代大学内部治理的重要运行机制，这种监督机制的建构能够及时发现大学内部学术和行政事务中出现的问题，并及时采取有效措施解决问题。加强监督制度建设，不但能够保障大学办学质量，更能够确保现代大学内部治理系统的良性运行。然而，当前，我国大学内部既存在着监督主体不明、权责不清的问题，也存在着监督形式简单僵化、监督方法过于单一、监督内容无统一规定、监督工作盲目被动的问题，从而造成行政监督相对弱化，经济监督流于形式，学术监督无人负责。从已出台的有关高等学校的法律法规来看，除了《中国共产党普通高等学校基层组织工作条例》规定了“高等学校设立党的基层纪律检查委员会”并对其职责做了初步规定之外，看不到其他相关的规定，这显然不能包含大学监督系统应有的全部，这正是高校内部监督系统严重缺失的重要原因。尽管不少高校对应政府管理部门的要求成立了检察审计部门，但这些部门的工作开展也常常无从遵循，监督的效果可想而知。近些年来高等学校频繁出现的岗位渎职、经济贪腐及学术造假等问题凸显了建立大学内部监督系统，加强内部约束的必要性和紧迫性。因此，根据我国现代大学内部治理和权力运行的特性以及当前权力运行存在的突出问题，应进一步完善现代大学内部治理的组织结构，成立和完善以行政监察、经济审计、学术反腐等为主要职能的大学内部监督系统，优化现代大学的内部治理结构。同时，还要进一步发挥以工会委员会为依托的教代会和学术委员会民主监督的功能，完善大学内部监督方式和方法。创建多元权力监督机制，对各项权力施行全方位的民主监督，强化民主监督制度，落实民主监督措施，实现多元民主监督，确保现代大学内部各项权力规范有序运行。

4. 以提升学校工会和学生会组织水平为重点，健全和优化反馈系统，更好地发挥其在系统中的作用

管理学的封闭原理告诉我们，任何一个科学的管理系统必须构成一个连续

封闭的回路。在这个相对封闭的回路中，反馈机构如决策、执行、监督系统一样，也起着相当重要的作用。如果管理系统缺少反馈系统，就会出现其职能只能由执行体统代为行使，变成自己执行、自己反馈、自己检查，就会带来诸多弊病，决策系统也会因此失去调节系统运转方向和速度的机会，甚至会在盲目估计下发出错误的指令，结果导致整个系统的失败。在现代大学的治理中，不仅要重视决策系统、执行系统、监督系统的建构，而且也需要对反馈系统也作出建构。事实上，在现行的大学治理结构中，除了部分大学设置了诸如发展规划处、政策研究室、高等教育研究所等决策咨询机构外，并没有明确的机构承担决策执行后的执行效果的反馈功能，决策系统搜集的反馈信息绝大部分是执行系统在执行的过程中直接获取的，其准确性、真实性、时效性具有很大的局限性。因此，必须有相应的机构承担反馈的功能。笔者认为，大学的所有决策执行的末端在大学的最基层，那就是广大教职工和大学生，他们对决策的正确性及其执行的最终效果最具发言权。就广大教职工和大学生来讲，学校的许多重大决策都关乎他们的利益，他们除了参与决策、实施监督外，对决策实施后对学校教学科研活动的影响状态和实施效果有最直接和最真实的把握，如何把这些情况准确及时地反馈给大学的决策系统，以利于决策者对大学的治理决策做出新的调整，更好地实现决策目的的实现，是完善现代大学治理结构不应回避的内容。笔者设想，能否以教职工为主体的群众组织——高等学校工会和以学生为主体的大学生联合会作为大学的反馈组织来承担反馈系统的主要职能呢？事实上，在有关的法律法规中，高等学校的工会组织主要功能在于民主管理和民主监督，即在决策过程中参与决策，在执行过程中参与监督，虽然在参与和监督过程中能够就大学决策的执行效果得到一定的反馈，有关的法律法规并没有赋予其经常而持续的反馈功能，因此对决策系统和执行系统及其行为的影响是有限的。而《教育工会章程》则赋予教育工会维护、建设、参与、教育四大功能，反馈的功能也没有得以凸显。因此，笔者认为，在现代大学的内部治理中，既然工会组织“是党联系职工群众的桥梁和纽带，是国家政权的重要社会支柱，是会员和职工利益的代表”，“工会的基本职责是维护职工合法权益”，“在企业、事业单位中，按照促进企事业发展、维护职工权益的原则，支持行政依法行使管理权力，组织职工参加民主管理和民主监督，与行政方面建立协商制度，保障职工的合法权益，调动职工的积极性，促进企业、事业的发展”。我们就可以通过法律法规的完善进一步扩大其功能，让其将大学内部决策执行效果的反馈功能承担起来，以更好地封闭大学的管理系统。就大学的学生会而言，学生会是在党委领导下的大学生群众性组织，是现在大学中的组织结构之一，是学校联系学生的桥梁和纽带。《中华全国学生联合会章程》规定："学生会、研究生会在党组织的领导和团组织的指导帮助下，依照法律、学校规章制度和各自的章程，独立自主地开展工作"。它的主要任务除了组织学生进行自我教育、自我管理、自我服务之外，还包括"沟通学校党政与广大同学的联系，通过学校各种正常渠道，反映同学的建议、意见和要求，参与涉及学生的学校事务的民主管理，维护同学的正当权益"。可见，将大学治理中的一部分反馈功能赋予学生会组织是没有问题的，学生会完全有条件在法律法规和学校规定许可的范围内，有组织地将学校的施教决策执行状况及实施效果等方面通过合理合法的形式搜集起来并反馈给大学决策系统，以便大学决策系统更好地调整自己的决策，更好地促进大学的教学科研管理活动的开展，进而更好地促进学生的健康成长。在这里，必须特别强调的是，由于中国大学生群体正处在人生成长的关键时期，正处在自身社会化的过渡过程之中，对事物的认识和把握还不够成熟，学校的各级党组织和团组织要加强对学生会工作的领导和指导，以确保学生会组织在大学治理中能够发挥积极的作用。

（四）完善大学内部运行机制

大学内部运行机制是指大学内部权力行使、责任分担和利益分配的机理和制度。完善现代大学的内部运行机制应重点抓好如下几个方面：

1. 要建构大学内部行政权力、学术权力和经济权力的制衡机制

大学作为一个特殊的社会子系统，其内部权利关系主要由学术权力、行政权力和经济权力构成。从权力的产生和委托代理观点看，大学行政权力主要是组织的委派或任命，是指大学组织中的行政机构和人员为实现大学发展目标，依照一定的规章对大学组织自身进行管理的能力。行政权力是建立在科层制基础之上，以严格的等级化体制为依托的权力，其目的是以规范化、程序化、法制化的运行模式来保证大学整个目标的实现。而学术权力是指学术人员和学术组织对学术事务、学术活动施加影响的权力关系，其主体是学术人员和学术组织，客体是学术事务、学术活动及学术关系，追求学术权力是大学的本质和内在逻辑要求。经济权力则是因经济投资而产生的对大学事务施加影响的权力，

在市场经济条件下,经济权力在大学的影响日益增强。因此,在大学内部,学术权力、行政权力、经济权力三者相互冲突又相互依存,三种权力存在不可替代性。在三种权力的长期冲突中,我国大学内部存在学术权力行政化、市场化倾向,导致大学内部出现"学术本位"与"官本位"及"利益本位"的价值冲突;"学术意志"与"行政意志"及"市场意志"的权力冲突。因此,在现代大学内部治理制度创新中,需要保持学术权力和行政权力、经济权力之间必要的协调,维系三者之间的动态平衡,建立大学内部学术权力和行政权力、经济权力的制衡机制,确保行政权力和学术权力、经济权力并行不悖,相互支撑,良性运行,共同服务于大学的整体目标。

首先,要积极构建学术权力与行政权力协调和制衡的管理机制。在当前我国现代大学内部治理制度建设中,应根据我国法律规定的大学学术权力和行政权力的具体职责,建立二者之间分工明确、相互协调和制衡的管理机制。建立健全大学章程,以制度形式明确两种权力的各自职能、使用范围和使用程序,并确定两种权力的限度。例如,在扩展学术权力过程中,其扩张不能超出学术事务之外,不能干预行政事务;学术权力扩张的主体范围应仅限于大学中的学术组织和学者;学术权力的主体要承担相应的责任,学术权力扩张的重点应定位在中下层。对此,在行政权力上,应确保行政权力对学术权力的有效保障;行政权力应尽量少干预学术事务,保证学术事务没有干扰和阻碍。同时,学术权力与行政权力应形成良性互补机制,充分发挥二者互补功能,扩大两种权力主体之间的相互参与、相互沟通力度,如作为行政权力主体的管理者应建立学术民主管理思想,切实为学术事务服务;作为学术管理主体的学术人员,也应发扬民主和科学精神,运用学术权力为学术活动提供服务。并且,学术权力决策应积极吸纳行政人员参与,而行政权力决策应积极吸纳学术人员,尤其是学科带头人参与。

其次,建构"去行政化"内部治理机制。西方发达国家现代大学内部治理充分体现教授治学的特点,通过教授治学实现了大学行政权力与学术权力的合理分离。在西方主要发达国家,现代大学行政和学术各司其职,权力划分比较明确,董事会在整体上规划学校发展方向和战略,校长负责贯彻董事会的决议并且协调学校各项行政工作,学术方面的事务主要由教授会负责,保证大学人才培养和科学研究职能得到充分发挥。行政、学术两种权力在自身的作用范围内得以发挥自己的优势，是一种高效率的内部治理模式。在我国现代大学制度建设中，为消除过分“行政化”内部管理体制，需要从制度上确保“去行政化”内部治理。因此，应建立学术权力与行政权力相对分轨的运行机制，避免二者在治理上相对冲突。借鉴国外经验，结合我国现实体制，应将党委领导下的校长负责制与教授委员会制相结合，即党委领导下的教授委员会制在于确保“教授治学”，党委领导主要是政治方向的领导，而不直接干预教授委员会对学术权力的实施，在学科建设、科研教学等学术工作上，教授委员会应掌握话语权。此外，我国实行党委领导下的校长负责制，可以弱化校长与教授委员会之间领导与被领导的上下级关系，而更强调二者之间的指导与被指导的层级关系，即校长根据主管部门的政策和指示对教授委员会的学术活动方向予以指导，使得教授委员会的权力行使与国家大政方针保持一致。校长对教授委员会的影响主要通过党委对教授委员会的影响力来实现，而不能直接对教授委员会发号施令，可以说校长和学校教授委员会的关系是平级的关系，二者互相制衡。

最后，要建立经济权力的约束机制。在市场经济条件下，从大学发展的实际需要出发，在大学权力建构中，必须给经济权力以应有地位，但从大学的本质逻辑出发，大学的经济权力必须被限定在一定的范围内，以避免其对学术权力和行政权力的腐蚀和挤压。

2. 要建立大学经营管理与大学教学科研活动实施者的责任承担机制

大学经营者、管理者和实施者的职责是，在大学委托代理关系的链条中，大学经营者、管理者、实施者共同构成大学活动的主体，他们在大学的运行过程中因处于不同的地位、不同的环节，分别从经营、管理和实施的角度依据一定的程序和方法履行自己的职责，产生不同的作用，使大学活动得以正常有序开展。因此，建立不同的责任承担机制应成为大学内部运行机制建设的重要方面。要对大学各层级各岗位的职责作出明确规定，以解决大学管理职责不清、“在位无为”、“不知所为”的问题；要对大学各层级的履职权限作出明确界定，以解决大学管理权限不明，“在位难为”、“在位乱为”的问题；要对各层级的工作程序、方法作出明确规定，以解决大学管理混乱，解决不讲程序，“不知何为”、“为所欲为”的问题。在现行制度下，由于没能科学地很好地对大学经营者、管理者、实施者的责任、权力尤其是履职的程序、方法作出明确的规定，致使大学内部的决策机制、执行机制以及基层的运行机制均存在明显的缺陷，导致大学的运转一直未能到达理想的状态,大学管理常常被社会所诟病。

3. 要建立科学的内部激励约束机制

在完善大学委托代理关系过程中,应建立大学经营者的激励机制与报酬机制。首先,应构建科学合理的大学报酬机制。我国现行的大学经营者的报酬实际上实行的是"结构性工资制",即采用固定工资加上大学补贴方式。这种固定报酬制对大学经营者的行为选择形成了一定影响,但随着社会进步和人民生活水平的不断提高,固定报酬制对大学经营者的影响将会逐步降低,大学经营者则更注重其他报酬机制,即激励报酬机制,其中包括剩余索取权。这样,合理的激励报酬机制也就包括了剩余收益索取中经营者分享比例、荣誉收入等要素。其次,要建立大学经营者精神激励机制。大学经营者绝大多数是由知识分子构成,具有强烈的精神激励需求。对此,一方面要对那些为大学发展作出重大贡献的人们提供必要的荣誉称号、奖章或业绩证书等,进而激发他们经营好大学的成就感和使命感;最后可以为大学经营者提高其社会地位提供有利条件。

完善大学法人治理结构,以重构委托代理链。具有中国特色现代大学制度的法人治理结构,要求重新组建其组织和权力结构,可由大学董事会、监事会和经营者等共同构成。这种组织和权力结构实际上是建立在产权关系基础上的一种相对规范的大学权力运行结构。在领导体制和权限配置上,应分解为权力机构、监督机构和执行机构。这些机构的权力与职责都应该是具有契约性的,它们各司其职但又相互配合。对此,政府的组织管理职能主要是通过向大学董事会选派成员,参与对大学领导者任命等。同时,政府可以通过法律监督、业务监督以及拨款等形式,对大学决策行为施加影响,以确保国家教育方针政策得以落实。对此,要推行"谁决策,谁负责"的惩治原则;强化责任追究主体的地位;建立决策智囊团的责任追究制;健全决策跟踪与反馈机制。

引入市场机制激励约束大学委托人和代理人。大学只有通过市场供求调节,才能有效地使教育资源在生产与消费的自由进退中实现最佳配置。引入市场资源配置机制后,政府可以在大学治理上从微观管理走向间接宏观调控,从而确保大学享有更大自主权,责权利将更加明晰,大学治理方式和对代理人约束二者会呈正相关关系,代理人就必须最大限度地调动一切积极因素促进大学经营管理符合市场要求和社会要求,即达到委托人政府的目标利益。

三、优化大学外部约束机制

现代大学外部约束机制主要是关于政府和社会力量参与大学治理的制衡和约束机制安排。当前，我国现代大学外部治理结构的关键是要“去中心化”，也就是要转变政府对大学的控制，实现政府与社会力量的协调与平衡，构建多元治理格局。要转变政府对大学控制，主要是要准确定位政府在大学治理中的角色，转变其参与大学治理的方式。对于社会力量来讲，应该在大学和社会力量之间搭建一个直接的、畅通的信息沟通平台，使社会力量能够直接参与大学治理，促进多元治理机制的形成。社会力量参与大学治理的关键是要建立实体性的董事会制度，为社会提供与大学直接交流和合作的机会，并能充分发挥社会重要人士的作用，帮助大学确定发展战略。现代大学制度的外部约束机制主要体现在大学与其外部各利益相关者之间的权力约束和运行机制中的行为关系。

（一）现代大学外部约束机制的内涵

现代大学外部约束机制是现代大学与外部关系的运行机制，是现代大学制度构建的重要组成部分。构建符合社会主义条件下的现代大学制度，必须处理好大学与外部的良好关系，这就要求大学和外部社会力量共同努力，并从制度、规范、法律等方面把这些关系固定下来，才能形成大学与外部约束关系的良好运行机制。

我们这里所说的约束机制主要是指“在人类社会有规律的运动中，影响这种运动的各因素的结构、功能及其相互关系，以及这些因素产生的影响、发挥功能的作用过程和作用原理及其运行方式。是引导和制约决策并与人、财、物相关的各项活动的基本准则及相应制度，是决定行为的内外因素及相互关系的总称。各种因素相互联系，相互作用，要保证社会各项工作的目标和任务真正实现，必须建立一套协调、灵活、高效的运行机制”①。在运行机制中，由于各构成要素和配置方式的不同，所产生的运行机制也就有所不同。“构成的各要素之间的配置方式和组织形式不同，则运行机制的运行过程和特点就不同。运行机制是以既定的体制为前提，即当一种制度安排被确定后，一定的运行机制则相

① 《运行机制》，见 http://baike.baidu.com/view/2068791.htm。

应产生。在不同的体制条件下，运行机制各个构成要素之间的联结形式、作用关系及功能则各不相同。”①

从这个概念出发，我们认为我们所说的现代大学与外部约束关系的运行机制的含义就是影响现代大学的外部各因素的结构、功能及其相互关系，以及这些因素产生的影响、发挥功能的作用过程和作用原理及其运行方式，是决定大学行为的外在因素及其相关关系的总称。现代大学与外部关系运行机制是现代大学运行机制的重要组成部分，它是以处理大学和外部关系为重要内容的运行机制。具体地讲就是处理好政府、市场、社会等外部要素的关系，它反映的是大学与外部要素的结构、功能及其运行的规律，是指引大学发展的重要作用原理，体现着大学与外部要素的关系。其具体内涵可以从以下几个方面来理解：

我们这里所讲的现代大学制度外部机制主要是指在大学、社会和国家行政力量的共同努力下，为了更好地推动大学发展而形成的处理大学与政府、大学与市场、大学与中介组织、大学与大学等约束关系的制度、规范、法律以及由此而形成的调节活动。它包括两个方面的内容，一方面，是大学与社会力量、政府、市场、大学的关系问题，也就是大学和这些社会力量处于什么样的地位问题，即大学和这些社会机构在整个社会的组织架构和体系中处于什么样的地位，它们的关系如何。另一方面，就是大学和这些社会机构在处理与大学相关的社会关系时，它们的信息交流和决策机制是什么，这些社会机构在哪些权力和社会影响方面对大学产生了影响，大学对这些权力和社会影响反应方面的响应机制是什么，这实际上就是大学如何处理和社会机构的关系问题，或者说，是这些机构如何处理和大学的社会关系问题。

在社会主义市场经济条件下，我们应该准确把握现代大学制度外部机制的内涵，厘清社会主义条件下的现代大学制度内涵所包含的内容，毕竟，社会主义条件下产生的大学虽然在大学功能、大学本质上和西方大学没有较大的区别，但是，社会主义条件下的现代大学，即中国的现代大学，却明显不同于西方的大学，在大学传统上它具有自己的特色。因此，必须对社会主义条件下的现代大学制度外部机制的内涵进行界定，只有这样，我们才能正确把握社会主义市场经济条件下社会主义大学的本质内涵、功能定位、大学传统，才能在指导我国社

① 田旻：《美国大学技术转移运行机制及其对中国大学的启示》，上海交通大学2007年硕士学位论文，第12页。

会主义条件下现代大学制度建设上发挥应有的作用。

首先,大学与外部约束关系的运行机制是现代大学制度构成的重要内容。从大学发展的角度来讲,大学处理与外部各要素的关系,最核心的就是在维护大学自治的基础上,妥善处理与外部各要素的关系。我们知道,大学自治是大学制度的核心内容之一,是指"大学作为社会法人机构,不受政府、教会或其他任何机构的控制或干预,能够独立地决定自身的发展目标和计划并付诸实施。美国著名高等教育家布鲁贝克认为,'自治是高深学问的最悠久的传统之一。无论它的经费来自私人捐赠还是国家补助,也不管它的正式批准是靠教皇训令、皇家特许状,还是国家或省的立法条文,学者行会自己管理自己的事情'"。[①] 从大学自治的内涵可以看出,正是大学在处理与外部各要素关系的基础上,大学制度才得以产生。

其次,大学与外部关系的运行机制也是现代社会管理的重要内容。现代社会管理不仅包括政治管理、经济管理等内容,也包括对文化事业的管理。尤其是随着知识经济社会的发展,以知识、信息等为主的管理理论和管理实践正日益成为现代社会管理的重要发展趋势。"在新公共管理运动、治理理论以及新公共服务理论等理论的推动下,西方国家推行政府治理范式的改革,通过强化社会管理职能、优化政府组织结构、推进公共服务供给模式的多元化等举措来为社会公众提供优质高效的公共产品和公共服务,构建服务型政府。"[②]在这种情况下,也推动了社会对大学的管理制度变迁。尽管由于各方面压力的推动,政府对大学的管理正日益呈现加强的趋势,"但大学自治的基本信念并没有动摇,它仍然是政府干预或控制大学的边界。政府即便是要控制大学,也只是将'行政力'通过市场机制实现对大学的'柔性控制'"[③]。因此,我们说,理解大学与外部关系的运行机制既要从大学制度自身的内涵出发,也要从现代社会管理的角度出发,只有这样,才能准确把握大学与外部要素的运行机制,才能正确推动大学与外部要素运行机制的正确发展。

(二)完善政府依法监管机制

在现代大学外部约束机制构建中,政府与大学之间要保持必要的张力。在

---

① 袁祖望:《论大学自治》,《现代大学教育》2006 年第 6 期。

② 马国芳:《国外政府社会管理和公共服务发展新趋势及其启示》,《云南财经大学学报》(社会科学版)2010 年第 3 期。

③ 张应强:《制度创新与我国建设世界一流大学》,《现代大学教育》2001 年第 6 期。

我国现行的政府主导型的高等教育体制下，政府对大学的管理过紧、干涉过多。“政府的角色是多重而混淆的，从而导致政府干预过多，大学自主性缺乏，学术自由价值的贬损致使大学自主与政府干预之间失却‘必要的张力’，无法实现两者的冲突整合。”①要在大学和政府之间保持“必要张力”，就需要从政府和大学两个方面进行制度设计。政府应该对大学进行宏观管理，大学应该保持自我独立，形成真正的“大学自治”。这样才能有利于实现政府对大学的监管。

以政府为主导，社会积极参与为动力。这一特征既是继承中国大学管理模式的自然发展，也与现代中央集权政府对大学管理的基本模式相适应。“学校自产生之日起就被统治者作为政治教化的工具。儒家文化被奉为经典处于垄断地位。形成官学一体的管理传统。”②这种办学传统也深深打上了中央集权政府的典型烙印。“中国现代大学的发展和管理传统与中国文化有着一脉相承的关系。”③现阶段，我们提出，推进大学制度改革，主要是在政府主导下进行的。1993 年的《中国教育改革和发展纲要》明确指出要完善监管机制，减少和规范对学校的行政审批事项，依法保障学校充分行使办学自主权和承担相应责任。也就是说，政府在推动中国特色的大学外部机制建构过程中起着重要的主导作用。“西方发达国家、新兴工业化国家及地区，其社会体制的架构正呈现出政府与社会的分工合作趋向，其核心是‘政社分开’，社会管理由政府单独直接管理变为市场、社会中介组织、其他社团共同参与社会事务管理，直至社会组织进行自我约束、自我激励和自我管理。”④可见，在推动现代大学制度构建过程中，各国政府都是其中的核心动力。

政府对大学的行政管理始终是我国高等教育发展的一大特色，构建现代大学与政府的合理关系，仍然要遵循我国政治体制和我国高等教育管理的传统。实际上，在新中国成立后的大学管理实践中，大学的管理制度改革始终是在政府主导下进行的，在政府的主导下，逐步扩大高校的办学自主权。《纲要》中又明确提出，适应国家行政管理体制改革要求，克服大学的行政化倾向，取消实际存在的行政级别和行政化管理模式。明确各级政府责任，规范学校办学行为，

---

① 曹勇、曹之然：《现代大学制度视角下的我国大学外部关系研究》，《农村经济与科技》2008 年第 3 期。

② 朱为鸿：《论中国大学管理传统与制度创新》，《高校教育管理》2008 年第 5 期。

③ 同上。

④ 张敏杰：《西方发达国家社会管理的新趋势及其启示》，《浙江社会科学》2011 年第 6 期。

促进管办评分离，形成政事分开、权责明确、统筹协调、规范有序的教育管理体制。因此，今后我国的现代大学制度构建，必须坚持以政府的行政管理为主导，逐步完善法律和制度建设，用法律制度规范大学的办学行为和政府的行政管理职能，逐步构建完善的现代大学管理制度，合理界定政府和大学的管理边界，构建合理有效的政府监管机制。

（三）完善社会评价机制

在现代市场经济条件下，大学与社会之间的关系越来越紧密。随着我国行政体制改革的推进，政府职能的转变，大学从政府那里获得的资源不能满足自身的需要，必然要求大学通过积极途径寻求资源的进入以促进其发展。而大学在寻求社会资源时，其最大的优势就是其本身所具有的知识传播与创造。在当前知识社会，知识对社会发展的贡献会越来越大，大学开始走向社会中心地带。政府对大学由直接管制开始走向间接宏观管理，这就需要其他社会力量对大学实行有效监督，以使大学保持其应有理念与功能，在社会经济发展中起积极的促进作用。

政府对大学的管理由直接微观管理转变为间接宏观管理，从某种意义上说是政府对大学管理的放松，虽然大学本身具有自律精神，但是它不能保证大学沿着社会需要的正确轨道发展。因此，社会的监督与评价就被作为一种调控手段而加以运用。社会与大学之间不存在所有权关系，因此二者之间的利益相关性疏远，社会对大学的监督与评价则更具有公平性和公正性。《纲要》指出，要推进专业评价。鼓励专门机构和社会中介机构对高等学校学科、专业、课程等水平和质量进行评估。建立科学、规范的评估制度。探索与国际高水平教育评价机构合作，形成中国特色学校评价模式。建立高等学校质量年度报告发布制度。中介机构的类型很多，在我国政府与大学之间建立哪种类型的中介机构合适，这应该从我国的国情出发，逐步建立起独立的、专业的、开放的评估中介机构。

建立社会中介机构，是当今世界许多国家保证政府与高等教育之间增强相互作用的一种方法。中介机构在政府与大学之间起到了润滑与缓冲的作用。介于政府与大学之间的中介机构，它既是大学利益的代言人，帮助学校提出对政府的合理要求；同时又是政府政策的一个执行者，帮助政府把适当形式的责任施加给高校。因此，社会中介机构在有利于保证高等教育学术自由权的同时,也确保政府能有效地管理高等学校,促使学校恰如其分地履行社会赋予的职责。

与西方国家相比,我国的非政府组织的中介机构还处于刚刚起步阶段。我国高等教育评估中介机构的建立和发展开始受到政策的保护和支持。《纲要》指出,要完善教育中介组织的准入、资助、监管和行业自律制度。积极发挥行业协会、专业学会、基金会等各类社会组织在教育公共治理中的作用。因此,我们应积极推动社会中介机构的发展步伐,完善其信息咨询、社会监督作用。

介于政府与大学之间的中介机构的类型多样,世界各国的中介机构类型有所不同。比如,英国的高等教育拨款委员会、法国的高等教育和科学研究审议会、美国的州高等教育管理与协调委员会等。总的来说,世界各国政府与大学之间的中介机构可以归纳为三种类型:"一是政府组织形式;二是学术组织形式;三是民间组织形式。这类机构完全独立于政府、大学之外,是由社会知名人士举办的非官方组织。其设置形态是财团法人,是一种民间自治的机构。"①

社会需要的多样性决定着大学类型层次的多样性。不同类型和层次的大学之间的协调发展、共同进步是大学发展的必由之路。但是现代大学与市场经济紧密相连,市场经济的竞争规律必然会影响着大学之间的关系。竞争是市场经济的首要法则,在市场经济中,除非处于绝对垄断地位组织缺乏竞争外,其他同行业组织之间,即使是寡头垄断行业也必然会有竞争。公立大学虽然在所有权上都属于政府,但大学的办学者却各不相同,因此竞争不可避免。有效的竞争是我国现代大学制度建设的推动力量。大学之间竞争的内容广泛。袁贵仁认为,大学至少在以下三个领域进行激烈竞争:一是人才市场竞争。即大学所培养的学生能否被社会认可以及认可的程度,直接关系到大学的生存和发展。二是要素市场竞争。包括劳务市场、资金市场和技术市场。劳务市场是大学获得自身发展的组成合理的师资员工,资金市场则是大学如何获得发展经费的市场,而技术市场则是如何获得技术并转让自己所具有的技术。三是产权市场的竞争。即大学之间的合并重组等。

大学之间竞争的目的是形成我国现代大学制度,并不是要求大学在竞争中自生自灭,因此,合作是我国大学关系之间的题中应有之义。合作既有同类型、

① 田平:《建立中介机构:协调政府与大学的关系》,《高等教育研究》1996年第5期。

同层次大学之间的合作,也有不同类型与不同层次大学之间的合作,还有不同地域大学之间的合作。在合作内容上,包括学科、专业合作,人员交流合作、联合培养学生的合作,以及优势高校对弱势高校的帮扶等。

建立大学之间的竞合机制,一是鼓励社会办学;二是强化行业自律。鼓励社会办学,是建立和完善大学竞争合作机制的重要内容。《纲要》指出,高校要扩大社会合作,探索高等学校与行业、企业密切合作共建的模式,推进高等学校与科研院所、社会团体的资源共享,形成协调合作的有效机制,提高服务经济建设和社会发展的能力。推进高校后勤社会化改革。社会办学是促进高等教育发展不可忽视的社会力量,2011 年 7 月 6 日《中国教育报》其中 2010 年我国民办教育数据为:全国共有各级各类民办学校(教育机构)11.90 万所,比上年增加 1.25 万所;招生 1300.45 万人,比上年增加 143.68 万人;各类教育在校生达 3392.96 万人,比上年增加 327.57 万人。其中,民办高校 676 所(含独立学院 323 所),比上年增加 18 所;招生 146.74 万人,比上年增加 6.60 万人;在校生 476.68 万人,比上年增加 30.55 万人,其中本科在校生 280.99 万人,专科在校生 195.70 万人。另有自考助学班学生、预科生、进修及培训学生 20.61 万人;民办的非学历高等教育机构 836 所,各类注册学生 92.18 万人。另外,还有其他民办培训机构 18341 所,929.78 万人次接受了培训。

从教育部公布的数据我们可以看出,民办高等教育的发展已经进入平稳期,民办高等教育成了教育的一个重要组成部分,弥补了公立高等教育的不足,为社会培养了大批人才。因此,在当前形势下,构建现代大学制度的一个重要内容就是吸收社会力量进行办学,大学只有从外部社会环境中通过多种渠道来筹集资金方能满足自身发展,建构一个多元化的办学模式,以期促进高等教育的健康快速发展。此外,高等教育作为国家和社会进步发展的重要领域,在其内部应该建立自我管理、自我约束、自我激励的机制,这是为了规范高等学校行为,协调同行利益关系,维护行业间的公平竞争和正当利益,促进高等教育的发展。为此,要建立必要的高等教育行业自律组织,通过制定高等学校公约,开展各种活动,协调和规范高等学校参与社会及市场的活动,维护高等学校的社会经济利益。

第六章　中国特色现代大学制度的创新模式

基于新制度经济学理论的视域和“三元动态”制衡的逻辑基础，我们设计构建了以党委领导下的校长负责制为核心、以董事会制度（党委领导）、职业校长制度（校长治校）、教授委员会制度（教授治学）和已有的教职工代表大会制度（民主管理）等相结合的中国特色现代大学制度创新模式（模式结构详见下图），试图为正在进行的中国特色现代大学制度的构建提供新的思路和参考。

第一节　建构中国特色现代大学制度的创新模式

一、构建党委领导下的董事会制度

建立党委领导下的董事会是中国特色现代大学制度实践模式构建的重要内容，即建立以党委会为核心、以各方利益相关者代表为成员的董事会，将其作为党和政府等外部利益相关者的代理人，担负起大学经营和监管的职责。这既是党和政府与大学委托代理关系的具体体现，也是落实我国高等教育相关法律和制度的具体实践——校党委领导下的校长负责制的基本要求。

在这种模式下，作为党和政府的代表，学校董事会董事长一般由党委书记担任；也可由更高级别的党员领导干部担任，党委书记出任常务副董事长。董事会可设常任董事和非常任董事，大学的党委书记、副书记等党委会成员均可成为董事会常任董事。同时，按照利益相关者理论，还可以选派教育行政主管部门代表、行业管理部门代表等作为董事会常任董事，选择学校人员（如教职工和学生代表等）和社会人员（如家长、校友、企业家、社区代表等）等作为非常任董事进入董事会。董事会常任董事可由上级党和政府任命，非常任董事可以在校党委领导下通过民主程序产生。

这种模式下，以党委为核心的董事会是大学内部治理的最高决策机构，其决策权限是：大学发展战略和中长期发展规划；大学的培养目标、专业设置和培养方案；大学的资产重组、产权转让、资本运作和大额投资的原则性方向性问题；大学的合并、分立、变更、解散以及内部主要管理机构的设置、调整和撤销；除董事会成员以外包括校长、副校长在内的大学高中层管理人员的选聘、考核、薪酬、管理和监督；大学的办学规模和年度招生计划；大学的人员编制和年度进人计划；大学的资金筹措和年度预算方案；大学学术组织产生和运行的基本原则；

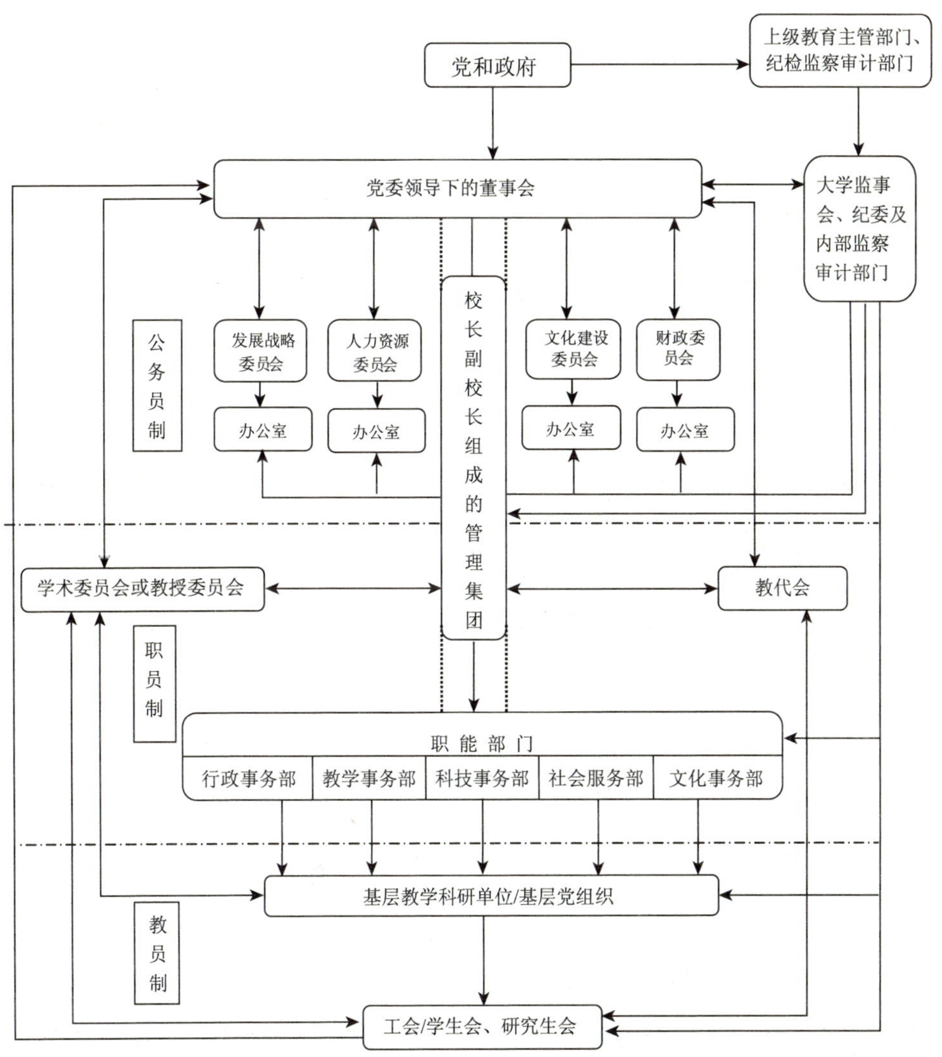

图6—1　中国特色现代大学制度创新模式结构图

提交教职工讨论的涉及教职工切身利益的重大事项；大学在维护安全稳定等涉及大学政治责任和社会责任方面采取的重要措施等。

在这种模式下，董事会可以成立发展战略、人力资源、财政经济、文化建设等方面的委员会及其办事机构，使其成为董事会职能的重要依托，可以聘请若干名专家组成，对董事会负责。董事会下设的发展战略委员会主要负责学校大政方针政策的制定和规划，以确保大学能够沿着正确的方向和道路发展；财政委员会最主要的职责就是筹措办学资金；由于公立大学的拨款主要来源于政府，所以与政府处理好关系就成为财政委员会的重要职责，同时也要积极争取社会资源的支持；人力资源委员会主要负责确定学校人员编制（包括规模、结构等）及遴选聘任规则，推荐和选拔管理集团人选，以确保学校能够招聘到一流的师资和管理服务人员；文化建设委员会主要负责学校的文化建设工作，制定开发和利用学校文化资源引领社会文化建设的措施，确保大学社会文化责任的落实。

二、建立管理集团职业化制度

以大学校长和副校长为代表的大学管理集团是大学治理的执行机构，要与决策机构进行必要和适度的分离，并且要把大学校长对党委负责和大学管理集团对董事会负责有机结合并统一起来。为提高大学治理的科学化和专业化水平，可以实行大学管理集团职业化制度，即逐渐实行大学校长、副校长及其职能部门管理队伍的职员制，逐步走向职业化道路。这是实现专业岗位管理、去行政化的重要举措。

大学校长的职业化是指“校长作为一种职业，而不是一种职务，也是由一种行政职务向独立的职业转化，由行政权力本位向职业能力本位转换的过程，其核心是校长的专业化”[①]。职业制度下的校长，与目前存在的大学校长作为一种职务时有很大差别。首先，大学校长不再是一种行政权力的化身，而是从事大学管理的一种职业，这种职业是任何人都可以参与的。校长不是上级任命的，而是由一定组织选聘的；大学校长的主要工作在于如何管理大学，落实选拔机构所赋予的职责，而不是担任学术职责；校长主要对选拔机构负责，而不是对上

① 刘燕：《现代大学制度的构建与大学校长职业化》，《当代教育论坛》（综合研究）2010 年第10 期。

级部门或者其他人负责；校长主要是一种岗位，而不是一种职务而存在级别。“职业化的校长区别于职务化的校长与学者化的校长，一旦被任命为校长，主要精力就得放在校长岗位上，以校长为职业，履行校长职责，全身心投入学校的管理中。”①

职业化校长含义主要包括：“第一，职业化的大学校长是指经过专门训练，具有管理、经营学校与进行教育科研的职业技能，并获得认证资格，能使其统辖的教育资源实现持续增值的高级专业人才；第二，大学校长职业化是指在市场经济条件下，在对高等教育实行市场行为的管理过程中，校长已不再是政府任命的一种行政职务，而是受聘于市场的一种职业；第三，大学校长职业化是指专业人才或有志于校长职业者，可以依据其相应的任职条件，通过教育市场获取校长职业，即教育机构或办学单位可以按照其办学要求，通过教育市场招聘到符合任职条件的校长，应聘的校长则按照聘约规定的职责要求，凭借职业能力履行管理、经营学校的职责”②。

职业化校长不同于职务化校长和学者化校长，主要特征在于一旦被任命为大学校长，不管原来是教育家、科学家还是企业家，都应该将自己的身份置于校长岗位，严格履行校长职责，把校长作为自己的职业。从西方国家大学校长职业化来看，主要体现为如下特征：校长来源多元化，既可以来源于本校，也可以来源于外校，甚至可以来源于其他部门；大学校长选拔由校董事会、理事会或评议会等最高权力机构决定，具有明确的遴选程序和职业标准；具备优秀的综合素质，能够引领高等教育发展潮流，有实干精神，懂管理，善经营，能够保持学校可持续发展；任期灵活，多数校长任期较长；具有合理的薪酬体系。

在这种制度下，作为大学内部和外部利益相关者的双重委托人，以校长为首的学校管理集团及其人选是由大学董事会在大学利益相关者民主推荐的基础上确定的，大学校长的主要精力在于如何通过调动学校教职工的积极性来管理学校事务，落实和履行以党委为核心的董事会所作出的决定和赋予的职责，进而实现大学的功能和目标。大学校长可以依据经过董事会通过的大学章程的有关规定和董事会的授权，独立行使相关权利；大学校长不直接承担事关学校发展大局的重大决策责任，也不再以校长身份参与学术事务。大学法人代表

① 刘燕：《现代大学制度的构建与大学校长职业化》，《当代教育论坛》（综合研究）2010年第10期。

② 刘燕：《现代大学制度的构建与大学校长职业化》，《当代教育论坛》（综合研究）2010年第10期。

资格可由大学董事会任命,大学的法人代表未必一定要由校长担任。在这里必须特别强调的是,为了确保党在高等学校的领导地位,党员校长可以兼任党委副书记,若校长是非党内人士,则可选择一名党员副校长兼任党委副书记。在这种制度下,大学董事会可以根据大学自身需要自主决定副校长的人数,可以设立行政事务部、教学事务部、科技事务部、社会事务部、文化事务部等职能部门,以大部制形式减少管理层级和部门"长官"的数量,强化"职员"的责任,以抑制大学治理的行政化倾向。另外,对大学校长及其他管理人员的激励可以仿照企业对经理人员的激励方式,如年薪制,以实现对大学校长的激励和约束,大学校长的聘期、待遇及延聘与否,完全由董事会在广泛听取各方意见的基础上自行确定。在这种制度下,党委和校长之间的关系有望得到较好的理顺,所谓"取消大学校长的行政级别"才成为可能,大学行政人员与教师争夺资源和利益的问题才能得到较好的解决。

管理集团职业化的对象还包括校长集团领导下的从事管理服务事务的所有人员,根据不同的岗位需求建立职业资格准入制度和报酬晋升制度是管理集团职业化制度的主要内容。

三、完善教授治学制度

学术是大学得以生存和发展的重要标志。实现"教授治学",就是要充分发挥学术核心代言人——教授在大学教学、科研、学科建设和学校管理中的指导作用,以教授为主体行使大学学术权力,并对高校学术资源进行有效配置和使用。

"教授治学"同"党委领导、校长治校、教授治学、民主管理、共同参与"等概念排列在一起,是现代大学制度的基本内涵和原则。其基本意思是:教授要参与大学中的学术管理。这是中国特色现代大学内部治理结构的核心构成,是大学区别于政府、企业等其他运行模式的最显著特征。从大学自身发展的学术逻辑看,只有不断探索和完善教授治学的内部学术运行机制,积极创造良好的教授治学环境,确保教授治学真正实施,实现学术权力与行政权力的相对分离,才能完善我国现代大学内部治理结构运行机制,更好地建设中国特色现代大学制度,推动高等教育强国建设。

教授治学是从欧洲中世纪大学"教授治校"内部管理模式发展而来的。从广义上讲，"教授治学"泛指大学教授从事具有研究性质的学术活动，如教授的教书育人、科学研究、参与学术事务的决策等活动；从狭义上讲，"教授治学"主要是指教授参与大学教学、人才培养和学术研究等学术事务管理，即教授在大学学术领域行使其决定权的活动。从大学治理层面看，更多的是指"教授治学"的狭义界定，"教授治学"是现代大学制度的基本内涵之一，其实质上是学者治学，是一种学术内行对大学实行民主管理的制度，强调的是学术内行的自我管理，如学科和专业设置、教学计划的制订、学术人员的晋级与聘任、学生培养方案的制订等内容，这些都是对教授治学内涵的有益外延。在实践上，表现为"以教授为主体的学术委员会（或教授委员会）成员拥有大学学术领域，诸如课程设置、教学计划、招生政策、学位标准、学术人员聘任与晋级等的学术评价以及事关学术发展的激励政策等的决策权"。[①] 主要表现为：治学科，即决定学校学科建设、专业设置、教师队伍建设等重要事务；治学术，即加强大学学术实力、遵守学术规范、坚持学术标准；治教学，即首先要求教授给本科生上课；治学风，教授应广泛参与教学管理。

目前，我国现代大学制度建设中，教授治学理念已在部分大学取得一定成效，但由于大学内部治理结构自身的复杂性，导致我国大学教授治学面临着诸多问题亟待解决，这就决定了我国现代大学内部治理结构中完善"教授治学"学术运行机制，"主要任务是要解决我国大学内部行政权力泛化、学术组织行政化、学术权力弱化，导致教师边缘化等问题"。由于大学教授作为大学特殊群体，具备渊博的学术专业知识，能够准确理解并遵循学术发展内在规律，因而他们参与大学内部学术事务的决策能够有效地加强学术权力在大学内部治理中的特殊作用，为大学学术自觉提供制度保障，从而使大学内部运行能够更好地遵循学术发展规律，这是我国现代大学内部治理结构中完善"教授治学"学术运行机制的主要目的。我们构建这一模式，需要建立名副其实的学术（教授）委员会制度。

在此制度下，可通过学术管理规章将学术委员会改为教授委员会方式，以进一步完善教授治学制度，避免学术权力行政化倾向，确保大学教授的学术自由权。第一要明确学术权力以及教授委员会与党委会、校长会、教代会等大学

---

① 张君辉：《论教授委员会制度的本质——"教授治学"》，《东北师大学报》2006年第5期。

内部治理组织之间的关系;第二可以实行教授人员专业化制度,由身份管理向岗位管理过渡;第三要对学术委员会的组成结构和成员聘任作出明确规定,确保学术组织及其成员的公信度和影响力;第四要遵循学术活动自身规律,明确学术委员会运行规则。

为充分保障教授治学得以真正实现,应强化大学以学科为基础的学术基层组织制度建设,使大学的组织架构实现由传统的科层制逐渐过渡到扁平式网状结构模式。人才培养和学术性组织是大学的本性,通过基层学术组织建设建构适宜的大学学术生态系统,通过学术组织结构变革进一步完善大学学术权力运行机制,从而深层次地解决大学内部治理的学术权力失衡问题,这应该是我国目前现代大学内部治理结构建设的一条切实可行的路径。针对当前我国大学发展状况,大学内部基层学术组织模式选择可有如下探索:第一种,教学科研二维矩阵模式。针对我国传统学术组织结构中过于严格的教师"单位所有制"弊端,应积极建构一种教学与科研相对分离、相对稳定的二元模式结构。教学组织结构可以按照"学校—学院—系室"的层级结构进行设计,科研组织结构则可根据动态、开放、灵活、共享的组织原则予以设计。在这种二元矩阵模式结构中,教师一方面能够依据其教学课程类型以及学科专业方向特点有针对性地参与相应的"教学单位",另一方面也可以根据自身科学研究领域或课题,参与到以研究为主的"科研单位",如研究所、研究中心等。第二种,建构跨学科基层学术组织拓展模式。在大学知识生产方式向"模式Ⅱ"转型中,跨学科性应成为当前我国现代大学内部基层学术组织构建的重要导向,对基层学术组织结构进行创新性的横向拓展,突破单一学科局限,积极探索基于项目或问题的跨学科、跨领域的基层学术组织模式是我国现代大学制度建设的重要内容之一。跨学科学术组织通常是以"学科"为纵向纬度,以"问题"、"项目"或"课题"为横向经度的矩阵式组织模式结构,能够在一定程度上克服传统基层学术组织结构的缺陷。

四、完善教职工代表大会制度

相对于学校决策系统而言,学校管理集团及其学校基层组织和全体教职工共同构成大学的执行系统,而相对于学校管理集团来讲,教职工群体则是区别于管理者阶层的大学的直接利益相关者。理顺学校管理集团与教职工群体之间的关系关键是要解决教职工如何参与学校事务、对事关他们切身利益的重大问题表达诉求、发表主张进而参与决策的问题。在我国多年的大学治理实践中，我们探索形成了一种以教职工代表大会为载体，以大学工会为依托的民主管理形式，《高等教育法》明确规定："高等学校通过以教师为主体的教职工代表大会等组织形式，依法保障教职工参与民主管理和监督，维护教职工合法权益。"1985 年出台的《高等学校教职工代表大会暂行条例》（以下简称《条例》）对教职工代表大会的总体原则、职权范围、代表的产生及其权利义务、组织制度及工作机构均作出了明确规定，并且强调，教代会以学校工会委员会作为工作机构，在党委领导下开展工作，"校长要定期向教代会报告工作，听取意见，认真对待教代会的有关决议和提案，尊重和支持教代会行使民主管理的职权"，"教代会要尊重和支持校长及行政系统行使指挥职权，教育教职工严格遵守各项规章制度，以主人翁的责任感努力完成各项工作任务"。从中可以看出，这种制度应该可以比较好地理顺学校管理集团和教职工群体之间的关系，但是由于《条例》对教代会的运行规则尤其是党委如何领导教代会工作没有明确规定，《条例》在实施过程中遇到了许多现实问题，绝大部分都没有得以有效的解决，尽管教育部 2012 年出台了《规定》，在《规定》其中增加了关于"组织规则"的描述，但对教代会的运行规则以及党组织对教代会的领导方式方法并没有实质性规定，原来制度的主要缺陷并没有得到真正弥补，实施效果仍未得到明显改观。

因此，构建现代大学制度，应以完善教职工代表大会的运行规则和强化党委对教代会的领导为重点，更好地理顺学校管理集团与教职工群体之间的关系，强化教职工代表大会在大学内部各种价值矛盾和利益冲突中的协调和制衡作用。在新的模式下，除了《条例》中规定的职权外，还可以赋予教职工代表大会以更大的权力，扩大教职工在大学管理中的参与权和知情权。

应特别强调的是，在新的模式下，必须进一步加强中国共产党的基层组织建设，确保党在大学发展中的领导核心作用和战斗堡垒作用，党委要通过领导方式的转变加强对学校行政管理、学术事务和民主管理等各项工作的全面领导和监督。还要进一步完善工会、共青团和学生会的组织建设，更好地发挥群团组织在大学治理中的作用。

五、建立现代大学监事会制度

用管理学的基本原理来衡量，我国大学普遍存在着监督制度不健全的问题。这主要表现在：大学外部如政府或其他社会自组织，因监察主体不明、监察机制不健全等原因对大学缺乏有效的经常性监督；大学内部既存在着监督主体不明、权责不清的问题，也存在着监督形式简单僵化、监督方法过于单一、监督内容无统一规定、监督工作盲目被动的问题，从而造成对大学的行政监督相对弱化，经济监督流于形式，学术监督无人负责。因此，我们认为，在现代大学治理监督机制创新的过程中，可以尝试建立监事会制度。这是在大学治理结构中设立的一种监督机构，它在大学董事会的领导下，在上级纪检监察审计部门的指导下，对大学管理执行层行使监督职能。监事会主要成员可由大学董事会或由上级监察审计部门任命，并通过民主形式吸纳教师和学生代表及校友等社会人士参加，监事会同时对董事会和上级监察审计部门负责。监事会制度虽然在我国一些私立大学有所尝试，但在我国公立大学并未形成，它是西方国家一种比较成熟的大学内部治理监督机制。在这种制度下，既可以明确对大学行为的监督主体，又能减轻政府相关部门对大学的监控负担，增强监控效果，为理顺政府和大学之间的关系、防止大学“内部人控制”问题提供保障。

从新制度经济学的委托代理理论看，在我国现代大学治理制度创新过程中，建立监事会制度是由公立大学经营管理者的有限理性的特点决定的。如果说委托人和代理人都为了追求利益最大化，代理人不会总是为委托人的利益而努力行动的，对此，委托人应对代理人进行监督和激励，谋求对委托人负责；政府应重点侧重减少监督成本，并有效减少代理成本，以提高现代大学内部治理效率。从新制度经济学的交易费用理论来看，监事会制度能够使监督行为规范化，从而减少政府的监督成本。在政府和大学之间进行委托代理经营办学过程中，就形成了政府与大学之间的契约组合关系，由此带来政府对大学经营管理进行有效监督的监督成本，即获取有关高校运行信息的成本、政府内部为交换意见和作出决策而沟通信息的成本、督促高校经营管理层执行决策的成本。这些成本集合起来就成为政府针对高校的监督成本。[①] 而大学监事会能够推动政

---

① 亨利·汉斯曼：《企业所有权论》，于静译，中国政法大学出版社 2001 年版，第 50 页。

府对大学监督的规范化,从而减少政府监督成本,增强监督效果。从产权理论来看,公立大学作为一种非营利组织,其所有权配置主要表现在剩余控制权方面。因此,在现代大学内部治理结构中,最重要的就是如何能够将剩余控制权分配给最核心的、最难监督的群体。大学监事会的主要职责是监督大学经营管理者的剩余控制权,以有效防止大学的"内部人控制"问题。

第二节　中国特色现代大学制度创新模式的运行规则

一、坚持政府宏观管理

政府作为公立高等教育的所有者(代表人民所有)和举办者,应根据国家和地方高等教育的发展规划,以公共利益为目标,为大学的正常发展制定必要的法律规范和管理制度,提供必要的经费和政策支持,营造良好的发展环境。具体来讲,政府的职责主要应该体现在:"首先是规划立法权,政府必须依法行政,根据相关的行政法规,对高等教育的地区布局和层次结构作出合理有序的规划;其次是审批权,政府有权对高校的名称、类别、修改章程等其他重要事项具有审批和核准的权力;再次是制定评判标准权,政府有权进行高校分层分类的研究,制订各层次和学科类型最基本的办学标准,作为评判高校定位的依据;最后是评估监督权,政府有权对高校的办学质量进行评估和监督,以保证高校有效运行的科学性。"[①]然后,在政府权力下放的同时,要积极创造环境和条件,充分落实高等教育的办学自主权。"确保高校办学自主权一方面可以避免上级主管部门对高校的直接控制所带来的负面影响,另一方面可以借助市场竞争机制来降低对学校的监督成本。"[②]

在新的模式下,政府主要是通过法律的和经济的手段对大学进行宏观管

---

① 黎霞:《"服务型"模式下政府与公立高校关系中的政府定位研究》,电子科技大学 2010 年硕士学位论文,第 10—11 页。

② 邓克俭:《我国公立高校委托代理关系的问题及对策——从政府与学校领导的视角分析》,湖南大学 2008 年硕士学位论文,第 29 页。

理，对大学的日常经营管理可以通过对以党委会为核心的大学董事会来实现。首先，政府要不断完善各种法律制度，建立以委托代理为核心的高等教育法律制度管理体系，营造大学发展的良好社会生态环境，以确保大学能够在委托代理的要求下顺利发展。当前关于大学确立大学法人地位、确定政府和大学权力划分、关于大学人事管理、财产处置及自主发展的法律法规还很不理想，这些都可以通过对大学董事会的立法建设得以实现。因此，有必要加快对大学董事会的立法进程，进而提高大学立法的完备性、针对性和立法效率。其次，要重视对大学董事会成员尤其是常任董事的遴选和配备，要以政治家、教育家的标准衡量董事会拟人成员，要通过对董事会拟任人员的知识储备、成长经历、经验积累的考察，组建政治坚定、理想远大、品质优秀、结构合理、团结奋进的大学董事会，使党委会领导下的董事会成大学发展的坚强领导集体。最后，将政府等大学投资者的相关权利赋予董事会，并对大学董事会及其核心成员了履职用权的行为进行经常性的考核，把考核结果作为董事会核心成员奖惩的依据，使董事会成为大学发展的直接责任主体，成为外部利益相关者的权利诉求和传导的关键。

二、坚持大学依法治校

坚持政府宏观管理就赋予了大学更多的自治权限。从大学自治发展史来看，大学既没有绝对的自治也没有绝对的不自治，大学始终在绝对自治和绝对不自治之间摇摆。即使在号称最自由的国家也没有大学的绝对自治，大学始终处在国家的调控和指导下。韩延明教授认为，对大学自治应当从两个意义上来理解，一是传统意义上的大学自治，即西方大学所固守的“象牙塔”内的学术自由，并自主地决策和处理学校内部事务；二是现代意义上的大学自治，指大学应妥善处理好与政府和社会之间的关系，努力避免外界对学术的干扰和侵犯，依法自主办学。我国在计划经济时代，大学也并非完全是没有自主权力的，只不过是其自主权力被压缩到一个非常狭小的空间，而改革开放以来，我国大学的自主权在不断增强。1993 年的《中国教育改革和发展纲要》就指出，在学校管理体制上要转变政府职能，由对学校的直接行政管理变为对学校的宏观管理。2010 年《纲要》也指出，对学校要“克服行政化倾向，取消实际存在的行政级别和行政化管理模式”。

当前我国大学自治的核心和重点是确立大学真正的法人地位,切实扩大和落实大学的办学自主权。而大学的法人地位的真正确立和大学办学自主权的扩大和落实。一是靠政府从法律法规上予以规范和确认,尽可能地减少政府行政手段的干预。二是需要明确政府在大学的委托人。在新的模式下,需要完善大学董事会的相关法律法规,将包括大学法人代表的产生在内的若干权利赋予董事会,由董事会独立行使《纲要》中明确的若干自主权:"高等学校按照国家法律法规和宏观政策,自主开展教学活动、科学研究、技术开发和社会服务,自主设置和调整学科、专业,自主制定学校规划并组织实施,自主设置教学、科研、行政管理机构,自主确定内部收入分配,自主管理和使用人才,自主管理和使用学校财产和经费。扩大普通高中及中等职业学校在办学模式、育人方式、资源配置、人事管理、合作办学、社区服务等方面的自主权。"

就大学内部治理来讲,大学依法治校还意味着大学在这种模式下,在国家法律法规的范围内,董事会要在"党管干部"的原则下做好学校执行机构人员的遴选;要通过各种专门委员会来制定大学发展的各种方针政策,为大学的未来做好规划;要处理与政府的关系,确保高校能够从政府那里拿到应有的财政资源支持和公平政策,以维护和确保大学的运行和发展;要自觉适应社会与未来的需求,使大学对社会负责,树立其公共形象;应致力于维持保障学术自由的环境,营造使学生、学者们独立思考的氛围。同时,大学要不断建立和完善内部治理的有关规章制度,将大学治理的行为通过完备的规章制度予以规范,实现内部系统的自我激励和约束,提高治理的质量和效率。

因此,在此模式下,落实大学办学自主权为核心的前提是于法有据,核心是自主自治,是在依法基础上的自治。此时,"人们无须担心,拥有积极自治的大学会自我封闭、自甘堕落,'自绝'于国家、'自绝'于社会;相反,这时的大学会更积极自主地献身于学术事业,服务于国家利益"①。大学自治同样也会使大学自律。自治在本质上是大学所享有的权利,而自律则是大学应当履行的义务。"没有无权利的义务,也没有无义务的权利"。二者相生相伴,相辅相成。

三、强化对大学的监督与约束

在新的制度模式下,大学拥有了较为充分的自主权,拓展了治校和治学的

---

① 王建华:《第三部门视野中的现代大学制度》,广东高等教育出版社2008年版,第201页。

空间。为了使大学能够沿着正确的轨道发展，在发展过程中不断矫正自己的行为，防止出现偏离政治方向、丢失学术本位、违背教育规律等现象发生，就必须强化对大学的监督与约束。在新的制度模式下，要加强对大学的管理和监督。

首先，要进一步加强政府监察审计和党的纪律检察机关对大学的组织和个人行为，尤其是加强对董事会和学校管理集团日常行为的监督，“包括人事监督、财务监督和办学质量监督等，其中财务是监督的核心”。使大学的经营管理层及其每一位成员，都置于国家监察机关的监督约束之下。

其次，要充分发挥大学监事会的作用，建立和完善内部的监督机制。大量的实践表明，监事会是公司治理结构中最为薄弱的环节，其作用非常有限。借鉴公司治理的理论和实践，在加强现代大学治理制度建设中，要想有效发挥大学监事会的作用，就必须设法保证监事会的独立性、能力保证性以及运行有效性。从独立性的角度看，内部监事比例越低，监事会的独立性就越强，越有利于监事会有效发挥监督作用，有利于治理绩效的提高，因此，在监事会人员构成上，应主要由上级教育主管部门党政领导、学校教师、校友代表、学生、行政人员和社会利益相关者代表组成。从能力保证看，要克服监事会“虚设”现象，就应当赋予监事会更多的实质性权力，不能仅仅拥有停留在“纸上”的权力。从运行有效性而言，监事会不仅可以对学校的各项事务进行全面监督，还可以进行事前、事中、事后的全过程监督。

最后，要充分发挥社会组织和行业组织的作用，对大学进行社会监督和行业自律。大学的社会监督和行业自律，是政府对大学监督以及大学自我监督的有效补充。目前，在政府和大学之间建立起专业性的中介评估机构，是世界高等教育发展中的通行做法，中介评估机构建立的最终目的是建立一种政府问责与社会参与、高校自我评估的运行机制。通过建设这一组织可以传递政府与社会的信息与理念，也可以将大学的诉求反映出来，从而实现有效沟通政府与学校的目的。介于政府和大学之间的社会中介组织机构，在政府与高校之间发挥缓冲和协调作用。它们可以在咨询、信息、拨款、评估、考试、督导等各个重要领域发挥积极的作用。中介机构能够约束政府越位干预高校和监督高校不适当的决策和行为，有利于消除政府与高校之间可能产生的紧张关系。目前我国高等教育评估中介机构大多属于政府化的机构，在具体运作过程中一定程度丧失了自己的独立性和自主性，缺乏专业的学术评估。因此，在当前形势下，建立专业的学术评估机构是十分必要的。建立非政府化的学术评估机构对高等学校的质量和效益进行评估,是政府与大学双方协调的重要基础。这样可以有效地避免单从政府的角度进行估计,减少了行政干预和刚性约束,从学术发展的角度去评估高校的各项工作,包括对高校的办学质量、专业设置、招生数量、教学水平、科研水平和办学投资等规划问题等实施测评和监督。

第三节　新制度模式的实现途径

作为中国特色现代大学制度的创新研究,总是希望能将研究成果在中国大学制度的改革实践中得到运用。基于此,我们试图从机构、人事、财政等方面探索可行的实践途径,而其中的法律法规的建设与改革,也将在相关部分做出阐述。

一、机构调整与转换

上述党委领导下的董事会制度模式,在确保党委在大学治理中的领导地位的前提下,由董事会代表政府来实现对大学的治理,现在由政府掌控的许多大学事权包括校长副校长聘任、大学财产处置、大学办学规模、招生计划、教学计划、培养目标等都可以委托董事会代理,最大限度地实现大学自治。董事会构成了大学内部与外部联系的纽带,是实现现代大学内外共同治理的中心环节,是现代大学的一级治理机构。在此框架下,现行大学党委会的主要成员如书记、副书记等(不包括校长集团的成员)可以兼任大学的董事长、副董事长或常任董事;大学党委系统有关职能部门和个别行政系统的综合部门的成员可以同时兼任或转换为董事会的下设机构的成员,负责具体规划和实施所属事务,部门负责人可以兼做专门委员会办公室主任,也可任命其为董事会常任董事。现有监察审计部门的功能可以转入大学监事会。

二级治理结构主要指大学内部治理执行结构,核心是校长管理集团,由一名校长和若干名副校长构成,属于大学内部核心执行集团。校长集团下设若干职能部门,为了减少管理人员数量,降低管理成本,大学管理部门可以不采取与政府机关上下对应的部门设置办法,转而实行大部制。其中一种做法是,可以将现行的大学行政职能部门转型为行政事务部、学术事务部、学生事务部、社会事务部、文化事务部等。同时,可以根据一定程序产生的学术委员会章程重设各级教授(学术)委员会;按照教代会章程设立其常设机构;按照工会委员会和学生会章程设立其相应常设机构,由此构成现代大学二级治理结构。

现代大学内部三级治理结构主要是指基层教学单位和学术组织、基层行政组织和党组织,在新的模式下分别按照有关规定和章程产生。在这里需要特别指出的是,在校—院—系三级管理模式中,要切实强化基层教学科研组织的功能,避免其职责、权力"虚化"。

在新的制度模式下,董事会作为大学事务的决策机构,其基本职能就是处理与大学相关的内外部关系,制定学校的重大方针政策,保证学校的有效管理和健康发展。对外,党委领导下的董事会是政府、社会等各方利益相关者的委托人,在党委领导下独立行使国家法律法规规定的大学的各项自主决策权力;对内,要在党委领导下自觉维护和强化党委领导下的校长负责制,充分贯彻党委的指导思想、战略部署和发展方针,确保党的路线方针政策在大学得以有效的贯彻执行。董事会制度是大学实现党委领导的实现形式,必须在党委的统一领导下开展工作。校长管理集团作为大学的执行机构,也必须一如既往地在党委领导下开展工作。要贯彻党的教育方针,组织实施学校党委和董事会作出的有关决议,行使高等教育法等规定的各项职权,全面负责教学、科研、行政管理工作。

在该模式中,党委领导下的校长负责制仍然是治理结构的核心特征,主要是通过董事会和校长集团之间的关系来体现。党委作为董事会的核心,拥有董事会绝对的决策权和领导权,校长要对董事会负责,更要对党委负责。因此,以校党委为核心的董事会对校长集团具有绝对的领导权,进而确立了董事会与校长集团之间的领导与被领导关系。教授委员会目的是为了实现"教授治学",因此,党委对教授委员会的领导主要是政治方面的领导,不直接干涉教授委员会的具体学术事务。校长对教授委员会的影响主要是通过党委对教授委员会的影响来实现的,并不直接对教授委员会发布指令。但当学术权力和行政权力、学术判断和行政判断发生冲突时,党委有权作出调解和最终判断。

二、改革人事管理制度

我们在建构内部治理模式中,为实现大学内部权力制衡,需要在人事制度上进行一定改革。这就需要彻底改变传统的身份管理制度，以专业判断或职业化判断原则，实行专业化岗位管理的人事制度。这种专业化岗位管理的人事制度主要是在大学内部治理权力结构中，专家主义（professionalism）是核心治理观念，一方面参与大学内部治理的不同利益群体并不依赖于上级和层级服从的官僚化管理结构，更加强调选择扁平化、功能化、专业理性的平行治理结构解决具体事务；另一方面为实现具有合法性、透明性的大学内部治理，大学内部治理结构安排应诉求专家理性作为强化其治理合法性的依据，行政机构不再对所有具体事务包办，而将大量专业事务交付给专家委员会进行判断，实现大学内部治理判断系统的专业化、平行化。具体来讲，在大学内部治理中，不同事务权力安排应当同其核心判断所体现的主要考量要素相结合，如核心判断主要考量要素为行政要素的话（如财务日常开支、一般纪律处分等），应由拥有行政权力的专业人士进行判断；主要考量要素为学术要素的话，应交由拥有学术权力的学术界专业人士来判断，如学术水平认定、科研合作与交流、学科方向确定等。在国外，最常见的方式就是成立专门领域的委员会；在我国大学内部治理结构中，行政、学术事务均可由相应的专职人士来判断，如政治判断由党委系统负责，以党委为核心的董事会核心成员应实行公务员制；行政判断应由校内行政机构来专门负责，学校管理阶层实行职员制；学术判断应交由学术委员会系统负责，教学科研人员实行教员制，从而实现大学的分类管理制度和分别激励机制。

（一）实行董事会核心成员公务员制

以党委为核心的董事会是大学内部治理的最高决策机构，具有明显的政治特征。为了实现董事会科学化管理，提高董事会运行效率，确保董事会成员对政府的忠诚，应当在人事管理制度上充分体现董事会的重要利益相关者委托人的身份，对董事会的常任董事实行公务员制，切实将董事会常任董事看作是国家公务员，以充分体现董事会对大学治理的领导作用，赋予其充分的政治和决策权力。要对董事会常任董事建立以政治激励为主、其他激励为辅的激励约束机制。政治激励是党和政府委托给大学董事会成员决策和政治权利的重要机制保障，在正确思想理论和政策法规的引导下，充分重视董事会成员个人的因素，大力开发其心智，调动其内在积极性、主动性和创造性，激发他们的事业心和责任感，使董事会成员的思想、行为得以升华，逐渐把外部激励转化为董事会成员个人的内在激励。在物质激励上，要将董事会常任董事纳入公务员管理序列，享受公务员应当享受的一切待遇。同时，对董事会的所有成员，当政治激励和物质激励不足时，还可以实行荣誉激励。由于大学董事会成员代理人的身份，其在社会上享有一定的地位和影响，他们对个人声誉会比较关心。通过年度和任期的考核，建立董事个人考核评估档案，大力表彰表现突出的先进个人，对表现较差的要及时予以惩戒。在这里需要特别指出的是，大学董事会常任董事的薪酬和奖励基金要在大学办学经费之外单独设立，不得在办学经费中列支，也不得与大学内部的制度挂钩，要从机制上防止大学董事会和大学管理集团可能形成的"内部人控制"问题。

（二）实行大学管理层的职员制

《纲要》明确指出："要克服人才管理中存在的行政化、'官本'倾向，取消科研院所、学校、医院等事业单位实际存在的行政级别和行政化管理模式。"因此，我们建构的现代大学内部治理结构模式中，重要的人事制度改革就是实行大学管理层的职员制，这里主要包括校长层级和下属管理层级。

我国在实行职业化校长制度过程中，要进行以下方面改革：第一，实行科学的职业化管理人员遴选办法。在我们建构的治理模式中，管理阶层职业化是大学内部治理的重要方面。尤其是职业化校长遴选和聘任，可以与现行的遴选方式有所区别。以党委为核心的董事会可以担负起遴选责任，可以按照科学化的民主集中制原则自主确定遴选方法和程序，自主组织校长及有关管理人员的遴选。第二，实行职业资格标准制度。大学管理阶层尤其是校长集团的职业要求与大学及社会的其他职业有着明显的不同，需要具备特有的职业理想、职业情操、职业道德、职业能力和职业责任等。上级主管部门可以根据这些特殊的要求，对大学管理阶层的任职资格提出基本的要求，实行标准化的大学校长及管理人员的任职资格制度。依据指定的任职资格标准，各大学董事会可以从战略思维、国际视野、前沿意识、协调沟通能力、组织管理能力等诸多方面，根据大学自己具体的战略目标、历史传统和现实状况，对校长及其他管理人员的候选人提出更为详细的职业要求。第三，应建立一套不同于教师职业的薪酬体系。激励机制是确保吸引优秀人才担任大学校长并使之努力工作的重要保障。从西方国家大学校长薪酬制来看，为确保校长职业化特性，校长薪酬由董事会决定，并逐步趋向市场化，由此出现了明显的高薪现象。我国职业化校长制度的建立要充分体现校长薪酬市场化，要在大学校长职业化进程中，适度提高校长薪酬待遇,设计出一套不同于公务员、企业家和大学教授的薪酬体制。其薪酬应与其劳动付出相匹配,这是大学校长职业化的重要体现和保障,要通过这一薪酬标准体现大学校长的职业性特点。

同样,大学内部的各职能部门,如行政事务部、教学事务部、科技事务部、社会事务部、文化事务部等职能部门的管理人员,也应走向职员化道路,从而克服科层制的缺陷和"身兼二职"而导致的行政权力与学术权力的冲突,最大限度地发挥大学内部治理结构中职能部门管理的专门化和高效率化。要推进行政部门职员制改革。要进一步强化管理人员的岗位业务素质培养,实行管理人员职员准入制度,消除其干部和专业技术人员身份,可以将大学内部管理人员全部转定为教育职员,取消行政级别,不聘任技术职务,根据所处的行政岗位层级、类别以及本人的专业水平和业务能力可分为不同的职位等级,以"新人新办法、老人老办法"为原则,采取公平竞聘、严格考核、择优聘任等原则,全部按照职员职级予以聘用。并打通薪酬晋升的职业发展渠道。实行职员制以后,大学内部管理人员的身份将由"干部"转变为"职员",性质由"官职"转变为"职业",职能本质由"管理"转变为"服务"。改革大学行政人员的激励方法,以政治激励、经济激励和荣誉激励相结合的办法,以薪酬激励为主要手段,变职务晋升为职级晋升。可以通过建立科学的管理绩效评价体系,实行目标管理,凸出对管理人员管理能力和管理绩效的评价,突破现行工资制度的约束,比照企业管理办法加大对管理人员的激励力度。疏通职级晋升和职业发展渠道,建立大学管理人员职业发展的正常机制,增强管理人员的职业安全感、归属感和荣誉感。

在管理人员及权力定位上,高效的、专业化的管理队伍建设是现代大学内部治理模式构建的重要任务。我们构想的内部治理模式就是要在"去行政化"思想指导下,坚持专业化原则,明确管理人员的职业化定位,尽可能避免出现"双肩挑"或"兼职"行政人员的岗位聘任,真正从源头上消除因行政权力与学术权力"合体"导致的"行政化"倾向。另外,确立管理人员工作服务于学术事务的理念,真正实现管理权力的服务取向,将管理人员的行为导向"学术本位",体现"管理就是服务"。

(三)实行教学科研人员的教员制

大学的教学科研人员是办学的主体,是大学生存发展最根本的人力资源,建设一支高水平师资队伍建设是所有大学的追求。但是在传统模式下,由于编制、身份、财政等多方面的限制，大学在教师的遴选、聘任以及考核奖惩并没有太多的自主权，尤其是在师资队伍的规模和结构方面，大学往往受制于政府的政策、规定和命令，以至于在高等教育大众化的进程中，严重影响了大学应有的发展速度，更影响了人才培养的质量，这种现象在地方大学尤为突出。在中国特色现代大学制度新的模式下，可以对大学的教师的遴选、聘任和奖惩等项管理事务进行较为深化的改革，对教学科研人员的实行教员制，建立开放、流动、科学、高效的管理机制。

实行大学教学科研人员教员制，要从以下几个方面做出改变：一是要改变学校人事编制由政府核定的办法，将大学师资队伍的规模、数量和结构的确定交由大学董事会负责，政府可以根据国民经济的发展状况和不同的学校类型制定出具有一定弹性的职业任职资格和编制控制标准。二是要以改变教师“干部身份”为切入点，改变政府统管大学人力资源事务的规定，将大学的包括人员聘任、职称评审等在内的一切人事管理事物全部交由大学自主管理，大学的人事管理重大决定由大学董事会负责。三是打破大学人员聘任的终身制，实行任期聘任和终身聘任制相结合的聘任制度，并打破地域间、校际间教职管理体制壁垒，建立教师队伍的竞争性流动机制。四是对教师的激励可以实行薪酬激励、荣誉激励和事业激励相结合的方式，具体以哪种手段作为则有大学自己做主。

在这里必须特别强调的是，大学作为研究高深学问的场所，需要有相对稳定的学术研究队伍、学术环境，以确保学术人员具有对学校的高度认同感和归属感。大学教学科研人员是学术人员，也是大学生存和发展的决定因素。大学的人事管理必须根据这一特点，做出切合高等教育发展规律和自身实际的判断和选择，以确保大学教师职业的安全感、荣誉感和幸福感。

三、改革财政管理制度

大学具有公益性和经济性特征，政府对大学的财政投入以及社会对大学办学经费的支持，是大学生存发展的重要基础。长期以来，大学的办学经费始终是比较紧张的，尤其是在欠发达地区。在十多年的高等教育大众化进程中，全国不少大学债台高筑、资产负债率居高不下，甚至出现了大学财政危机。尽管政府为化解这一危机做出了一些努力，但大学资金短缺的问题依然没有得以根本解决。与此同时，现代大学还要满足政府、社会、学生（家庭）以及高校自身等多利益相关者的不同需求。在多方利益相关者参与,且存在一定程度的利益博弈过程中,如何有效地建立并完善现代大学财政管理制度是一项重要课题。在推进中国特色现代大学制度建设的过程中,必须通过对传统的财政管理制度进行改革,积极借鉴国外成功经验,摒弃政府对大学财政管理过于集中现象,实行政府对大学财政的宏观调控,赋予大学充分的财政自治权,通过激励措施拓展大学财政渠道。

(一)政府对大学财政的宏观调控,扩大大学财政自治权

在现代大学制度建设中,针对我国政府传统的计划经济的弊端,政府应在未来的大学财政管理中适当放权,切实实行宏观调控,改革大学财政拨款形式,协调好政府拨款在大学自治性与政府政策导向性之间的平衡。一个良好有效的大学财政管理体制,其最终目的是要促进入学机会的公平,提高大学资源利用效率,将大学的财务目标从关注投入引导到关注产出,并且具有可问责性。对此,应重点关注政府在大学财政管理中的合理边界问题。

从大学自治性看,大学更热衷于无明确规定的一般性专项经费。而中国特色现代大学制度建设关键是要落实政府宏观调控,赋权大学高度自治。对此,从中国大学实际情况看,政府应承担如下角色:(1)政府仍需作为大学经费的主要提供者。在当前阶段,大学的公益性特征就使得政府仍然要承担大学特别是公立大学核心拨款者的角色。这是因为,如果大学经费主要来自学费,将导致居民负担过重和弱势群体子女入学困难,不符合公办大学公共财政对公共支出公平性和保障性的要求。如果大学经费主要来自社会捐赠或私营部门,在当前情况下还难以实现,并可能导致大学公共性的丧失。(2)政府可作为消费者,能够向大学提供资金,从大学获得人才培养、科学研究和技术创新等公共服务。(3)政府应作为大学财政的规范者,可以通过相关法律法规形式对大学发展作出宏观规定,合约规定以外管理权应交给大学,从而就能够使中国特有的大学负债问题得到自然解决。

政府对大学财政的宏观调控应避免过度竞争和竞争不足这两种矛盾现象。对此,政府应该根据公共性、广域性和绩效化原则,通过完善大学财政拨款和立法等机制,发挥政府在大学财政管理中的保障、协调和激励约束作用,促进大学的市场竞争力,提高其办学效益和问责意识。政府可以利用拨款杠杆在政策导向性和大学自主性之间寻求平衡,有针对性地引导大学促进其与经济社会发展

深度融合，并加强监管力度，避免大学滥用经费等。这样，政府在对大学实行宏观调控的同时，又维护了大学财政自治权。在新的制度模式下，政府也可以成立专门的大学拨款委员会，在政策上接受政府的宏观指导，在具体运作上具有相对独立性。由此能够从组织建设上促进政府职能转变，由直接财政管理转型为宏观政策和经费调节相结合的调控管理，从而使大学真正成为能够适应社会主义市场经济需要、面向社会依法自主办学的法人实体。

总之，我国在建设现代大学制度过程中，为充分发挥政府对大学财政管理的宏观调控，政府应实施“分类拨款”机制，赋予大学更多的财政自治权，并进一步完善和广泛实施“绩效为本”竞争性拨款机制。基于此，政府拨款可以按照“基本支出预算+项目支出预算+绩效支出预算”的原则，将大学财政性拨款分为教学拨款和科研拨款两大类别。教学拨款按照公平原则，实行生均拨款方式；同时可以配以评估为依据的质量与特色拨款方式，这有利于实现大学办学效益最大化。科研拨款以提高科研效率为主要目标，通过竞争机制和质量相关评估机制进行拨款，以激发大学学术活力。

（二）拓展和疏通大学财政来源渠道

在政府宏观调控下，为确保大学财政来源多样性，需要拓展疏通大学各种财政来源渠道，改变传统上过分依赖政府计划性拨款和指令性管理体制，使现代大学财政来源多元化，通过平衡大学财政收入结构，来确保大学拥有稳定资金来源，以实现其学术目标。

首先，要合理调整中央和地方财政投入。中央政府要统筹全国高等教育与国民经济的协调发展，利用中央财政资金大力支持高等教育的发展，使对大学的投入始终保持一定的比例；中央和地方政府要统筹全国高等教育的发展实际，制订高等教育的基本投入的人均标准，按人口数量向区域和大学投入大学办学经费，逐步改变区域之间、学校之间的经费差距。

其次，要按照大学的不同类型制定相对统一的学费标准，以改变不同地区、不同学校生均办学经费的差距。对经济发展水平相对落后的地区，中央和地方政府可以通过转移支付、担保贷款等方式减轻学生及家长的学费负担。

最后，要完善社会捐助制度，疏通捐赠渠道。为有效吸纳社会慈善捐助，激励社会慈善组织捐助大学教学科研，一方面，政府应实施配套资助机制，对慈善组织捐助的研究项目给予一定的配套资助，并在财政税收政策上对慈善捐助者给予足够优惠。同时，赋予大学充分的高度自治权，使现代大学更具创业性和开放性，鼓励学校从社会慈善部门自主融资，确保大学资金来源多元化和可持续性。另一方面，大学应明确社会慈善组织在大学财政来源中的独特地位和重要价值。为最大限度地开发慈善组织资助的潜能，应注重如下策略：通过基金会、社会捐赠、校友等模式，建立稳定的多元慈善融资形式。积极创建自己的慈善基金会制度，确保大学所需捐助资金的可持续性。